# 現代の小売流通

## 第2版

懸田 豊・住谷 宏 編著
*Kakeda Yutaka*　*Sumiya Hiroshi*

中央経済社

# 第2版の刊行にあたって

本書が出版されて7年の月日が流れた。

その間に，スマホやタブレットの急速な普及とSNSの目覚しい普及・発展があり，ネット通販の著しい成長が生じた。ネット通販の著しい成長は，実店舗を減少させるように作用している。同時に，消費者にとっては買い物がとても便利になったという側面もある。小売店に出かけて，商品を探すよりも，アマゾンで探すほうが簡単で素早く，探索コストが極めて少ない。その上，一度登録すると注文も実に簡単で，当日か翌日には配送される。

また，高齢化の進展や小売店舗数の減少が，「買い物弱者」や「買い物難民」を生み出している。遠くまで買い物に行けない人や住居の周辺に小売店舗が無くて困っている人が目立ってきているのである。彼らの多くは，ネットスーパーを使えない場合が多いので，「とくし丸」のような移動スーパーなどが必要である。また，時には公共政策が必要な場合も出てこよう。

このような時に，商業統計調査が新たに行われたので，本書も改訂する必要に迫られた。

改訂するにあたり，①今回の商業統計の調査方法の異質性を十分に認識して執筆すること，②ネット通販の章を新たに設けること，③小売マーケティングのマーケティング手段を本書では，フロントステージの7PとバックステージのBPIとしている。BPIは，仕入れ・交渉（buying），調達物流（physical distribution），情報システム（information system）である。そのBPIについて初版では記述していなかったので，新たに小売業の仕入れ，調達物流，情報システムについて，それぞれひとつの章を設けて，記述するようにした。

そのため，新たに4人の新進の若手研究者に執筆していただいた。そのため，本書は，懸田・住谷の2人の共著から2人の編著へと変わった。

6人で執筆することによって，より現代的にし，内容を充実させたつもりであるが，至らない点が多々あるかもしれない。その点については先輩同学の

方々のご教示・ご批判をいただければ幸いである。

　最後に，第2版の刊行にあたり，編集作業に特別のご尽力をいただき，また，本書の完成を粘り強く待っていただいた株式会社中央経済社経営編集部の納見伸之編集長に心からの謝意を表したい。

　2016年8月

懸田　豊

住谷　宏

# はしがき

　1982年の約172万店をピークにして，その後，日本の小売店数は減少し続け，2007年には約114万店になっている。25年間で約3分の1の小売店が消滅している。この間に，平均店舗規模は拡大し，多様な小売業態が成長した。また，単独店は減少し，チェーン小売業が成長してきている。さらに，ユビキタス社会になり，インターネット通販や携帯通販など多様な無店舗販売が成長している。

　そのような小売構造の変化の中で，日本の人口が減少し始めている。少子高齢化の上に，人口減少である。日本市場は縮小時代に入ったといってよい。そのため，日本市場への投資を控え，アジアへの投資を増やそうという動きが顕在化してきている。

　また，三大都市圏に人口が5割超集中し，地方は過疎化してきている。そのため，三大都市圏とそれ以外では，小売業の事情もずいぶんと異なっている。

　その上，グローバル・インフレとも呼ばれる資源インフレの影響で商品の価格が軒並み高騰している。そのため，急遽，それぞれの小売企業がディスカウント業態（たとえば，セブン＆アイのザ・プライス）の出店を開始し始めている。

　そのような状況の中で，国内市場で小売経営はいかにあるべきだろうか。PBを強化し，ディスカウント業態を開発すれば，それでよいのだろうか。

　そのような問題意識に立って，本書では，小売環境や小売構造の分析をした上で，小売業態の発展傾向に関する理論・仮説を再検討した。この再検討に当たっては，原典を確認することによって新たな発見もあった。その上で，小売業態のイノベーションに一つめの焦点をあてて，具体的に主な業態ごとのイノベーションを検証した。

　もう一つの焦点は，小売経営を検討する際に，サービス・マーケティングを援用して，考察していくことである。小売をサービスとみることによって，新

しい小売経営のあり方がみえてくるかもしれない。本書では，伝統的マーケティングの４Ｐに，サービス特性を反映した３Ｐをプラスした７Ｐをマーケティング手段と考えた。その上で，再販売購入という小売特性を考慮して，７Ｐをフロントステージと考え，BPI（仕入れ・交渉，物流，情報システム）をバックステージと位置づけて小売経営を考察している。

　最近の新しいチェーンストアの台頭もサービス・マーケティングの視点からでないと理解できないのかもしれない。

　そのため，本書は，その内容からすると研究書ともいえる。しかし，昨今の出版事情を考慮すると，内容は研究書であっても，大学の講義にも使えるように配慮しなければならない。ただし，小売業をその構造と経営という両方の視点から，体系的に整理するということはできていないのが現状であるから，本書の構成もひとつの試みである。

　そこで，教材として使用可能にするために，文章はなるべく平易な表現を心がけた。また，各章のはじまりでは，それぞれ「章のねらい」と「キーワード」を掲げてある。そのうえで，章末には「Working（作業・調査）」と「Discussion（議論・レポート）課題」を作成してある。これらを活用することによって学生の理解がいっそう深まることを期待している。

　そのような意図で作った本であるが，至らない点も多々あるかもしれない。その点は先輩同学の方々のご教示・ご批判をいただければ幸いである。

　最後に，本書の刊行にあたって，編集作業に特別のご尽力をいただき，また，本書の完成を粘り強く待っていただいた株式会社中央経済社経営編集部の納見伸之氏に心からの謝意を表したい。

　2009年３月

懸田　豊

住谷　宏

# 目　　次

## 第1章／小売流通の特質――――――――――1

### 1．流通の役割／2
(1)　生産と消費の懸隔・2
(2)　流通の社会的役割・3
(3)　流通機能・3
(4)　流通機関・5

### 2．小売流通と小売業／5
(1)　小売の概念・5
(2)　小売業の諸類型・6

### 3．小売市場の特質と小売業の役割／8
(1)　小売市場の特質・8
(2)　小売業の役割・9

## 第2章／小売流通を取り巻く環境変化―――11

### 1．マクロ環境の変化／12
(1)　人口動態的要因・12
(2)　経済的要因・13
(3)　技術的要因・13
(4)　文化・社会的要因・14
(5)　政治・法律的要因・14

II

## 2．市場環境の変化／16

(1) 需要要因・16

(2) 競争要因・19

## 3．情報社会の深化と小売流通／20

(1) 情報技術革新の進展と小売流通・20

(2) 情報社会の深化と小売流通・23

(3) 情報社会と小売業の役割・25

# 第3章／小売構造の変動――――――27

## 1．小売店舗の推移／28

## 2．規模構造／30

(1) 従業者規模別店舗数割合の推移・30

(2) 大規模小売企業の年間販売額割合の推移・31

(3) 経営組織別店舗数割合の推移・32

(4) 従業者数と就業者数・32

## 3．業種構造／33

## 4．形態構造／34

(1) 営業形態別店舗数の推移・34

(2) 経営形態別小売業の変化・34

## 5．地域構造／36

## 6．小売構造の変化の方向／37

目　次　III

# 第4章／チェーン小売業の成長────39

## 1．チェーンストア（chain store）の概念と動向／40

(1) チェーンストアという用語について・40

(2) チェーンストアの定義・41

## 2．チェーンストアのメリット／42

## 3．チェーンストアのデメリット／47

## 4．デメリットへの対応／48

## 5．チェーンストアの動向／49

## 6．ボランタリー・チェーン（voluntary chain）の概念と動向／50

(1) 卸売商主催VC・50

(2) 小売商主催VC・53

(3) 意識改革が必要なボランタリー・チェーン・55

## 7．フランチャイズ・チェーン（franchise chain）の概念と動向／56

(1) フランチャイズ・チェーンの概念・56

(2) フランチャイズ・チェーンのメリットとデメリット・57

(3) 日本のフランチャイズ・チェーンの動向・58

(4) フランチャイズ・チェーンの留意点・59

(5) 3つのチェーンの相違点・61

# 第5章／インターネット通信販売の成長────65

## 1．ネット通販の現状／66

(1) インターネットの普及とネット通販の成長・66

(2) 電子商取引（EC）とネット通販の関係・66

⑶　BtoC-ECの市場規模の伸び・**67**

⑷　分野別のEC化率・**69**

## ２．流通におけるインターネットの影響／**70**

⑴　インターネットの特性・**70**

⑵　店舗販売と比較したネット通販の特徴・**71**

⑶　ロングテール・**72**

⑷　インフォメディアリの登場・**74**

⑸　中間流通の中抜き・**74**

## ３．ネット通販のビジネスモデル／**75**

⑴　仮想商店街型（バーチャル・モール型)・**75**

⑵　直販型・**75**

⑶　ビジネスモデルの変化・**76**

## ４．ネット通販に関わる新たな動向／**77**

⑴　モバイルECの拡大・**77**

⑵　オムニチャネル・**79**

# 第6章／小売流通システムと小売業態の発展理論————85

## １．小売流通システムの発展理論／**86**

⑴　フォード効果・**86**

⑵　発展段階仮説・**88**

## ２．小売業態の発展理論／**89**

⑴　小売の輪仮説・**90**

⑵　真空地帯論・**92**

⑶　小売業態ライフサイクル論・**94**

⑷　小売アコーディオン仮説・**95**

## 3. 小売業の発展とイノベーション／96

(1) イノベーションの本質・96

(2) 小売業のイノベーション・97

(3) 小売業のイノベーションの源泉・100

# 第7章／小売業の業態別イノベーション——103

## 1. 総合スーパー／104

(1) 総合スーパーの生成と発展・104

(2) 総合スーパーの現状と動向・110

(3) 総合スーパーのイノベーション・111

## 2. コンビニエンスストア／112

(1) コンビニエンスストアの生成と発展・113

(2) コンビニエンスストアの現状と動向・119

(3) コンビニエンスストアのイノベーション・120

## 3. 新しい小売業態の発展と動向／121

(1) ドラッグストア・121

(2) ホームセンター・124

(3) その他の新業態・126

# 第8章／商業集積——129

## 1. 商業集積／130

(1) 商業集積の概念・130

(2) 商業集積に関する理論・130

## 2. 商店街の現状と課題／131

(1) 商店街の現状・132

(2) 商店街の課題・**134**

(3) 近隣型商店街は無くてもよいか？・**135**

### 3. 商店街と法律／**136**

(1) 中小小売商業振興法・**136**

(2) まちづくり3法・**137**

(3) ショッピングセンターの動向・**141**

# 第9章／小売マーケティングの概念————149

### 1. 小売業のマーケティング／**150**

(1) 小売業とサービス業・**150**

(2) サービスの特質・**151**

(3) 小売業のマーケティング手段・**154**

### 2. 小売のマーケティング手段／**155**

(1) 品揃え（product）・**155**

(2) 価格（price）・**159**

(3) 広告・プロモーション（promotion）・**162**

(4) 立地（place）・**162**

(5) 店舗（physical evidence）・**166**

(6) 人材（people）・**169**

(7) サービスの提供過程（process）・**170**

### 3. フロントステージとバックステージ／**172**

### 4. 価格訴求と非価格訴求／**172**

目　次　VII

# 第10章／小売業の仕入れ——————————177

## 1. 仕入れの基本戦略／178

(1) 仕入れとは何か・178

(2) チェーンストアにおける品揃え・179

(3) チェーン小売業におけるバイヤーの存在・180

## 2. チェーン小売業におけるバイヤーの仕入れ活動／181

(1) バイヤーの勤務実態と業務内容・181

(2) バイヤーの販売・仕入れ計画・183

(3) 棚割り計画・188

(4) バイヤーの定番採用基準と店舗に発注してもらう工夫・191

(5) 商品マスタの維持・管理・192

## 3. チェーン小売業の仕入れと商品調達に関する動向／193

(1) 地域性の重視・193

(2) 商品調達の動向・194

# 第11章／小売業の調達物流——————————197

## 1. 総合スーパーの調達物流／198

(1) 窓口問屋方式・199

(2) ミルクラン方式・201

## 2. コンビニエンスストアの調達物流／203

(1) 温度帯別共同配送システム・204

(2) 現在の調達物流システムが完成するまでの取り組み・205

VIII

# 第12章／小売業の情報システム————211

## 1. 流通情報と小売業／212

- (1) 流通情報とは何か・**212**
- (2) 流通情報システム導入のメリット・**214**
- (3) 流通情報データの特性・**215**

## 2. 小売業とPOSシステム／216

- (1) POSシステムとJANコード・**216**
- (2) POSデータの活用・**217**
- (3) POSシステムのメリット・**218**
- (4) 小売企業によるPOSデータの開示と売り場提案・**220**

## 3. 小売業と受発注システム／221

- (1) EOSの導入とオンライン受発注・**221**
- (2) EOSからEDIへ：特徴と違い・**222**
- (3) チェーンストアの発注業務とEDI・**223**
- (4) 標準EDIへの関心の高まりの背景—SCMの影響・**225**

# 第13章／これからの小売経営————231

## 1. 人口減少時代の小売経営／232

- (1) 規模拡大・**232**
- (2) ローコスト経営・**233**
- (3) 付加価値提供型経営・**236**

## 2. 新しい小売経営の動向／238

- (1) 広がるSPA・**238**
- (2) 新しいチェーンの可能性・**239**

## ■索　引————243

目　次　IX

※注　本書では，企業・団体などの法人名を表記する場合に，原則として「株式会社」
　　　「有限会社」「社団法人」「財団法人」などを省略しています。

# 第1章
# 小売流通の特質

## 本章のねらい

　小売流通は，生産から消費に至る流通過程の最終段階に位置し，生産と消費の懸隔を架橋するという重要な役割を担っている。このような小売流通の特質を明らかにするために，本章では，まず卸売流通をも含む流通全体の社会的役割を整理し，小売流通の概念とその中心的役割を果たしている小売業の諸類型を提示する。さらに小売市場のもつ特質とその中で果たすべき小売業の役割も明らかにする。

**Keyword** | 生産と消費の懸隔　商流　物流　情報流　流通機能
流通機関　業種　業態　経営形態　買物コスト

2

# ■ 流通の役割

## (1) 生産と消費の懸隔

　生産と消費の社会的分業が進むにつれて，生産と消費の間にはさまざまな隔たり（懸隔）が現れるようになった。特に，工業革命によって大量生産体制が確立されるにともなって，生産と消費の隔たりはますます大きなものとなっている。この隔たりを適切に橋渡しすることが，流通の社会的な役割になるが，ここではどのような隔たりが生じているかをみておこう。

### ① 人的懸隔

　自給自足の経済から交換経済へと移行することによって，生産者と消費者が異なることによって生じる懸隔である。所有の懸隔とも言われるように，消費者が商品を消費するためには，貨幣との交換でその商品の所有権を手に入れなければならない。また，生産者は商品を売って貨幣を入手するためには，その所有権を移転させねばならない。

### ② 場所的懸隔

　生産者と消費者は，それぞれが最も望ましい場所に立地する。消費者が，比較的分散して立地しているのに対して，生産者は，生産のためのさまざまな条件によって立地場所に制約を受ける。こうして生産地と消費地が異なってくることによって生じる懸隔であり，空間的懸隔とも言われる。

### ③ 時間的懸隔

　工場で生産される商品の多くは見込み生産が行われ，消費の発生に備えて事前に準備されている。また，農作物では，穀物のように秋に生産され1年中消費されるものもある。このような生産時期と消費時期の違いによって，時間的懸隔が生じる。

### ④ 品種的懸隔

　生産者はその生産条件から，生産する商品の品種はきわめて限定されたもの

第1章　小売流通の特質　3

にならざるを得ないのに対して，消費者は衣食住に渡ってきわめて多様な品種
を消費することから生じる懸隔である。

⑤　量的懸隔

生産者の生産単位はきわめて大きいのに対して，消費者の消費単位はきわめ
て小さいという，生産数量と消費数量の違いによって生じる懸隔である。

⑥　情報の懸隔

生産者は，消費者が「いつ，どこで，何を，どれだけほしがっているのか」
についてよくわからないし，消費者もその商品がどのような原材料で，どのよ
うな生産過程を経て生産されたかについてほとんど知らないということから生
じる懸隔である。

## (2)　流通の社会的役割

流通の社会的役割は，上記の懸隔を適切に橋渡しすることである。具体的に
は，人的懸隔は，生産から消費に向けて所有権が移転することによって架橋さ
れる。通常は売買という形態がとられることから，所有権の流れとは逆方向に
貨幣が移転する。場所的懸隔は，生産から消費に向けて商品が輸送されること
によって，時間的懸隔は，商品の保管によって架橋される。品種的懸隔と量的
懸隔は，生産から消費に向けての所有権と商品の移転の過程で行われる，集
荷・選荷・分荷や品揃えによって架橋される。情報の懸隔は，生産から消費に
向けて，また消費から生産の方向に必要とされる情報が伝達されることによっ
て架橋される。

そのうち，所有権の移転の流れを商流，商品の移動や保管の流れを物流，情
報の流れを情報流と呼ぶ。商流・物流・情報流が，滞りなく適切に流れること
によって，生産と消費の懸隔が架橋されることになるのであるが，そのために
は流れを作り出すための流通機能と，それを担う流通機関が必要となる。

## (3)　流通機能

流通機能は，流通の諸活動を流通の目的にしたがって分類したものであり，

ここでは，それぞれの要素の移転の流れに基づいて整理しておこう。

① 商流に関する機能

(a) 所有権移転機能：商品の所有権を移転させる機能であり，具体的には売買という活動が中心となる。所有権の移転のために他の機能が必要となるという意味で，所有権移転機能が流通の本質的機能と考えられる。

(b) 危険負担機能：商品を所有するということは，何らかの危険を負担するということであり，取引後の商品価値の減耗，価格の変動，消費欲求の変化などにさらされることになる。それぞれの者がこれらの危険を回避する方向で行動するならば，所有権の移転は滞ることになるであろう。

(c) 金融機能：商品の所有権の移転にともなう資金の融通に関する機能である。生産者や卸売業・小売業との取引においては，手形払いや掛売による取引が一般的である。手形払いは，一般には買い手が一定の時期に，一定の場所で，一定の金額を支払うことを約束する手形を振り出すことであり，掛売は，後日特定した日に決済する方式である。小売業が消費者に掛売やクレジットで商品を販売する場合もある。このような売り手が買い手に対して一定期間の信用を供与する場合も金融機能と考える。

② 物流に関する機能

(d) 輸送機能：商品を異なる地点間で移動させる機能であり，輸送以外にも，輸送にともなう包装や荷役などの活動が含まれる。

(e) 保管機能：生産から消費までの間の商品の価値を保つための機能であり，倉庫での保管や荷役，仕分けなどの活動を含んでいる。

③ 情報流に関する機能

(f) 情報伝達機能：商流や物流にともなうさまざまな情報を生産から消費の方向に，また消費から生産の方向に適切に伝達する機能である。広告などのプロモーション，商品説明書の添付，販売データの開示など多様な活動が含まれる。

## (4) 流通機関

それぞれの流通機能を担うのが流通機関であり，専門の機関として卸売業や小売業が存在しているが，生産者や消費者も流通機能を遂行する流通機関として捉えることができる。生産者，特に製造業者は工場で大量生産された商品を大量販売に結びつけるためにも，積極的に流通機能を担うようになっている。また，消費者も限定的ではあるが流通機能の一部を分担している。

## ❷ 小売流通と小売業

### (1) 小売の概念

小売流通は，生産から消費に至る流通過程の最終段階に位置し，流通目的を達成するための重要な役割を担っている。ここでいう小売とは，個人または家庭用に商品を購買する最終消費者への販売を意味しており，それぞれの事業目的によって商品を購買する産業用使用者や卸売業や小売業といった再販売業者などに販売する卸売と対比される概念である。小売と卸売は，買い手が最終消費者であるか，それ以外の多様な購買者であるかによって区別されるのであり，商品の種類や量，あるいは売り手が誰であるかによって区別されるものではない。その大半が産業用に販売されている商品であっても消費者に販売すれば小売であり，その量がたとえ1台といった小口であっても企業に販売すれば卸売となるのである。また，生産者や卸売業が最終消費者へ販売する場合にも小売となる。

小売業は，流通機関として専業的に小売に従事する事業所であり，小売流通の担い手が必ずしも小売業には限定されないものの，小売流通の大半は小売業によって担われているといってよい。流通構造を統計的に把握するために用いられる商業統計では，小売業を以下のような業務を行う事業所として把握している。

(a) 個人（個人経営の農林漁家への販売を含む）または家庭用消費者のために商品を販売する事業所

(b) 産業用使用者に少量または少額に商品を販売する事業所

(c) 商品を販売し，かつ同種商品の修理を行う事業所

(d) 製造小売事業所（自店で製造した商品をその場所で個人または家庭用消費者に販売する事業所）

(e) ガソリンスタンド

(f) 主として無店舗販売を行う事業所（販売する場所そのものは無店舗であっても，商品の販売活動を行うための拠点となる事務所などがある訪問販売または通信・カタログ・インターネット販売の事業所）で，主として個人または家庭用消費者に販売する事業所

(g) 別経営の事業所（官公庁，会社，工場，団体，遊園地などの中にある売店で他の事業所によって経営されている場合はそれぞれ独立した事業所として小売業に分類する）

## (2) 小売業の諸類型

商業統計の小売業の定義をみればわかるように，多様な小売業が存在している。それらを一定の基準で分類すると次のようになる。

### ① 取扱商品による分類

最も典型的な小売業の分類方法は，その小売業がどのような商品を品揃えしているかによる分類である。大きくは，特定の商品分野に限定した品揃えをする業種小売業と，幅広い商品の品揃えをする総合小売業に分けることができる。

業種小売業は，それぞれの商品分野ごとに分類が可能であり，酒屋（日本標準産業分類では酒小売業），八百屋（野菜小売業），米屋（米穀類小売業），薬局（医薬品小売業）など多くの種類に分けられる。業種小売業が，ある特定商品分野で成立するためには，①品揃えをある範囲に限っても十分な市場が確保できる，②多様な種類の商品の供給がある，③特定の商品分野に専門化することによって，品揃えをより効率的に行うことができる，等の条件が満たされな

ければならない[1]。

また，これらの業種小売業は，品揃えする商品の性格から，消費者が最小限の買物努力しか払おうとしない最寄品を中心に品揃えする最寄品小売業，品質や価格の不確実性を解消するためにいくつかの店舗を買い回る買回品を品揃えする買回品小売業，買物出向時点で特定の商品やブランドの購買を決定しているような専門品を品揃えする専門品小売業という分類も可能になる。

総合小売業は，衣食住にわたって多様な品揃えをする百貨店や総合スーパー等と，それぞれの分野で業種横断的な品揃えをするスーパーマーケット，ホームセンター，コンビニエンスストアなどに分けることができる。総合小売業の分類は，それぞれの営業形態によって分類されることが多い。

### ② 営業形態による分類

営業形態による分類は，立地，マーチャンダイジング，価格，販売方法，プロモーション，付帯サービス，店舗施設といった小売ミックスを基準とする分類であり，類型化された営業形態は一般に業態と言われている。

営業形態の違いから小売業は，店舗の有無によって店舗小売業と無店舗小売業に大別される。無店舗小売業は通信販売や訪問販売といった販売方法によってさらに分類することができる。店舗小売業であってもこれらの販売方法を併用する小売業も存在している。

店舗小売業は多様な業態が存在しているが，販売方法が対面販売かセルフサービスかという基準で2分すると，主として対面販売を採用する小売業には百貨店，専門店，一般小売店等が，主としてセルフサービスによる販売を採用している小売業には総合スーパー，スーパーマーケット，コンビニエンスストア，ホームセンター，ディスカウントストア，ドラッグストアなどが含まれる。

### ③ 経営形態による分類

経営形態による分類は，単一店舗経営か複数店舗経営かによって分けられ，さらに後者については，本・支店経営とチェーン経営に分類される。チェーン経営を行う小売業は，さらに店舗の所有形態から，コーポレイト・チェーンもしくはレギュラー・チェーンと，ボランタリー・チェーン，フランチャイズ・

チェーンに分類できる。

　本・支店経営は，小売業にとって不可欠な仕入と販売という業務を各店舗で行う経営であるのに対して，チェーン経営では，仕入と販売を分離し，本部による中央集権的な仕入と，店舗における分散的な販売を特徴としている。本・支店経営では各店舗に経営の権限が大幅に委譲されているのに対して，チェーン経営では本部統制が強化される。本・支店経営は，地域需要の異質性が高く，各店舗で個別の対応が必要な場合に有効な経営方法である。これに対してチェーン経営は，大量仕入と標準化した店舗展開によってもたらされる規模の経済を追求するのに適した経営であるといえよう。

　チェーン小売業の一類型であるコーポレイト・チェーンは，分散化した店舗が同一資本で経営されている形態であり，それぞれの店舗が独立した経営主体で経営されるボランタリー・チェーンやフランチャイズ・チェーンと対比される。ボランタリー・チェーンは，独立した中小小売店や卸売業者が自発的に組織化を図り，協業化することによって，それぞれの経営の独自性を維持しつつ，チェーン経営のメリットを追求しようとするものである。フランチャイズ・チェーンは，チェーン本部（フランチャイザー）が加盟店（フランチャイジー）に対して，開発した経営方法を遵守することを条件に，一定の加盟料と経営指導料のもとで，一定地域内で営業権を与え，事業に必要な経営ノウハウや情報を提供するというシステムによって経営されるチェーン小売業であり，ボランタリー・チェーンに比べて加盟店の自由裁量の余地が乏しいという特徴をもっている。

## ❸　小売市場の特質と小売業の役割

### (1)　小売市場の特質

　小売市場は，買い手が消費者に限定されることから，産業用使用者や再販売業者などの多様な買い手が登場する卸売市場に比べて，その地理的範囲が狭隘

にならざるを得ないという特質を持っている。消費者の1回当たりの購買量や購買金額は限定されていることから，またその買物コストを生産者や卸売業者のように自らの販売価格に転嫁することができないので，消費者が買物に投入できるコストは制限され，それが市場の狭隘性をもたらすのである。

消費者の負担する買物コストは，買物行動のための直接費用と，買物のために必要な時間や，心理的・肉体的費用といった間接費用の合計である。直接費用とは，小売店舗までの移動に必要な交通費のように貨幣の支出を伴う費用であり，間接費用の時間コストは移動時間や探索時間を貨幣に換算したときの費用であり，心理的・肉体的コストは買物や探索のために生じる心理的・肉体的な疲労等を費用化したものである[2]。消費者は，具体的な商品価格とこれらの買物コストを考慮しながら店舗選択を行うことから，商品単価の安い商品ほど低い買物コストしか負担しようとはしないので，そのような商品の市場はより狭隘なものになる。消費者が複数の商品の買物を行う場合や，多目的な買物行動をとる場合には，単一商品の買物に比べて市場範囲はより広がることになる。

また，百貨店のように売り手側が店舗規模やマーチャンダイジンズなどの小売ミックスを工夫することによって，市場の地理的範囲を拡大しようとする試みがみられるとともに，通信販売やネット販売のように，消費者の買物コストを削減することによって，あたかも卸売市場と同様の地理的範囲を実現する小売業も存在している。

## (2) 小売業の役割

小売業は，さまざまな流通経路をたどる商品と消費者の接点に位置し，消費者に必要な商品を品揃えし，適正な価格で販売するとともに，適切な流通サービスを付加することによって，消費者の豊かな生活を実現するという重要な役割を担っている。食品偽装や不当表示が社会的問題となっているように，生産と消費の懸隔がますます拡大している今日では，専門の流通機関としての小売業の果たすべき役割はますます大きなものとなっている。

また，小売業は個性化・多様化する消費者ニーズを的確に把握し，その情報を生産者や卸売業者にフィードバックするといった情報伝達や，それをもとにした効率的な流通システムの構築にも寄与することが求められている。

　小売業の多くは小売店舗を通して消費者への販売活動を行っていることから，地域に根ざした産業として捉えることができ，地域社会において，社会的コミュニケーションの場として，また，地域文化の担い手として，社会的・文化的機能をも果たしている[3]。このように小売業は地域文化や地域住民の生活の中に溶け込むことによってその地域独自の生活空間を形成しており，雇用の創出や治安の維持，街づくりといった社会的な役割も重要であると言えよう。

## 注■
1　鈴木安昭・田村正紀『商業論』有斐閣，1980年，78頁。
2　鈴木安昭『新・流通と商業（第4版）』有斐閣，2006年，138頁。
3　通商産業省『80年代の流通産業ビジョン』（財）通商産業調査会，1984年，19頁。

## Working
1　ある商品を取り上げどのような懸隔が生じているか具体的に指摘しなさい。
2　小売業の提供する流通サービスと消費者の負担する買物コストとの関係を整理しなさい（A4で2枚，40字×30行）。

## Discussion
1　所有権の移転に必要な売買を成立させるために小売店と消費者の間でどのような合意が必要になるのか。
2　製造業者がどのように流通機能を担っているかを指摘しなさい。
3　卸売業や小売業が介在しない直接流通の方が価格は安くなるという意見について，あなたの考えを述べなさい。

# 第2章
# 小売流通を取り巻く環境変化

## 本章のねらい

　小売流通の主たる担い手である小売業をはじめとして企業を取り巻く環境は絶えず変化している。企業はこのような統制不可能な諸環境に適応し，環境変化にみられる機会と脅威を見極めて，適切な対応が必要となる。それぞれの環境要因の重要性は，その企業が属する産業分野によって異なってくるが，ここでは企業が与件として適応していかねばならないマクロ環境と，企業のマーケティング活動と直接的な関わりをもつ市場環境に分けて整理し，現代の小売流通が直面している課題について理解できるようにする。さらに，情報社会の深化という新たな潮流の中で，小売流通にどのような変化が生じているかについても明らかにする。

**Keyword** | マクロ環境　市場環境　情報技術革新
POSシステム　EDI　ネット・チャネル

## 1 マクロ環境の変化

　マクロ環境は，企業のマーケティング活動と直接関わりをもつ市場の周りに位置づけられる環境要因であり，統制不可能な要因としてその変化に適応していかねばならない。

### (1) 人口動態的要因

　市場を構成するのは人間であるからして，人口動態はまず検討されなければならない環境要因である。小売市場に大きな影響を及ぼす環境変化として，ここでは人口減少への転換，出生率の低下と人口の高齢化，都市への人口集中を取り上げる。

#### ① 人口減少時代の到来

　総務省「国勢調査」によると，2015年のわが国の総人口（速報）は約１億2,711万人であり，2010年と比較して94万7,000人の減少と予想を上回る速度でわが国の人口減少が始まった。2010年までの実績値をもとに推計すると，2060年には１億人を割って9,913万人となり，今後，急激なわが国の人口の減少が予測されている。

　人口の減少は，小売市場の市場規模に大きな影響を及ぼし，この間のデフレ経済の影響もあるものの，国内小売業販売額は逓減傾向にある。

#### ② 少子高齢化

　人口の減少傾向は，他の先進諸国と比較しても，出生率の低下が急速に進んでいるためである。わが国の出生率は1975年に2.00を下回り，2014年には1.42となっている。出生数は第一次ベビーブームといわれた1949年に270万人，第二次ベビーブームの1973年が209万人であったのに対して，2014年は100万人に減少している。

　出生率が低下する一方で，老年人口（65歳以上）の増加が著しく，総人口に占める割合は1985年に10.3%，1995年に14.5%であったのが，2010年には23.0%

にまで割合を高めており，2035年には33.4％，2060年には39.9％になることが予測されている。

　このような急速な高齢化の進行は，消費需要の量的かつ質的な変化をもたらすとともに，買物出向に制約のある老年者の欲求を充足するような店舗施設や店舗立地が求められるようになるであろう。

### ③　大都市圏への人口集中

　総人口が減少する中で大都市圏への人口集中がより顕著にみられる。2015年の国勢調査（速報）では，総人口に占める割合が高いのは東京都（10.6％），神奈川県（7.2％），大阪府（6.9％）の順であり，東京都と神奈川県は今後も割合を高め，大阪府は低下傾向を示すことが予測されている。1都3県のいわゆる首都圏の人口割合はその割合を高めており，2005年に26.9％であったのが，2015年には28.4％となっている。

　このような人口の地域間移動は，当然のこととして店舗立地や商業集積に大きな影響を与えるであろう。

## (2)　経済的要因

　景気動向や所得水準の変化といった経済的要因は，市場の購買力を規定する。近年のわが国の経済環境は，企業業績の回復が顕著となっている一方で，賃金水準の相対的な低下がみられるなど，個人消費の回復が遅れている。

　また，フリーターや派遣・契約社員の増加などの要因によって，若年層を中心とした所得格差が拡大している。1970年代には20％以上もみられたわが国の家計貯蓄率の低下も著しく，1990年代初めの14％程度から急速な低下がみられ，2000年代に入り0〜3％台で推移している。

　このような経済状況は，米国でディスカウントストアが急成長したように，わが国の小売市場にも本格的な低価格ビジネスの成立をもたらしている。

## (3)　技術的要因

　技術的な環境変化は市場だけでなく企業経営にも直接的な影響を与える。技

14

術的環境を大きく変えるイノベーションには，製品・サービスの品質を向上さ
せるような持続的イノベーションと，まったく新しい機能をもった新製品が既
存製品を代替してしまうような破壊的イノベーションがある。市場で支配的な
地位にある企業ほど破壊的イノベーションを無視することが多いと言われてい
る[1]。例えば，宅配便という画期的な事業をいち早く展開したのは，経営状況
の悪化に直面していたヤマト運輸であり，当時，小口貨物輸送の分野で支配的
な地位を占めていた郵便小包や運輸業界最大手の日本通運は，ヤマト運輸の後
塵を拝する結果となった。

　また，POSシステムの普及といった情報技術革新は，小売流通に大きな変化
を与えたとともに，それらのイノベーションをいち早く取り込んで，経営に有
効に活用した小売業の成長をもたらしている。電子マネーやICタグといった
イノベーションも小売流通に大きな変革を与えることが予想されている。

## (4)　文化・社会的要因

　消費者の価値観やニーズ，購買行動や意識は，彼らの属する集団の固有の文
化や社会的な慣習や価値観に規定されている。わが国のように国土が狭隘で民
族的な異質性が少ないといわれている国においても，それぞれの地域や準拠集
団ごとに独特の文化が形成されており，それらの環境要因に適応しなければな
らない。

　グローバルな市場で事業展開する企業が，進出国で失敗するケースの多くは，
その国の文化・社会的要因を十分に理解していなかったことに起因している。
国内市場にあっても，この環境要因に最も大きな影響を受けるのは，画期的な
新製品の導入時である。例えば，乳児向け紙おむつが市場でなかなか定着しな
かったのは，母親の役割に対する社会的規範やセルフイメージが紙おむつの採
用を遅らせたことによるといわれている。

## (5)　政治・法律的要因

　国・地方公共団体などの政策に基づく法的規制や行政指導，助成などが企業

の経営活動に大きな影響を与える。最近の食品偽装問題や不正表示に関して，景表法，JAS法，不正競争防止法などの法律の適用が報じられたように，法令遵守の経営が求められている。また，規制緩和があらゆる産業分野で進んでいるが，ここでは小売流通に関わるものとして，大型店の出店と特定分野の営業に関する規制緩和についてみておこう。

### ① 大型店の出店規制の緩和

わが国では百貨店の出店を規制する百貨店法が1937年に公布され，1947年に一旦廃止されたものの，1956年に再び制定された。その後，百貨店だけでなく一定の店舗面積以上の大型店の出店を規制する大規模小売店舗法が1973年に制定され，店舗面積だけでなく休業日や閉店時刻等を規制していた。しかし，2000年に大規模小売店舗法を廃止し，1,000㎡を超える大型店の出店にともなう交通渋滞や騒音，廃棄物処理など社会的側面を規制する大規模小売店舗立地法が施行され，中心市街地の整備と活性化を目的とする中心市街地活性化法（1998年施行），利用用途を特定していない区域に市町村が独自に特定用途制限地域を決められるという改正都市計画法（2001年施行）というまちづくり3法が制定された。これらは一体的な街づくりを目的としており，大型店の出店は以前に比べて極めて容易となった。しかし，中心商店街の空洞化にみられるように，必ずしも有効に機能していないという指摘から，2005年には指針の改定と深夜営業への配慮や大型店の社会的責任などを求める大規模小売店舗立地法の改正，2006年には中心市街地活性化本部の創設と中心市街地活性推進協議会の法制化を骨子とする中心市街地活性化法の改正，延べ床面積10,000㎡を超える大規模集客施設の立地を商業・近隣商業・準工業地域に制限する都市計画法の改正がなされている。

### ② 販売規制の緩和

米や医薬品，酒といったこれまで厳しい販売規制が設けられていた分野においても規制緩和が進んでいる。米については食糧管理法を廃止することによって（1995年）米取引の自由化を促進し，酒については酒類小売販売免許をこれまで既存の酒販店から一定の距離をあけねばならない距離基準規制（2001年廃

止）と，一定の人口に応じて免許を割り当てる人口基準規制（2003年廃止）という規制によって新規参入が著しく制限されてきたが，これらの規制が撤廃されることによって酒類販売はより容易になっている。

医薬品については1999年の薬事法の改正によってドリンク剤など15品目が医薬部外品として一般小売店でも販売が可能になったことに加えて，2006年の改正に伴い，薬局・薬店で処方箋なしで購入できる一般用医薬品（大衆薬）の販売方法が2009年度から大幅に変更された。具体的には，大衆薬の販売従事者として登録販売者制度を新設し，同時に，大衆薬を副作用等のリスクの高さに応じて第一類，第二類，第三類に分類し，特にリスクが高い第一類医薬品（ガスター10やリアップ等）を除いて第二類医薬品（風邪薬や解熱鎮痛剤等），第三類（ビタミン剤や整腸薬，消化薬等）については薬剤師だけでなく登録販売者による販売を認めるというものであり，コンビニエンスストアをはじめとしてこれまでの医薬品の販路が拡大している。

## ❷　市場環境の変化

マクロ環境が統制不能で適応していくしかないのに対して，市場環境は企業が事業を行っている市場についてであることから，統制はできないもののその変化に影響を及ぼすことが可能な環境要因である。ここでは，市場を構成する需要と競争についてみてみる。

### (1)　需要要因

需要は，人（消費者），欲求，欲求を達成する能力といった要素に分けて捉えることができる。それぞれの要素が一つでもゼロであれば需要は存在しないことになる。

#### ①　消費者の変化

個々の需要を構成する消費者は，年齢，性別，所得，職業，教育水準，人種，世代といった人口統計学的変数で捉えることができ，マクロ環境の人口動態的

要因の変化の影響を直接受けることになる。たとえば，18歳人口の減少は欲求や達成能力といった他の2つの要素が変化しない限り，大学などの教育市場の縮小をもたらすであろう。

また，新製品の普及過程にみられるように，新製品を採用する消費者にはその時期によって個人差がみられることが明らかにされている[2]。新製品をいち早く採用する「革新者」（innovators）は，冒険心にあふれ，新しいものを進んで採用する人達であるが，変わり者とみられることが多く，全体の2.5％と少数である。次に採用する「初期採用者」（early adopters）は，いわゆるオピニオンリーダーと呼ばれるような人達であり，社会常識があり，自ら情報を収集して製品価値を判断できるような人で，全体の13.5％を占めている。「前期多数採用者」（early majority）は，平均よりも早く新製品を採用するが，慎重でリーダーからの情報や助言を求めようとする人たちで，全体の34％を占めている。「後期多数採用者」（late majority）は，全体の34％を占め，社会の多くの人に普及しはじめてから，やっと新製品の価値を認めるような人たちである。「遅滞者」（laggards）は，保守的で新しいものに対して拒絶反応を示すことが多く，新製品がもはや新規性をなくして当たり前の製品になってから採用するような人たちで，全体の16％を占めている。

このような消費者の変化は，小売流通にとってはどのような流通サービスを提供するかということと密接に関係してくる。

### ② 欲求の変化

経済の発展や市場の成熟化は，一般に消費欲求の多様化，高度化，潜在化をもたらすといわれている。欲求の多様化は，製品の基本的機能から，パッケージやデザイン，イメージといった副次的機能へと製品評価の基準が広がることによってもたらされる。たとえば，シャンプーであるならば髪の汚れを落とすという基本的機能が充足されると，香り，素材，髪や頭皮へのダメージ，容量や容器の形態といったさまざまな副次的機能への多様な欲求が出現することになる。

人間の欲求は，マズロー（A. H. Maslow）の「欲求5段階説」において指摘

されているように，①生理的欲求，②安全の欲求，③愛情と帰属の欲求，④名声と地位の欲求，⑤自己実現の欲求という階層構造を示しており，社会が豊かになるにつれてより高次の欲求を満足させることが求められる。消費欲求も，市場の成熟化にともなって，より高品質あるいは高性能の製品を求める欲求の高度化が進展することになる。それは主に製品の基本機能に対してであり，副次的機能に対する欲求の多様化とは区別される。たとえば，パソコンがさまざまな使い方がされるようになると，処理速度や記憶容量などといった基本機能の面でより高度な欲求が出現することになる。

　今日のように生活に必要な製品の普及が進むと，理想とする生活標準と現実の生活水準との乖離が縮小し，消費欲求そのものが小さくなり，欲求の潜在化の傾向がみられるようになる。すなわち，消費欲求が顕在化してもそれが即座に製品の購買に結びつかなくなるということである。たとえば，耐久消費財の多くは，新規需要よりも買替えや買増し需要が大きく上回っており，製品が故障した場合とか，新たな生活水準が提示された場合を除いて，消費の場面で不満を解消しようという欲求が生じたとしても，それが購買の動因とならずに潜在化してしまうことが多くみられるのである。

　これらの欲求の変化は，小売流通にどのような影響を与えているのだろうか。欲求の多様化は，これまで世帯で消費する世帯財を個人財へと変質させており，個人財を主として品揃えするコンビニエンスストアの成長の一因となっている。欲求の高度化は，海外有名ブランドの需要拡大や流通サービス水準の高い専門店の成長をもたらしている。欲求の潜在化は，顕在化した欲求をすぐに購買に結び付けられるネット販売やテレビ・ショッピングなどの成長に寄与している。

### ③　達成能力の変化

　達成能力は欲求を実現するための能力であり，購買力としての金銭的能力と，それ以外の非金銭的能力に分けられる。金銭的能力は，長期化する個人所得の伸び悩みという経済的要因の影響を受けて相対的に低下しており，低価格品市場の拡大をもたらしている。小売流通においても，金銭的能力の低下は，ディスカウントストアや均一価格店といった価格訴求型の小売業の成長や，プライ

ベート・ブランド商品の開発促進といった大規模小売業の商品政策の見直しを助長している。

　非金銭的能力は，欲求は存在しているけれども需要に結びつかないネガティブな要因を解消することによって需要を成立させるような能力である。たとえば，カロリーを抑えた飲料や，アレルギー成分を除去した食品などであり，近年，この非金銭的能力に着目した製品開発が増加している。小売流通でも，特大サイズの衣料品専門店や24時間営業のスーパーなどは，この能力を高めることによって，新たな需要を獲得しようとする試みである。

## (2)　競争要因

　競争は，競争者の数・集中度，製品差別化の程度や参入障壁といった構造的側面と，競争相手や競争行動といった形態的側面によって規定される。この形態的側面に着目して小売競争を類型化するならば，競争する小売店が同一形態である場合の「水平的競争」，異なる形態間の競争である「異形態間競争」，異なる経営システムを採用する企業間の競争である「システム間競争」に大別される。さらに，プライベート・ブランドとナショナル・ブランドとの競争のような流通過程の異なる段階に位置する企業間の競争である「垂直的競争」や，ショッピングセンターや商店街などの商業集積間でみられる「地域間競争」なども存在している。

　グローバルな商品調達をする小売業，流通外資の参入，ネット・チャネルの拡大などにみられるように，水平的競争から異形態間競争へ，さらにシステム間競争へと小売競争の次元を変えて，より大規模で熾烈な競争をもたらしている。大丸と松阪屋が持株会社J.フロントリテイリングを，阪急百貨店と阪神百貨店がエイチ・ツー・オーリテイリングを設立し経営統合したのに続いて，三越と伊勢丹の経営統合が発表されるなど，百貨店業界の本格的な再編が進展しているのも，こうした小売競争環境の変化を受けてのものである。

## 3 情報社会の深化と小売流通

　近年の小売流通に最も大きな影響を与えている環境変化として，情報技術革新の進展と，それによってもたらされた情報社会の深化をあげることができよう。情報技術革新がコンピュータと通信の融合によってもたらされたとするならば，それを決定付けたのはコンピュータの高機能・低価格化とインターネットの普及及びブロードバンド化であったことは言うまでもない。特に，スマートフォンの普及は，ユビキタス社会の到来を決定付けている。このように情報技術革新の進展とそれによってもたらされた情報社会の深化が，小売流通にどのような影響を与えているかをみてみよう。

### (1)　情報技術革新の進展と小売流通

　小売店頭で蓄積される販売・在庫情報，そしてそれに基づく小売業，卸売業，生産者間の取引情報は，情報技術革新の進展に伴ってその処理・伝達において大きな変革を遂げている。特に，POSシステムの普及は小売業の経営を大きく変えつつあるとともに，取引情報のオンライン化は，EOSからEDIへと進化を遂げており，より効率的な流通システムの構築が進んでいる。

#### ①　POSシステムの普及

　POS（point-of-sales）システムは，商品に付されたコードを光学式自動読み取り装置によって処理することによって，迅速なレジ業務と商品の単品管理を可能にした。キャッシュレジスターの導入は，小売業における部門管理を可能にしたが，それを単品管理の水準にまで高めたPOSシステムの開発は，まさに小売業の経営に大きなイノベーションをもたらした。

　もともとPOSシステムは，米国のスーパーマーケットにおいてレジ業務の迅速化と誤入力防止のために開発され普及したものであるが，日米間には顧客の買物量や小売店のキャッシャーの能力に大きな違いがあったこともあって，わが国ではこのようなハード・メリットが少なく，POSシステムの導入は遅々と

して進まなかった。それをブレーク・スルーしたのが昭和50年代後半のコンビニエンスストア・チェーンであり，商品の単品管理というソフト・メリットを追求してのものであった。コンビニエンスストアは限られた売場面積で，多品種の商品を品揃えすることから，より精緻な販売管理と在庫管理が必要とされたのである。

　小売業の経営において，売上高と在庫量とは正比例の関係にあり，売上高が伸びれば在庫量も増加するというのが一般的である。ところが先進的なコンビニエンスストアでは，1日当たりの売上高が伸びていくなかで，平均在庫日数は低下するという傾向にある。これは商品回転率の低いアイテムをカットし，回転率の高い商品を品切れさせないという，徹底した単品管理をPOSが可能にした証左であり，圧縮された在庫分は，売れ筋商品が積み増しされるか，新しい商品で棚が補充されるので，売上げはさらに伸びることになる[3]。コンビニエンスストアは，粗利益率を高めるために弁当や総菜などの日配品の品揃えを強化しているが，絶えず鮮度の高い商品の適正在庫を維持することにもPOSシステムは有効に機能している。

　POSシステムの普及には，商品コードが多くの商品に添付されることが不可欠である。現在ではJANバーコードが一般化し，最寄品だけではなく衣料品等の買回品にもバーコードが普及することによって，コンビニエンスストアやスーパーマーケットだけでなく，百貨店，専門店などでもPOSシステムを導入する店舗が増加している。そして，POSデータをメーカーや卸売業者と共有することによって，生産段階から小売店頭に至る在庫量を適正化する試みがなされるようになっている。

　近年では，小型のICチップと無線で読取装置と通信アンテナを組み込んだICタグや，バーコードの数十倍の情報量を書き込めるQRコード（二次元コード）などを商品に添付することによって，伝統的な農作物や工業製品にも豊富な情報を組み込むことが可能になっている。すでにイトーヨーカ堂やイオンなどは，QRコードを利用した野菜の生産略歴や生産者を紹介するシステムを導入している。

## ② EOSからEDIへ

　従来，小売店，卸売業者，メーカー間で商品補充のための受発注情報は，電話や郵便あるいは営業マンを通して伝達されていた。それをオンラインでやり取りできるようにしたのがEOSである。当初，EOS（electronic ordering system）はチェーン小売業の本部と店舗間の受発注データのオンライン化であったのが，第二次通信回線自由化で外部との接続が可能となったことによって急速に普及した。地域あるいは業界内でVAN会社が設立され，異なったフォーマットのデータを処理することができるようになったこともEOSの普及を促進した。受発注データを迅速に，かつ正確に伝達できるEOSは，受発注の省力化，効率化に大きく寄与したが，より大量で多様な取引情報の交換のためにはEDI（electronic data interchange）という，より進化したシステムを必要とした。

　EDIは受発注データだけでなく，納品書や請求書あるいは新製品情報等のデータを標準フォーマットに従ってオンラインで交換しようとするものであり，ペーパーレスを前提として，売り手と買い手双方の取引コストの削減をもたらしている。お互いのコンピュータ・システムの統一と接続を必要とすることから，戦略的提携と呼ばれるような，より密接な企業間関係が構築されている。

　生産から小売店頭までを包括したEDIを中核として，情報統合を行うことによってQR（quick response）やECR（efficient consumer response）を確立する動きがみられる。先進的な米国のアパレルメーカーは，繊維の段階から小売店頭に届くまでの期間を66週から21週にまで短縮したことが報告されている[4]。この高度な企業間連携は，それぞれの企業の部分最適ではなく，サプライチェーンとして全体最適を意図して商流と物流を効果的に連結する試みである。特定少数間の取引関係を前提とすることから，サプライチェーンを主体的に構築できる能力やメンバーとして参画できる能力をもたない企業にとっては，きわめて深刻な問題を提起している。しかし，EDIにインターネットを利用することによって，より開放的なネットワークへと変わりつつある。2014年の経済産業省の調査によれば企業間電子商取引の市場規模は約280兆円であり，うち

196兆円がインターネットを利用した取引であるという。

### ③　電子マネーの普及

　小売店での代金支払いに，従来の貨幣やクレジットカード，プリペイドカードなどに加えて，電子マネーが普及することによって決済手段の多様化が進んでいる。電子マネーは電子情報のデータ処理で代金決済するシステムであり，大きくはネットワーク型とICカード型に分けられる。ネットワーク型は，ネット販売での代金決済に用いられ，ICカード型は，Suica等のICチップを埋め込んだカードである。

## (2)　情報社会の深化と小売流通

　現状でも，農作物流通にみられるような農業社会的な流通様式が存在しているように，ここしばらくは大量生産・大量販売を基軸とした工業社会の流通様式が支配的であることは言うまでもないが，情報社会の深化とともに情報社会的状況がより流通を特徴付けると考えられる。情報社会にいかに対応するかが，小売業にもとめられる最大の課題であるといえよう。

　情報社会は，工業社会を規定していた時間的・空間的制約を縮小させ，新たなライフスタイルや行動パターンをもった消費者を生み出し，デジタル化した商品や組み込まれた情報により価値をもつ商品の消費が促進されると考えられる。

### ①　情報社会の商品

　工業社会を特徴付ける大量生産システムは，大量販売・大量消費を通して大衆消費社会をもたらした。肥大化する消費欲求を充足するために，そして絶えざる技術革新の結果として多様な商品を生み出したものの，それらは画一化・単純化の枠組みを超えるものではなかった。しかし，情報社会は，商品に組み込まれた情報投入量の大きさに特徴をもつ商品が主流となると考えられる[5]。情報社会においては，流通する商品そのものが変化すると考えなければならない。

　その一つの方向は，商品にICチップが組み込まれることによって，今までに比べてはるかに多量の情報処理を担う商品が普及することである。デジタル化したAV機器のようにこれまでの商品概念をまったく変質させてしまった商

品も多くみられる。たとえば，テレビの受像機にハードディスクが組み込まれることによって，これまでのビデオレコーダでは考えられなかったような機能が付加されるようになっており，さらにインターネットの端末機という機能を備えることによって，テレビチューナーを備えたパソコンとの商品の境界がきわめて曖昧になっている。携帯電話やスマートフォンも単なる電話機という商品範疇を超えて，カメラとしての機能や代金決済の手段，メール・音楽・ゲームといったマルチサービスをはじめとしたインターネットの端末機といった性格をもつようになっている。工業社会の商品が，さまざまな機能が付加され形態が変わったとしても，商品のもつ基本機能は変わらないのに対して，情報社会に主流となる商品の多くは機能を融合化させ，基本機能を進化させ，新しい商品に生まれ変わっていくのである。

　また，顧客の欲求をより満足させるようなマス・カスタマイズ化された商品の普及も考えられる。工業社会の発展は，事前の需要予測に基づいて大量に見込み生産する大量生産方式によってもたらされた。消費が発生する以前から投機的に大量生産することによって生まれる規模の利益が，競争優位の源泉となったのである。しかし生産現場での情報技術革新の進展は，生産と消費の時間的乖離をできるだけ小さくする新たな生産方式の出現をもたらした。それが「柔軟な生産方式（FMS）」と呼ばれる生産ラインの革新であり，最終商品化をできるだけ延期化することを可能にしたのである。

　生産を延期化することによって，消費者の個別ニーズを取り込んだ商品，すなわちマス・カスタマイズした商品が情報社会の競争優位の鍵となるのである。それが流通のネットワーク化と結びつくことによって，投機的生産・流通様式から延期的生産・流通様式へと転化していくのであり，コンピュータ・メーカーのデルのビジネスモデルはまさにこの方向を示すものである。

　②　ネット・チャネルの拡大

　インターネットの普及に伴いネット・チャネルの拡大が著しい。2014年のサービスを含む商品のネット販売市場は12兆7,970億円であり，前年比14.6％増と二桁の伸びを維持している。うち53.2％が物販分野であり，35.0％がサービ

ス分野，11.8％がデジタル分野である。

物販分野で多いのは，衣類・服飾雑貨と生活家電・AV機器等が1.3兆円，食品・飲料等，雑貨・家具等が1.2兆円であり，サービス分野では旅行サービスが2.6兆円，デジタル分野はオンラインゲームが1.2兆円となっている。

このようなネット・チャネルの拡大の背景には，①楽天市場のような仮想モールの存在が小資本での開業を容易にしていること，②スマートフォンやソーシャルメディアの普及といったネット環境の整備，③決済手段の多様化，④宅配システムの高度化，といった要因が指摘できる。

さらにチャネルとしての固有の特質も，ネット・チャネルの拡大をもたらしている。すなわち，陳列棚のスペースが限られている小売店舗に比べて，ネット・チャネルはいわゆるロングテールといわれるニッチ商品のような通常では死に筋商品としてカットされるような商品群でも販売が可能となり，店舗小売業では採算に合わないような小さな需要でも対象にできるのである。

また，店舗小売業が通常は購入時点でしか顧客との接触が無いのに対して，ネット・チャネルでは顧客とのコミュニケーションの接点を購買後も含めて無数にもつことができ，それを有効に活かすことによって，店舗小売業とは違った密度の濃い関係を顧客と作り出すことができるのである。

ネット・チャネルと実店舗とを融合させたオムニチャネルも注目されている。例えば，消費者が小売業のホームページで店舗やネット・チャネルの商品の在庫状況を検索することによって最適の販売チャネルを選択できるようになったり，ネットで注文した商品を店舗で受け取ったりといったように，消費者の利便性を高める動きもみられる。

## (3) 情報社会と小売業の役割

工業社会は，大量生産・大量販売を実現するためのメーカーによるマーケティング活動を生み出した。それはセルフサービスで売られる商品をみればわかるように，それ以前の農業社会の小売業者にとって必要とされた職人的技能を不必要なものとした。そして工業社会の規格化・標準化した商品は，流通段

階に規模の利益がもたらされることによって，経営的技能に卓越した者が大規模小売業へと成長していったのである。

しかし情報社会に主流となる商品は組み込まれた情報投入量に特徴をもち，カスタマイズされた商品や商品に付加された情報が消費されるようになる。

このように情報による差別化が一般的となると，小売業はこの溢れる情報を消費者にとって適切な情報に変換する機能を果たすとともに，自らも情報を創造する，そして情報創造の場を提供するという役割が求められることになる。

注■────────────

1　C. Christensen, The Innovator's Dilemmer, Harvard business school press, 1997（伊豆原弓訳『イノベーションのジレンマ』翔泳社，2001年）.

2　E. M. Rogers, Diffusion of Innovation, New York, Free Press, 1962.

3　小川孔輔『マーケティング情報革命』有斐閣，1999年，160-170頁。

4　鈴木安昭・関根孝・矢作敏行編『マテリアル流通と商業（第2版）』有斐閣，1997年，51頁。

5　村上泰亮『反古典の政治経済学（下）』中央公論社，1992年，357頁。

## Working

1　あなたが考える小売流通に最も大きな影響を与える環境変化を1つあげ，なぜ，そしてどのような影響を与えるかをまとめなさい（A4で2枚，40字×30行）。

2　POSシステムに用いられるバーコードの最初の2桁は国別コードであるが，主要国のコード番号を調べなさい。

## Discussion

1　人口動態的変化を1つ取り上げ（例えば，人口減少），その変化に小売業はどのように対応すべきかを議論しなさい。

2　ネット販売（チャネル）のもつ長所・短所をまとめなさい（A4で2枚，40字×30行）。

# 第3章
# 小売構造の変動

## 本章のねらい

　小売業は，前章でみたようなマクロ環境や市場環境の変化を受けて大きく変動している。小売業を特徴付けている様々な要素，ここでは規模，業種，形態，地域の4つの側面から小売業の長期的な変動を明らかにする。まず，小売業の基本的な分析単位である小売店舗の動向を整理し，規模別・業種別・形態別・地域別にみた小売構造の変動を明らかにする。

**Keyword** | 店舗数の減少　規模構造　業種構造　形態構造
地域構造

## ❶ 小売店舗の推移

　小売構造を分析する際に最も基本的な統計は，経済産業省が実施する商業統計調査である。わが国では1952年に始まり，76年までは２年ごと，97年までは３年ごと，2007年までは５年ごとに調査されてきたが，総務省所管の経済センサス（基礎調査・活動調査）が創設されたことに伴い，経済センサス・活動調査の２年後に実施されることになり，最新の商業統計は経済センサス・基礎調査と一体的に実施された2014年調査となる[1]。

　日本の小売業の店舗数は，2014年調査によれば102万4,811店であり，前回調査の2007年と比較すると約11万店の減少であった[2]。1952年に第１回商業統計調査が実施されて以来，日本の小売店舗数は62年に約１万６千店舗の一時的な減少をみたものの，その後は一貫して店舗数を増加させ，82年には172万1,465店にまで達した。しかし，1985年に約９万３千店の大幅な減少を示し，その後，調査対象店舗の範囲の拡大があったにもかかわらず，連続して店舗数を減少させており，小売店舗の減少傾向は常態化しつつあると言えよう。2007年から14年の年平均減少率は△1.5％であり，直接の比較はできないものの減少率は緩やかになっているが，第１回調査の1952年の小売店舗数107万9,728店をも下回る店舗数となっている。半世紀を超える商業統計調査の歴史の中で最も少ない店舗数となったことは，わが国の小売業が極めて深刻な問題に直面していると言えるであろう（**図表３−１**）。

　これまで日本の小売店舗数は欧米と比較して多数存在していることが指摘されてきたが，店舗の多数性の尺度として用いられる店舗密度（人口千人当たり店舗数）は，1970年の14.1店から，97年には11.3店に低下し，07年には8.9店，14年には8.1店という水準まで低下しており，日本の小売構造における店舗の多数性は確実に低下していると言えよう。

　店舗数の減少傾向がみられる一方で，店舗規模の大型化の傾向も顕著にみられるようになっている。１店舗当たりの変化をみてみると，従業者数，売場面

第3章 小売構造の変動　29

#### 図表３－１　小売店舗数の推移

| | 1974 | 1976 | 1979 | 1982 | 1985 | 1988 | 1991 | 1994 | 1997 | 2002 | 2007 | 2014 |
|---|---|---|---|---|---|---|---|---|---|---|---|---|
| % | 1.7 | 2.1 | 1.2 | 0.9 | -1.8 | -0.2 | -0.6 | -1.9 | -1.8 | -1.7 | -2.6 | -1.5 |
| 店舗数（千店） | 1,548 | 1,614 | 1,674 | 1,721 | 1,629 | 1,620 | 1,591 | 1,500 | 1,420 | 1,300 | 1,137 | 1,025 |

注１：1988年から無店舗販売事業所，構内事業所が，2002年からは有料施設（公園・遊園地・テーマパーク）内の店舗，2007年からは有料施設（駅改札内・有料道路内）内の店舗が調査対象に加えられた。
注２：1994年からは建築材料，家庭用事務機械器具を扱う事業所が小売業に組み替えられた。2014年から料理品小売業のうち主として持ち帰りサービス，配達サービスを行う事業所はサービス業に組み替えられた。
出所：商業統計表より作成。

積，年間販売額ともに拡大傾向にある[3]。売場面積当たり年間販売額は1994年を境として減少傾向にあり，1994年の95万円から，2014年には63万円となっている。従業者１人当たりの年間販売額は2014年には2,567万円であり，趨勢として増加傾向にある。ここで売場面積当たりの年間販売額に着目してみるならば，これまでは売場面積を拡大すれば，その変化以上に１店舗当たりの年間販売額が増加するという構図にあったのが，売場面積当たりの販売額の変化が負に転じたことによって，店舗規模を拡大してもそれほどの販売額の拡大が見込めなくなっていることに留意しなければならない。すなわち，１店舗当たり年間販売額は，１店舗当たり売場面積と売場面積当たり販売額の積で算出されるが，１店舗当たり販売額の増減に対する前者の影響を規模効果，後者を生産性効果するならば，これまで日本の小売業は販売額を増加させるのに規模効果に期待するところが大きかったのが，今後は生産性効果を高めなければ，規模を拡大してもそれが販売額の増加につながらないのである。

　1985年以降，小売店舗数が減少傾向に転じたことは，調査期間内に開業した店舗数を廃業した店舗数が上回った結果であり，小売業の参入・退出構造が大きく転換していることを示唆している。参入店舗数の減少傾向をもたらした要因として，まず参入障壁が相対的に高くなっていることが指摘できる。すなわち，これまで小売業は比較的小資本で開業でき，またそれほどの経営能力も必要としない産業として理解されてきたが，近年の地価や建設コストの高騰は開業資金の上昇をもたらし，消費環境や競争環境の変化もより高度な経営能力を

不可欠なものとしているのである。

第二の要因として，これまで小売業の開業の基盤となっていた商店街の衰退が，近年，顕著になってきていることが指摘できる。中小企業庁が実施する商店街実態調査によれば，最近の景況が衰退しているという商店街の割合は2015年度には35.3％であり，衰退の恐れがあるは31.6％と過半数の商店街が衰退に直面している。特に，品揃えや集客面で限界のある中小小売業にとって，経営資源を補完するという意味を持っていた商店街の衰退は，小売市場への参入を大きく制約している。

第三の要因は，産業構造の変化によって，他の就業機会や事業機会が増大しており，小売経営がこれまでのように魅力のある事業機会ではなくなってきていることである。

一方，退出店舗数が高水準を維持したままであるのは，小売市場の停滞と小売競争の激化が指摘できることは言うまでもないが，後継者不在と店主の加齢にともなう自然廃業や，他の事業機会の増大にともなう業種転換なども作用しているのであろう。

## 2 規模構造

1店舗当たりの指標の推移をみればわかるように，店舗規模の拡大傾向は明らかであるが，ここでは従業者規模別の店舗構成比によって，規模構造の変化をみてみよう。

### (1) 従業者規模別店舗数割合の推移

従業者規模1～2人という零細規模店舗が占める割合は，1974年に62.5％であり，3～4人を加えると85.3％であった。従業者には商店主や無給の家族従業者も含まれており，4人以下というきわめて零細な店舗が8割以上を占めるという構造にあった。しかし，1997年には1～2人の店舗が49.9％と初めて5割を下回り，07年には44.3％と零細規模店舗の割合は急速に低下している。と

第3章　小売構造の変動　31

### 図表３－２　従業者規模別店舗数構成比の推移

(%)

| | 1974 | 1976 | 1979 | 1982 | 1985 | 1988 | 1991 | 1994 | 1997 | 2002 | 2007 | 2014 |
|---|---|---|---|---|---|---|---|---|---|---|---|---|
| 1～2人 | 62.5 | 61.9 | 61.1 | 60.2 | 57.7 | 54 | 53.2 | 51 | 49.9 | 46.4 | 44.3 | 40.8 |
| 3～4人 | 23.3 | 23.7 | 24 | 24 | 25.1 | 26.1 | 26.2 | 24.7 | 24.7 | 22.9 | 22.2 | 21.8 |
| 5～9人 | 10.2 | 10.3 | 10.5 | 10.9 | 11.7 | 13.2 | 13.4 | 14.8 | 15 | 16.8 | 17.7 | 18.8 |
| 10～49人 | 3.7 | 3.8 | 4.1 | 4.6 | 5.1 | 6.3 | 6.6 | 8.7 | 9.6 | 12.7 | 14.4 | 16.9 |
| 50人以上 | 0.3 | 0.3 | 0.3 | 0.4 | 0.4 | 0.5 | 0.5 | 0.7 | 0.8 | 1.1 | 1.4 | 1.7 |

注：2014年は図表３－１に示された小売店舗数のうち、産業細分類に必要な事項の数値が
　　得られた事業所を対象とした比率である。以下同様。
出所：商業統計表より作成。

くに，店舗数の減少がみられた1985年以降にその傾向が加速され，2014年には
従業者規模２人以下の店舗の割合は40.8％まで減少しており，小売店舗数の減
少が主としてこのような零細規模店舗で生じていることがわかる。しかし，４
人以下という店舗は62.6％を占めており，まだまだ零細規模の店舗の占める割
合は高いと言えよう（**図表３－２**）。

　ここで従業者規模１～２人という零細規模店舗の小売市場に占める位置付け
を，年間販売額構成比の推移でみてみると，1972年に14.8％を占めていたのが，
94年に10％を下回り，2014年には4.6％にまで低下している。すなわち，零細
規模店舗は，店舗数の４割を占めているにもかかわらず，小売市場全体の５％
未満の年間販売額に過ぎないのである。一方，従業者規模50人以上の大規模店
舗は，2014年に店舗数構成比で1.7％であるのに対して，年間販売額構成比で
は29.8％を占めるに至っている。

### (2)　大規模小売企業の年間販売額割合の推移

　日本の商業統計は事業所統計であるが，企業別にも一部集計しており，その
データを用いて資本金1,000万円以上を大規模小売企業と仮定して，その年間
販売額構成比をみてみるならば，1979年に33.0％であったのが，82年に45.4％，
85年に47.7％，88年に51.9％，91年に53.4％，94年に64.2％，97年に69.9％とそ
の割合を高め，2014年には80.8％と大規模小売企業への販売額集中度が８割を
占めるようになっている。このように，日本の小売業はまだまだ零細規模の店

32

### 図表３－３ 経営組織別店舗数構成比の推移

(%)

| | 1974 | 1976 | 1979 | 1982 | 1985 | 1988 | 1991 | 1994 | 1997 | 2002 | 2007 | 2014 |
|---|---|---|---|---|---|---|---|---|---|---|---|---|
| 法人商店 | 19.0 | 20.6 | 22.8 | 25.3 | 27.6 | 31.1 | 35.5 | 38.7 | 41.3 | 44.9 | 49.7 | 57.9 |
| 個人商店 | 81.0 | 79.4 | 77.2 | 74.7 | 72.4 | 68.9 | 64.5 | 61.3 | 58.7 | 55.1 | 50.3 | 42.1 |

出所：商業統計表より作成。

舗が多数存在しているものの，その小売市場での位置付けはきわめて限定され
たものになりつつある。

### (3) 経営組織別店舗数割合の推移

　規模構造と密接な関係をもつ経営組織別の店舗数構成比をみてみると，1974
年に81.0％を占めていた個人商店は，88年に68.9％と７割を，97年に58.7％と
６割を下回り，2002年に55.1％，07年には50.3％に，2014年に42.1％にまで低
下し，法人商店が57.9％と個人商店を上回る結果となっている（**図表３－３**）。
ここで年間販売額の構成比をみてみるならば，2014年には個人商店が5.7％，
法人商店が94.3％となっており，そのほとんどが家族従業員で経営されると思
われる個人商店の零細性が色濃く表れている。

### (4) 従業者数と就業者数

　従業者とは，「個人事業主および無給家族従業者」と「有給役員」，「常用雇
用者（正社員・正職員とパート・アルバイト等）を合せたものであり，就業者
とは，従業者に「臨時雇用者（１ヶ月以内の期間を定めた雇用者)」と「出向・
派遣従業者」を合わせ，「他への出向・派遣従業者」を除いたものをいう。
　2014年の就業者数は619万人であり，うち従業者は581万人であった。就業者
に占めるパート・アルバイト等の割合は46.4％であり，小売業で働く就業者の
５割近くがパート・アルバイトである。パート・アルバイト等の割合が高いと
いわれるコンビニエンスストアでは，この値が81.7％になり，パート等への依
存度の大きさがわかる。
　また，百貨店・総合スーパーの就業者のうち正社員の割合は16.8％に過ぎず，

第3章　小売構造の変動　33

58.2％がパート・アルバイト等，23.7％が他からの出向・派遣従業者となっているが，2007年にはそれぞれ50.9％，31.0％であったことから出向・派遣従業者の割合は低下している。しかし小売業で就業する他からの出向・派遣従業者のうち百貨店・総合スーパーで働く者の割合は69.6％であり，ほとんどが百貨店・総合スーパーで就業していることになる。このことによって百貨店・総合スーパーの従業者1人当たりの年間販売額は2014年に4,309万円であるが，就業者1人当たりで算出すると3,002万円に減少する。

## 3　業種構造

　業種別小売店舗数構成比を産業分類の中分類でみてみると，2014年には，その他の小売業の割合が最も高く38.1％を占め，以下，飲食料品小売業30.5％，織物・衣服・身の回り品小売業14.2％，家具・じゅう器・家庭用機械器具小売業8.5％，自動車・自転車小売業8.5％，各種商品小売業0.5％となっている。これまで飲食料品小売業の割合が最も高く，1974年には46.6％とほぼ半数の小売店舗が飲食料品小売業であるという構造にあったが，その後一貫してその割合を低下させており，2007年にはその他の小売業を初めて下回った（**図表3-4**）。日本の小売構造の多数性・零細性・生業性といった特徴が，きわめて狭隘な商圏しかもちえない飲食料品小売業の店舗数の割合が高いことに起因していたことは言うまでもないが，店舗数の減少と零細規模店舗の衰退傾向もまた，飲食料品小売業の割合の低下を反映したものである。

　飲食料品小売業の店舗数の割合が高かった背景は，日本の食料品市場で品揃えを限定した業種店舗が数多く存在しているということである。すなわち，食品スーパーの多くが分類されている各種食料品小売業の飲食料品小売業に占める店舗数構成比は2014年には9.3％に過ぎず，コンビニエンスストアを合せても23.9％であり，飲食料品小売業の多くが品揃えを限定した店舗であることがわかる。また一方で各種食料品小売業とコンビニエンスストアの年間販売額は，飲食料品小売業の65.9％を占めており，業種店舗の零細性を示している。

**図表3－4** 業種別店舗数構成比の推移

(％)

| | 1974 | 1976 | 1979 | 1982 | 1985 | 1988 | 1991 | 1994 | 1997 | 2002 | 2007 | 2014 |
|---|---|---|---|---|---|---|---|---|---|---|---|---|
| 各種商品小売業 | 0.2 | 0.2 | 0.2 | 0.2 | 0.2 | 0.2 | 0.3 | 0.3 | 0.4 | 0.4 | 0.4 | 0.5 |
| 織物・衣服・身の回り品小売業 | 14.0 | 14.1 | 14.2 | 14.1 | 14.1 | 14.6 | 15.1 | 15.0 | 14.8 | 14.3 | 14.7 | 14.2 |
| 飲食料品小売業 | 46.6 | 45.4 | 43.9 | 42.1 | 41.2 | 40.4 | 39.1 | 38.0 | 37.1 | 35.9 | 34.3 | 30.5 |
| 自動車・自転車小売業 | 4.0 | 4.2 | 4.4 | 4.9 | 5.2 | 5.5 | 5.9 | 6.0 | 6.2 | 6.9 | 7.3 | 8.5 |
| 家具・じゅう器・家庭用機械器具小売業 | 10.6 | 10.9 | 10.9 | 11.0 | 10.6 | 10.3 | 9.9 | 9.6 | 9.5 | 9.3 | 8.7 | 8.1 |
| その他の小売業 | 24.6 | 25.3 | 26.4 | 27.6 | 28.7 | 29.0 | 29.6 | 31.1 | 32.1 | 33.3 | 34.7 | 38.1 |

注：2014年調査から，小分類は各種商品小売業，織物・衣服・身の回り品小売業，飲食料品小売業，機械器具小売業，その他の小売業，無店舗小売業に組み替えられたが，これまでの分類にあわせて再編加工してある。

出所：商業統計表より作成。

## 4 形態構造

### (1) 営業形態別店舗数の推移

1982年から商業統計では，業態別集計がなされるようになったが，必ずしもその定義が一定でないために，近年に限ってその店舗数の変化をみてみよう。品揃えを限定した専門店（90％以上が当該品目）や中心店（50％以上が当該品目）が，小売業全体のほとんどであり，2014年には80.1％を占め，その他のスーパーが5.8％，コンビニエンスストアが4.5％，専門スーパーが4.1％を占めている。ホームセンターやドラッグストアといった比較的新しい業態も集計されるようになったが，2014年にはホームセンターが0.5％，ドラッグストアが1.9％を占めている（**図表3－5**）。

### (2) 経営形態別小売業の変化

経営形態別には，単独店舗での経営か，複数店舗の経営かによって分類することができる。単独店として経営されている小売店舗数の割合は，1974年に

第3章 小売構造の変動 35

**図表3-5** 業態別店舗数構成比の推移

(%)

| | 2002年 | 2007年 | 2014年 |
|---|---|---|---|
| １．百貨店 | 0.03 | 0.02 | 0.02 |
| ２．総合スーパー | 0.13 | 0.14 | 0.18 |
| ３．専門スーパー | 2.85 | 3.07 | 4.14 |
| (1)　衣料品スーパー | 0.49 | 0.58 | 1.11 |
| (2)　食料品スーパー | 1.36 | 1.57 | 1.91 |
| (3)　住関連スーパー | 1.00 | 0.92 | 1.12 |
| 　　うちホームセンター | 0.34 | 0.36 | 0.55 |
| ４．コンビニエンス・ストア | 3.21 | 3.80 | 4.53 |
| ５．ドラッグストア | 1.13 | 1.11 | 1.88 |
| ６．その他のスーパー | 5.00 | 5.05 | 5.82 |
| ７．専門店・中心店 | 87.48 | 86.46 | 80.10 |
| (1)　衣料品店 | 13.21 | 13.43 | 12.35 |
| (2)　食料品店 | 26.49 | 24.02 | 19.60 |
| (3)　住関連店 | 47.79 | 49.02 | 48.15 |
| ８．その他の小売店 | 0.16 | 0.16 | 3.02 |

出所：商業統計表業態統計編より作成。

87.0％を占めていたが、その割合は逓減傾向にあり、2014年には61.7％にまで低下している。本店として経営されている店舗の割合はほぼ横ばいであるのに対して、支店店舗の割合は急速に高まっており、1974年の9.4％が2014年には33.9％と、小売店舗のほぼ1／3が支店として経営されていることになる。単独店経営の店舗数割合が、1974年から2014年に25.3ポイントの低下をみたのに対して、年間販売額の割合は51.5％から18.0％と33.5ポイントの大幅な低下を示しており、複数店舗を経営する小売業の勢力がより大きくなっていることを示している（**図表3-6**）。

　複数店舗経営を、本支店経営とチェーンストア経営に類別することは商業統計では困難であるが、ここでは10店舗以上を経営する商業企業をチェーンストアと仮定して、小売市場に占めるチェーンストアの販売額シェアの推移をみてみよう。1974年のチェーンストアの販売額シェアは7.2％にすぎなかったが、その後急速に割合を高めており、2014年には66.9％を占めるに至っている（**図表3-7**）。この数字に、ボランタリーチェーンやフランチャイズチェーンに

36

### 図表3－6　単独・本支店別店舗数構成比の推移

(%)

|  | 1974 | 1976 | 1979 | 1982 | 1985 | 1988 | 1991 | 1994 | 1997 | 2002 | 2007 | 2014 |
|---|---|---|---|---|---|---|---|---|---|---|---|---|
| 単独店 | 87.0 | 85.5 | 83.2 | 81.2 | 80.1 | 78.1 | 75.8 | 74.4 | 72.8 | 71.8 | 67.4 | 61.7 |
| 本　店 | 3.5 | 3.8 | 4.5 | 4.7 | 4.8 | 4.8 | 5.2 | 5.0 | 4.9 | 3.7 | 3.9 | 4.5 |
| 支　店 | 9.4 | 10.6 | 12.4 | 14.2 | 15.2 | 17.1 | 19.0 | 20.6 | 22.2 | 24.5 | 28.7 | 33.9 |
| （単独店の販売額構成比） | 51.5 | 49.3 | 46.2 | 44.0 | 42.3 | 39.3 | 35.5 | 35.3 | 32.3 | 29.4 | 24.2 | 18.0 |

出所：商業統計表より作成。

### 図表3－7　チェーンストアの年間販売額シェアの推移

(%)

| 1974 | 1976 | 1979 | 1982 | 1985 | 1988 | 1991 | 1994 | 1997 | 2002 | 2007 | 2014 |
|---|---|---|---|---|---|---|---|---|---|---|---|
| 7.2 | 19.3 | 15.5 | 25.9 | 28.8 | 32.4 | 34.1 | 40.8 | 42.5 | 47.5 | 54.7 | 66.9 |

注：チェーンストアは，10店以上の支店を有する商業企業（商業企業には会社組織以外も含まれている）の年間販売額を小売業年間販売額で除して算出した。
出所：商業統計表より算出。


加盟する小売業の販売額割合11.5％を加えるならば，組織化小売業の販売額シェアは実に78.4％を占めることになる。これまで欧米と比較して，わが国の小売業の組織化の遅れが指摘されてきたが，かなりの程度チェーンストア経営が浸透しつつあるとみることができよう。


## 5　地域構造

　小売業は，店舗の地理的分散が著しいという特徴をもち，それぞれの地域によって店舗の分布や規模構造，業種構造，形態構造が大きく異なってくる。ここでは都道府県別に，小売店舗数と年間販売額の推移をみてみよう[4]。

　2014年の小売店舗数は，東京都が10万1,172店で最も多く，以下，大阪府6万6,820店，愛知県が5万3,723店，神奈川県が5万2,542店，兵庫県が4万3,416店であり，上位5地域で31.0％を占めている。県別の小売店舗数の増減を2007年と比較してみると，全都道府県で店舗数の減少を示している。

　2014年の年間販売額構成比では，東京が13.0％，大阪6.9％，神奈川6.2％，

愛知6.0%，埼玉5.0%であり，上位5県への集中度は37.1%となる。

## 6 小売構造の変化の方向

　わが国小売構造の特徴として，店舗の多数性・零細性・生業性が指摘されてきたが，近年の小売構造の変化は，その特徴を弱める方向で推移している。しかしながら，欧米諸国と比較するならば，いまだに飲食料品小売店舗の割合が高く，品揃えを限定した業種店舗が多数存在している。欧米諸国との食生活の違いや，多頻度の買物出向といった需要側の要因，あるいは都市部における人口密度の高さや交通体系の違いといった社会的要因が，飲食料品小売業の多さをもたらしていると考えられる。また飲食料品小売市場における大規模小売業の成立の遅れが，その後の構造変化を緩慢なものにしていることも指摘せねばならないであろう。すなわち，英国のリプトン社や米国のA＆P社をはじめとして，大規模小売業が産業化の初期的段階においてグローサリー・チェーンとして成立し，その成長の過程で中小食料品店の多くが淘汰されていったという歴史的経緯をもつのに対して，日本では飲食料品小売市場において大規模小売業が成立するのは，すでに大量生産システムが整備された段階であり，確立された流通システムの枠組みの中で成長を模索せねばならなかったのである。

　産業化が未成熟な段階では，小売経営は専門的な職人的技能が必要とされ，商品の標準化もなされていないことから，小売段階においては規模の経済性に乏しく，分散的な市場が形成されることになる。そのような状況のもとで英国や米国でいち早く大規模小売業が出現した背景には，両国が日常必需的な食料品分野で海外依存度が高かったことがあげられる。海外から低価格で安定的な商品調達を行うためには，資本と経営能力の蓄積が必要とされ，それを実現するために小売業の大規模化が促進されたのである。日本では輸入食料品が奢侈品的性格をもっていたために，飲食料品小売業が大規模化する誘因に乏しく，産業化が進展した段階，すなわち商品の標準化がなされ，小売経営から職人的技能が必要とされなくなる段階まで，大規模小売業の成立を待たねばならな

かったのである。

そして，大規模小売業の発展が高度経済成長という，小売業全体にとって恵まれた環境の中で展開し，その後の安定経済成長下には大規模小売店舗法という大型店の出店調整という政策的枠組みが出現したこともあって，日本の小売構造の変化が比較的緩慢な速度で進展したと考えられる。しかし，スーパーマーケットやコンビニエンスストアの成長がみられるなど，構造変化の速度を速めており，この飲食料品小売業の構造変化を通して，日本の小売構造は欧米の小売構造により類似した方向へと変化するものと考えられる。

## 注

1　2014年調査はこれまでの商業統計調査とは調査方法や集計対象事業所の違いがあることから，数値を直接比較することはできない。特に小売業全体の店舗数は全集計対象の数値であるが，それ以外は産業細分類格付けに必要な事項の数値が得られた店舗を対象としていることに注意を要する。
2　これまで調査対象とされていない管理，補助的経済活動を行う事業所を除くと101万9,160店となる。
3　産業細分類格付けに必要な事項の数値が得られた店舗の数値である。
4　店舗数は全集計対象の数値であり，年間販売額は産業細分類格付けに必要な事項の数値が得られた店舗の数値である。

## Working

1　あなたの住む地域（都道府県）の小売構造の変化を時系列で整理しなさい。（図表を入れてＡ４で５枚，40字×30行）
2　小売店舗の減少理由を，参入（開業）店舗の減少と退出（廃業）店舗の増加に分けて整理しなさい。

## Discussion

1　なぜ，日本では零細規模の飲食料品小売業の店舗数の割合が高いのか。
2　なぜ，近年CVSの店舗数の増加が顕著にみられるのか。

# 第4章
# チェーン小売業の成長

## 本章のねらい

　小売構造の変動の中で，チェーン小売業（チェーンストア，ボランタリー・チェーン，フランチャイズ・チェーンの総称。組織小売業とも呼ばれる）の成長が現代の小売構造の特徴の一つとして指摘される。

　そこで，本章ではチェーンストア，ボランタリー・チェーン，フランチャイズ・チェーンの概念，特徴，動向などについて考察する。

**Keyword**　　チェーン小売業（組織小売業）　チェーンストア
　　　　　　　　レギュラー・チェーン　フランチャイズ・チェーン
　　　　　　　　ボランタリー・チェーン　PB　NB　ロイヤルティ

# ■1 チェーンストア（chain store）の概念と動向

## ⑴ チェーンストアという用語について

　チェーン，チェーンストア，レギュラー・チェーン，コーポレート・チェーン，フランチャイズ・チェーン，ボランタリー・チェーンなど「チェーン」という単語がつく用語が多く使われている。用語の使い方が混乱している可能性がある。

　そこで，専門の辞書である『最新商業辞典［改訂版］』でチェーンストアの説明をみてみると「国際チェーンストア協会の定義によれば，単一資本で11以上の店舗を直接経営管理する小売業または飲食店の形態。業種・業態に関係なく，規模の利益を図る一つのあり方。ライン機能から販売機能を分離し，地域分散的消費に対応する単位店舗に遂行させると同時に，他方で購買機能やスタッフ機能を集権化して，経営の大規模化を可能にする。一般にチェーンストアは資本を同じくするレギュラー・チェーンを指すが，チェーン経営には，このほか，ボランタリー・チェーン，フランチャイズ・チェーンなど，独立小売商が組織化して擬似連鎖店としての効果を狙うものがある[1]」と説明されている。この説明によるとチェーンストア＝レギュラー・チェーンであって，他にボランタリー・チェーンとフランチャイズ・チェーンがあるという説明である。

　次に，アメリカの小売業の専門書をみてみると，小売業の分類のところで，店舗の所有権を基準とする分類があって，次の6つに分類されている。それは，①単独店，②チェーン，③フランチャイズ，④賃貸店，⑤メーカーないし卸売業の所有店，⑥生協，である[2]。

　ここから，チェーンとフランチャイズ・チェーンを分けて考えているのはわかるが，ボランタリー・チェーンについては意識されていないことが推測される。それでは，チェーンという意味をみてみよう。「チェーン小売業とは，単一資本のもとで多数の店舗を経営しているものである[3]」と述べられている。

なお，アメリカではおよそ10万のチェーン小売企業があり，75万店の店舗がある。そして，百貨店，ディスカウントストア，食品スーパーの販売額の少なくとも75%をチェーン小売企業が占めており，文具店，衣料品店，化粧品店，家具屋，酒屋の販売額の50%以上をチェーン小売企業が占めていると述べている[4]。

このように日本の専門辞典，アメリカの専門書の説明をみると，専門的にはあまり混乱もなく，かなり共通した用い方になっていることがわかる。

ここでは，チェーンストア，ボランタリー・チェーン，フランチャイズ・チェーンとチェーン小売業を分類する。なお，チェーンストアは，レギュラー・チェーンと呼ばれることもあり，時にはコーポレート・チェーン（法人チェーン）と呼ばれることもあることに留意する必要がある。また，チェーンストアは，時には単にチェーンとかチェーン店と呼ばれることもあるが，チェーン小売業の意味と混同する可能性があるので，チェーンストアと呼ぶべきである。

## (2) チェーンストアの定義

この定義は，次の4項目を満たすものである。

(a) 複数の店舗：1店舗ではチェーンストアとは呼ばない。定義からは2店舗以上あることになる。各国の統計をみると11店舗以上，あるいは10店舗以上，ないし9店舗以上ある場合をチェーンストアとしている場合がある。

(b) 店舗業態の標準化：八百屋と魚屋と食品スーパーをそれぞれ1店舗ずつ経営していたらチェーンストアになりえるか？　このような場合はチェーンストアにはならない。同じ3店舗でも，八百屋を3店舗，魚屋を3店舗あるいは食品スーパーを3店舗所有しているのならチェーンストアになりえる。つまり，同じ業態の店舗が複数あることがチェーンストアの条件になるのである。

(c) 営業の中央統制：八百屋を3店舗経営していたらチェーンストアになるのか？　この質問に答えるためには，店舗以外に本部があるかどうかを確認することが必要である。つまり，チェーンストアであるためには，本部

と店舗が分かれていて，本部が，建物，立地，備品の準備，正社員の人事，従業員教育，仕入れ，商品の保管，広告などを行い，店舗は販売に専念していることが必要である。このように本部が，店舗販売以外のことを集中して行うことを営業の中央統制と呼んでいる。

(d)　全体で1企業：全体というのは，本部と全店舗のことをいう。この特徴のため，チェーンストアは法人チェーンと呼ばれることもある。

　これらの条件を組み込むと，チェーンストアとは，同一業態の店舗を複数所有し，本部と店舗が分かれていて，本部が営業の中央統制をし，店舗は販売に専念している，全体で1企業である小売企業である。

## ② チェーンストアのメリット

　チェーンストアのメリットとしては次の5点を指摘できる。

① NBの仕入れが有利

　複数の店舗が必要な量を本部がまとめて仕入れるので，店舗数が多くなるほど仕入れ量が多くなる。そのため，NB（National Brand：製造業者商標）の仕入れにおいては，1店舗だけの経営では得られない割引などの恩恵を得て，割安で仕入れることができる。

　たとえば，P&Gは，誰が購入者でも，最低受注単位（ミニマムオーダー）を100梱と決めており，100～299梱までを100とすると，300～599梱なら99，600梱以上の注文なら98.5，10トン車での工場直送なら97.5にすると公表している。これはいわゆる数量割引（volume discount）である。そのため，店舗数が多ければ多いほど1回の注文量を多くできるので，このような数量割引を得やすいので，1店舗だけの経営に比べると仕入れ価格を安くできる。

　ここで「割引」と「アローワンス」と「リベート」について説明しておく。割引（discount）の代表的なものは，数量割引と現金割引である。数量割引は，1度に大量の注文がある場合，売り手の側からすると販売効率が高く，販売コストが低くなるので，その分，安くするというものである。また，P&Gの先

の例にあるように「10トン車での工場直送」ならさらに安くするというのは，積載効率がよく，物流コストが安くつくので，その分，安くするというものである。現金割引は，販売した代金を10日以内に支払ってくれるのなら２％引きにするというようなものである。金融機関から融資してもらって，商品を製造しているとか仕入れていることを想定すると，早く支払ってもらえれば，それだけ支払い金利を少なくできるので，売り手側にメリットがあるのである。このように割引は，たとえば販売代金が100円であるところから割引分を引いて，98円と請求するのである。

アローワンス（allowance）の代表的なものは，「広告アローワンス」と「陳列アローワンス」である。「広告アローワンス」とは，小売業者がメーカーの製品をチラシ広告や新聞広告に載せてくれた場合，その大きさなどによって一定の金額をメーカーが小売業者に支払うものである。また，「陳列アローワンス」は小売業者が，メーカーの製品をより多く販売するために大量陳列などの特殊陳列をしてくれた場合にメーカーが小売業に支払うものである。これはアメリカでのことであって，どの小売業者が行ってもメーカーは同じ行為に対して同じ額を支払わなければならない。つまり，メーカーは小売業者が自社の商品の販売のために特別の努力をしてくれたのでそのコストを支払うというのがアローワンスである。

リベート（rebate）は，日本語では，「割戻金」と呼ばれている。代表的なものは，「目標達成リベート」で，たとえば，あらかじめ卸売業者に「年間○○億円以上仕入れてくれたら１％割り戻す」という約束をするものである。したがって，本来なら，仕入れ金額を卸売業者はメーカーに全額支払って，その後，メーカーは卸売業者がその目標を達成したなら，それを確認後約束の仕入れ金額の１％を卸売業者に支払うというのがリベートである。

アメリカでは，これらの用語が定着しているが，日本ではマージン（粗利額）も割引もアローワンスもすべてリベートという言葉で表現することもあり，また，ほとんどすべての場合，相殺決算をしているため，これらの区別がつきにくいという事情もあり，一般的に取引条件が複雑であるといわれることが多

い。

　日本ではアローワンスの代わりに「協賛金」という言葉を使うこともあり，いっそう複雑な感じを与えていると思うが，グローバル流通の時代であるから，用語を統一して使うように改めていく必要がある。

### ②　PB（Private Brand：商業者商標）の開発が可能

　小売業者がPBを作りたがる理由はいくつかある。PBを作ることによって，他店との品揃えの差別化ができる可能性があるし，もしも消費者がそのPBを気にいってくれれば店舗ロイヤルティは強くなるかもしれない。それ以上にPBを作りたがる理由は，一般に，PBはマージン率（粗利率）が大きいからである。なぜなら，PBはメーカーの販売促進費や卸売業のマージンを必要としないからである。その分，消費者に安く提供しても，マージン率はNBに比べて大きいのが普通である。

　しかし，一定の販売力がないとPBを作ることができない。この一定の販売力というのは具体的に何個なのかをかつてヒアリングしたことがある。ある大手レギュラー・チェーンの役員は，年間100万個以上販売する自信があればPBを作ると話してくれた。

　このPBは，商業者商標と呼ばれるように卸売業者や小売業者が開発したブランドである。小売業者のPBとしては，「トップバリュ」や「セブンプレミアム」などがある。

　日本のPB食品市場規模は，2010年に約2.2兆円であったが，2017年には約3.2兆円になるという予想[5]も出ている。このように成長が期待されているPBは，通常のPB（スタンダード型PB：トップバリュ）以外に価格訴求型PB（エコノミー型PB：トップバリュベストプライス），価値訴求型PB（プレミアム型PB：トップバリュセレクト）という三層構造になる傾向がある。

### ③　マスメディアの活用

　1店舗しか経営していない場合には，特売などの消費者への告知もコストの関係から新聞のチラシ広告くらいしか実施することができない。しかし，店舗数が多くなればなるほど，1店舗当たり広告費は少なくなるので，マスメディ

アを活用した広告もできるようになる。

マスメディアを活用できると店舗の知名度は格段に上がり，店舗への信用度も高まる可能性がある。

#### ④ 人材確保が容易

小売業は成長するにつれて，人材確保が難しくなる。総合スーパーなどは1店舗出店すると正社員だけで100人以上必要だといわれている。新規出店10店舗なら1,000人以上必要となる。

優秀な人材の確保は，現在も難しいが，1店舗しか経営していない小売店に比べると，マスメディアを活用するほど大きなチェーン小売業は，知名度も高く，比較的人材の確保が容易である。

#### ⑤ バイイングパワーの行使

仕入れ規模が大きくなるとバイイングパワー（購買力）を行使することができるようになる。

バイイングパワーという用語は，1980年のOECDレポートで初めて使われたものである。日本では1981年に公正取引委員会事務局がこのレポートを翻訳し，広く関係者に読まれた。そして，81年から当時の通産省で日本のバイイングパワー調査が開始されている。

「バイイングパワーとは，購買上の優位性をテコとして，他の購買者が入手しうるよりも有利な諸条件を売手から獲得する能力である[6]」と説明されている。購買上の優位性とは，基本的に購買量が大きいということである。

バイイングパワーの内容としては，「金銭」「モノ」「人」の面がある。

(a) 金銭：納入価格の大幅な引き下げ要求，販促金・拡売費の要求，各種協賛金・リベートの要求などがある。

(b) モノ：「押し付け販売」と呼ばれるもので，チェーン小売業のバイヤー（仕入れ担当者）がメーカーや卸売業に，お酒，洋服，クリスマスケーキ，正月のおせち料理などを売りつけるものである。また，呉服の展示販売を開催して，卸売業の経営者を招待して販売するといった手法もある。

(c) 人：メーカーや卸売業の営業マンに無報酬で小売業の仕事をさせるもの

である。「棚卸」や「棚替え」の応援，新店開店応援などが有名である。

バイイングパワーの行使そのものには問題はないが，正常な商慣習を超えて取引相手に不利益を与えると，優越的地位の濫用（独占禁止法一般指定13項）として，独占禁止法に抵触することもある。

また，最近では，食品業界を中心に，「過度の社外秘情報の開示要求」や「過度の検査・調査の要求」などが問題になってきている[7]。

しかし，優越的地位の濫用として摘発された例は非常に少なかった。また，小売業の様々な業態が発展したために2005年11月より「大規模小売業告示（大規模小売業者による納入業者との取引における特定の不公正な取引方法）」を施行している。

それまでは「百貨店業告示」と呼ばれており，(ア)「一定の売場面積を有する同一の店舗で，一般消費者により日常使用される多種類の商品の小売業を営む事業者」が対象であった。一定の売場面積とは，東京23区および政令指定都市は3,000㎡以上，それ以外は1,500㎡以上。これらを対象に，(カ)「不当な返品」「不当な値引き」「不当な委託販売」「特売商品等の買い叩き」「特別注文品の受領拒否」「納入業者の従業員などの不当使用」「要求拒絶の場合の不利益な取り扱い」の行為を禁止していた。しかし，これではコンビニなどは対象外になるし，押し付け販売といった行為も禁止されていないので，新たに大規模小売業告示を施行したのである。

大規模小売業告示は，規制対象を(ア)にプラスして(イ)「一般消費者により日常使用される商品の小売業を営む事業者であって，前事業年度の売上高が100億円以上」を付け加えた。これによって，新たに家電量販店，コンビニ，ホームセンター，通信販売事業者などが規制対象になった。

また，禁止行為も(カ)に付け加え，(キ)「押し付け販売」「不当な経済上の利益の収受等」「公正取引委員会への報告に対する不利益な取り扱い」を新たに禁止行為としている。

さらに，独占禁止法が改正され，2011年1月から，優越的地位の濫用に課徴

金が課される事になった。課徴金の適用，第一号は山陽マルナカであった。

## ❸ チェーンストアのデメリット

チェーンストアには，上述のようなメリットがあり，それを活用して成長している企業は多いわけだが，同時にチェーンストアゆえのデメリットもある。それは主に次の2点である。

### ① 地域による消費者のニーズ・好みの異質性

チェーンストアは基本的に同じ業態を多店舗展開するものである。仕入れは本部が一括して行うので，各店舗の品揃えも基本的に同じであると考えていた。そのため，地域ごとに消費者のニーズや好みが異なることに対応することができにくいという欠点をもっていた。

たとえば，雪国の冬支度などは雪国に住んでいないとわからないことである。そのための商品の品揃えは全国チェーンの小売業にはできにくい。そこにローカル・チェーンの全国チェーンに対する対抗力もあるのである。

正月のお雑煮が地域によって，様々なように，味の好みは，正に地域によって異なる。丸餅か角餅か？　うどんのつゆは薄口か濃い口か？　などから始まって，地域ごとに食べられているものは異なる。名古屋地区の味噌カツは有名になったが，福岡県・熊本県の干し納豆，広島県湯来町のコンニャクソフトクリームなど，地域独特の味覚は多い。そのため，食品スーパーの全国チェーンはできないとか，全国チェーンにしても規模のメリットは発揮しにくいという意見もある。

### ② 地域による競争状態の異質性

地域によって，立地によって店舗の競争状態は異なる。それにもかかわらずチェーンストアは同じ業態を多店舗展開していくわけであって，基本的に同じ規模の店（標準店）を出店していくと考えられていた。

そのため，立地によっては競争に負けるということもでてくる。同一業態間の競争においては，売場面積が大きいほど，駐車場のスペースが大きいほど有

利であるといわれている。そのため，標準店の多店舗展開だけでは地域によっては競争上不利である。

## 4　デメリットへの対応

　このようなデメリットについては，チェーンストアも十分に理解している。そのため，デメリットに対応するために以下のようなことを実施している。

　① 複数の標準店を持つ

　複数の規模の標準店を用意して，地域の立地環境で競争に勝てる規模の標準店を出店するようにしている。ほとんどのチェーンストアがこのような対応をしている。

　② 地域本部制・地域限定商品の採用

　地域によって，人々の生活様式は異なり，食の好みも異なるので，「地域別に品揃えを変えましょう」という発想から，たとえば，北海道や九州の品揃えは本州とは異なるという認識から，北海道と九州の店舗を別会社にするという方法もあるし，地域本部制を採用しているところもある。

　たとえば，イオンは総合スーパー事業で，イオン北海道，イオン九州，イオン琉球という別会社を所有しているし，イオン本体では本州を6つに区切って「東北カンパニー」「北関東・新潟カンパニー」「南関東カンパニー」「東海・長野カンパニー」「近畿・北陸カンパニー「中四国カンパニー」という6つの地域本部をもっている。

　また，セブン＆アイは2017年度までに地域限定商品の比率を5割程度にまで引き上げる方針を発表している。そのため，イトーヨーカ堂も全国を13地区に分けて，地区ごとに商品開発の責任者を配置している。そして，北海道では，運転のしやすいハーフサイズのコートが好まれる傾向が強いので，ハーフサイズのコートの商品数を北海道限定で現状の1割から5割にするといった取り組みを全国で実施している。

第4章　チェーン小売業の成長　49

### ③　店長権限の拡大

地域の催事，地域の消費者ニーズの変化，地域の競争に機敏に対応するため，店長権限を拡大するチェーンが多くなっている。チェーンによっては，出店の1年前からその地域に店長になる人を住まわせ，その地域の生活を理解してもらっているところもある。

店舗によっては生鮮の品揃えを店長に任せるチェーンもあり，エンドの品揃えを店長に任せるチェーンもある。このように一般に品揃えに関する店長権限を拡大する傾向にある。そのため，現在ではチェーン本部が決めた棚割り表も店長からの希望があれば，本部に伝えて一部修正してもらえるとか，8割は本部決定のとおりにしなければいけないが2割は店舗で意思決定できるとかという風に柔軟になってきている。

また，店長の給与も業績に応じたものにして，店長のやる気を高めるようにしている。店長はサラリーマンであってはならない，店長は自分が店舗の経営者であると思って自主的に積極的に店舗経営をしなければならないという考え方が広まってきているように考えられる。

## ⑤　チェーンストアの動向

チェーンストアは日本でどの程度成長してきているのだろうか？

『商業統計表』から10店舗以上所有する小売企業をチェーンストアとみなすと**図表4－1**のようになる。

**図表4－1**からわかるように1982年には，日本の小売販売額に占めるチェーンストアの販売額の割合は25％であったが，2002年には46.5％，2014年には67％を占めるまでになっている。企業数は，2,492社から4,264社に増加している。なお，同時期に50店舗以上所有している小売企業は，1982年が185社で，2014年が790社である。

このようにチェーンストアは順調に成長し，日本の小売販売額の半分以上を占めるまでになっている。

| | 図表4-1 レギュラー・チェーン（10店舗以上所有する小売企業）のシェア | |
|---|---|---|
| | 小売販売額に占める割合（%） | 企業数 |
| 1982年 | 25.0% | 2492 |
| 1991年 | 32.8% | 3381 |
| 2002年 | 46.5% | 4195 |
| 2014年（参考） | 67.1% | 4264 |

出所：各年の『商業統計表』より作成。

# 6 ボランタリー・チェーン(voluntary chain)の概念と動向

　ボランタリー・チェーン（VCと略されることもある）は，チェーンストアの発展に対抗して，誕生し，発展する場合が多い。そのため，ボランタリー・チェーンは，小売商がその事業を有利にするために自発的に参加する協同組織であって，共同事業によってスケールメリットを追求するものであると説明されることがある。日本では，法的定義もある。それは1973年に施行された中小小売商業振興法に記載されているもので，ボランタリー・チェーンとは「主として中小小売商業者に対して，定型的な約款に基づき，継続的に商品を販売し，かつ経営に関する指導を行う事業である」というものである。このように日本では流通近代化政策の一環として比較的早い段階からボランタリー・チェーンを育成しようという動きがあった。

## (1) 卸売商主催VC（wholesaler- sponsored voluntary chain：卸売商主催任意連鎖店と訳されている）

　ボランタリー・チェーンは，学問的には卸売商主催任意連鎖店と小売商協同任意連鎖店と訳されて，紹介されてきているが，一般的には卸売商主催ＶＣと小売商主催VCと表現されてきている。

　卸売商主催VCは，チェーンストアの発達によって，地位を脅かされている卸売商が同じく競争関係に立たされている小売商を加盟させて組織化し，

チェーンストアに対抗しようとするものである。

　そのために，最初に行うのが集中仕入れである。加盟小売商の注文を集約して，本部がメーカーと交渉し，割安で商品を仕入れようとするものである。仕入れにチェーンストアのようなスケールメリットを得ようとするものである。

　VCは一般に，契約期間が１年間であって，いつ参加してもいつ脱会してもよい。その上，本部に対してロイヤルティを支払うチェーンは少ない。そのため，本部は商品を仕入れて，マージン（粗利）をとって，小売商に販売することによって，本部維持費ないし利益を得ているのである。そのために，主催する卸売業者が，販売先の小売商を単に組織化しているだけではないかと思われることがある。

　本部は，商品売買のマージンを得て，それを原資にして，加盟店に情報提供したり，経営相談・指導をしたり，加盟店教育をしたりしている。しかし，既述の卸売商の販売促進的色彩が強いために，加盟店が必ずしも増加せず，卸売商主催VCは日本ではあまり発達していない。その卸売商主催VCの例として国分グローサーズチェーンをみてみよう。


## ［事例：国分グローサーズチェーン］

　設立は1996年７月，資本金9,350万円，年商108億円（2014年12月末現在），加盟店名はコミュニティ・ストア，加盟店数602店舗（2014年12月末現在），食品卸売業の老舗「国分」の子会社なので，卸売商主催VCといってよい。

　1977年に国分の事業部門としてKGC（国分グローサーズチェーン）首都圏本部が発足したのが始まりである。翌年，加盟店第１号が渋谷区に開店し，徐々に全国に加盟店が広がり，首都圏以外に地区本部が発足するようになった。その後，90年代の中ごろになって，国分からKGC首都圏本部が分社独立し，国分グローサーズチェーンになり，その後，首都圏以外の地区本部も国分グローサーズチェーンに移管され，現在の姿になっている。

　そのコミュニティ・ストアの特徴として以下の諸点が指摘されよう[8]。

　(a)　コミュニティ・ストアは，月額28万3,500円の固定利用料だけで，大手

フランチャイズ・チェーンと同様の店舗運営システム・サポートを活用できる。国分グローサーズチェーンでは「ニューコンビニエンスシステム」と呼んでいる。

(b) 加盟店が本部に発注し，本部はそのデータを加工・分析して，店舗運営をサポートしていく。また，商品は，1日2回定時配送を実施している。

(c) スーパーバイザーがきめ細かく指導する。スーパーバイザーが店舗を訪問し，労務・計数管理，売場作りについてアドバイスし，競合店対策をタイムリーに実施している。また，スーパーバイザーは加盟店と本部とのコミュニケーションを円滑にする役割も果たしている。

(d) オリジナル商品の開発に力を入れている。年間300品目以上の新商品の開発をしており，毎週新商品が店頭に数点は並ぶ。高品質で低価格の商品開発を心がけている。

(e) 教育・研修プログラムにも力を入れている。2週間にわたる店主店長教育では3つの経営基本スキルを身につけさせるようになっている。その3つとは(a)お客様を買う気にさせる接客と売場作り，(b)POSレジスターシステムを活用した売れ筋商品作り，(c)効率よく収益を上げるためのロス管理術と労務管理術，である。また，パート・アルバイト向け集合研修も実施しており，接客，クレンリネス，品揃え管理，鮮度管理について教育している。

国分グローサーズチェーンは，ロイヤルティ料を月額固定制であるが徴収している。逆に，商品の売買によるマージンをとっていない。また，加盟店の注文はすべて本部を経由するようになっている。このように従来，卸売商主催VCは，本部が商品売買のマージンで本部運営をしていたことが加盟店の不信感を醸成していたわけであるから，その欠点を除外し，その代わりにロイヤルティ料を徴収している。また，加盟店の仕入れ金額に占めるVC本部からの仕入れ割合が必ずしも高くないことが本部機能が強化できない理由といわれていたので，加盟店の注文はすべて本部にいくような情報システムを開発している。

VCの良さを残しながら，本部機能を強化して，競争に打ち勝てるようにしようとする改善がみられる。

(2) **小売商主催VC**（retailer-cooperative chain：小売商協同任意連鎖店と訳されている）

　小売商主催VCは，有力小売商が共同事業を提案し，チェーンストアに対抗しようとするものである。この場合の共同事業とは，商品の共同仕入れ，共同保管，共同配送，共同広告（チラシ広告など），共同研修（教育），共同購入（PC，POSレジ，各種消耗品）などである。

　この小売商主催VCの有力チェーンの１つである全日食チェーンについて具体的にみてみよう。


**［事例：全日食チェーン[9]］**

　全日食チェーンの社名は，全日本食品株式会社で，1962年に創立されている。資本金は18億円で，加盟店は1,738店舗（2015年８月現在）である。小売商主催の食品ボランタリー・チェーンである。HPには，「全日食チェーンは地域のミニスーパーや個人商店の経営者からなる日本最大の小売主催のボランタリー・チェーンです。単独チェーンや個人商店では解決できない問題も，同業者同士で知恵を出し合い『地域商業の復権』を成し遂げようと各地で協同組合を設立し活動を行っています」と説明されている。この説明にあるように全国各地に14の協同組合を作っているのが特徴である（**図表４－２参照**）。

　協同組合は「相互扶助，加盟・脱退自由，議決権・選挙権平等，剰余金配当は利用分量配当」を特徴とするものである。加盟者は協同組合に加盟するというのが全日食チェーンの特徴になっている。協同組合は各種の補助金を受けられるし，相互扶助精神でお互いに助け合うというチェーンの特徴が具体化されている。

**図表4-2　全日食チェーンの仕組み**

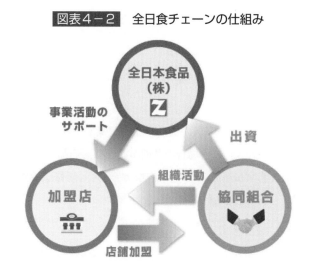

出所：全日本食品のＨＰより。http://www.zchain.co.jp/

**図表4-3　全日食チェーンの機能**

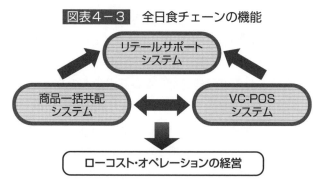

出所：全日本食品のＨＰより。http://www.zchain.co.jp/

　全日食チェーンの加盟店になると受けられるサービスは「全日食チェーンの機能」に示されている「リテールサポートシステム」「商品一括共配システム」「VC-POSシステム」である（**図表4-3**参照）。
　(a)　リテールサポートシステム：これはさらに3つに分かれている。それは「商品のリテールサポート」（週単位，月単位の販売実績をチェックし，棚

割り表を提案する),「運営のリテールサポート」(店舗運営上の課題, 問題点を改善し, 売り場のサポートを継続して行う),「経営のリテールサポート」(計数管理の指導, お手伝いを行う)。

(b) 商品一括共配システム：注文をすべて本部に出すことによって, 注文した商品がすべて一度に配送されてくる。いろいろな卸売業と取引するのに比べると大幅なコスト削減, 合理化が実現できる。

(c) VC-POSシステム：POSシステムがハード・ソフトともに市価よりも圧倒的に安い価格で導入できる。その上, 各種の分析をしてもらえる。

全日食チェーンが考えるボランタリー・チェーンの概念とは「ボランタリー・チェーンとは, 独立経営者の誰からも強制されるものではなく, 任意の意志によるところから『自発的連鎖店』または『任意連鎖店』と呼ばれ, "独立の精神""自助の精神" を持った商業者がチェーン・オペレーションを展開するために価値・理念・目的などを共有し自発的に組織を結成し協調して競争社会に立ち向かう組織」である。このような考え方にたって, 協同組合をベースにしながら全国チェーンにしてきているのが全日食チェーンである。

## (3) 意識改革が必要なボランタリー・チェーン

2014年度の商業統計表によると, 小売総販売額の4.4％がVC加盟店(小売商店数の3.2％)を経由して販売されたことがわかっている。ボランタリー・チェーンの育成政策が行われるようになって約40年もたっているのに, 4.4％のシェアというのは, あまり成長しているとはいえない。その理由はどこにあるのだろうか。

その1つのヒントは, 日本ボランタリー・チェーン協会のHPに書かれている。つまり「VCの本質を理解することなくVCに加盟し, 『任意』という言葉を文字通り解釈して, 自分の気に入ったところだけを『任意』につまみ食いするというのでは, 他の業態に対してVCの強みは発揮できません[10]」という発言である。従来から, VCの問題点の1つは加盟店が商品の仕入れを100％本部

にするのではなく，商品ごとに本部に発注したり，他の卸売業に発注したりするために，VCの本部集中仕入れ率が高くならないので，本部の力が強くならないとか本部が成長しないといわれてきていた。本部が成長しないと加盟店に対するサポート力も強くならないという悪循環に陥りやすいといわれてきていたのである。

そのため，日本ボランタリー・チェーン協会は，VCを「チェーン・オペレーションを展開するために，独立自営者が自発的に結成した組織[11]」というべきだと主張している。「VCの組織と経営」というところでは，「戦略決定は本部に委ねます」「個々の加盟店の戦略行使は制約されます」と書かれている[12]。VCの加盟者の意識改革を求めていると考えられる。

このようにVCが発展するためには，チェーンとしての成長を第一に考えて，加盟者が協力するという意識が必要になってきている。加盟者がそれぞれ独立の経営者であるといって，自分の都合のよさを優先していてはチェーンとしての発展が阻害されることもある。そのように意識改革をすることがVCの発展にとって重要なことである。加盟店は，現在がチェーン間競争の時代であることを認識しなければならない。そして，本部が力をつけて加盟店を成長させる能力・ノウハウ・システムを開発できなければならない。

## ７　フランチャイズ・チェーン(franchise chain)の概念と動向

### (1)　フランチャイズ・チェーンの概念

フランチャイズ・チェーンには，主催者（franchiser）と加盟者（franchisee）がいる。ある小売業態や飲食店やサービスを開発し，その実験店を成功させた人や企業がその成功のノウハウを整理し，主催者となって加盟者を募集する。そして，主催者は加盟者にフランチャイズ権，商標・商号の使用権を提供し，また，事業経営のノウハウを提供し，指導する。加盟者は，主催者によって定められた加盟料，ロイヤルティ料を主催者に支払い，主催者との契約を守らな

ければならない。主催者は，少ない資金で一気に事業を拡大できる可能性があり，加盟者は一定の資金とやる気・意欲があれば事業ノウハウを知らなくても開業できる。このような主催者（本部）と加盟者（加盟店）の契約によって形成されるチェーンがフランチャイズ・チェーンである。

## (2) フランチャイズ・チェーンのメリットとデメリット

このFCのメリットとデメリットを日本フランチャイズ・チェーン協会は以下のように整理している[13]。

＜メリット＞

(a) 一般に広く知られているチェーン名やマーク，イメージを利用できる。

(b) 事業経験がなくても，本部の指導によって事業を開始できる。

(c) フランチャイズ本部が過去に蓄積した実績と経験に基づき事業を行うので，個人で開業する場合と比較して成功する確率が高い。

(d) フランチャイズ本部による経営指導（税務・会計・法律など）や援助（新商品開発，仕入れ確保，販売促進，教育など）が受けられ，営業に専念できる。

(e) 独立した事業者として営業できる。

(f) 本部が大量に仕入れ，また生産した質の高い商品や材料を安価で安定して購入できる。

(g) 開業物件の立地調査を本部に依頼できる。

(h) 広告・宣伝など，フランチャイズ・チェーンならではのスケールを生かした販売促進活動に参加できる。

＜デメリット＞

(a) フランチャイザーの提供するフランチャイズパッケージのルールにより，チェーンの統一性が優先され，フランチャイジーは個人のアイデアを自由に生かすことが制限される。店舗のイメージ，取扱い商品やサービス，メニューなどすべて本部の経営方針に従わなくてはならない。たとえば，勝手に指定以外の商品を販売したり，金額が安いという理由だけで，指定外

| | 1985年 | 1995年 | 2005年 | 2014年 |
|---|---|---|---|---|
| 1．チェーン数 | 596 | 755 | 1,146 | 1,321 |
| 　小売業 | 195 | 271 | 344 | 344 |
| 　外食業 | 267 | 325 | 467 | 562 |
| 　サービス業 | 134 | 159 | 335 | 415 |
| 2．店舗数 | 89,267 | 158,223 | 234,489 | 259,124 |
| 　小売業 | 27,595 | 55,371 | 85,035 | 105,873 |
| 　外食業 | 35,484 | 38,994 | 56,865 | 58,910 |
| 　サービス業 | 26,188 | 63,858 | 92,589 | 94,341 |
| 3．売上高（億円） | 45,153 | 130,587 | 193,888 | 241,336 |
| 　小売業 | 23,270 | 86,941 | 127,591 | 169,454 |
| 　外食業 | 16,774 | 29,154 | 40,608 | 41,045 |
| 　サービス業 | 5,108 | 14,491 | 25,688 | 30,837 |

**図表4－4　日本のFCの動向**

出所：日本フランチャイズチェーン協会「JFAフランチャイズチェーン統計調査」各年度より抽出作成。

の備品を使用することなどにも制約がある。また，営業時間・休日なども厳守しなくはならない。

(b)　営業権の譲渡や，秘密保持義務などがある。また，契約期間途中での事業終了には一定の条件がある。

## (3)　日本のフランチャイズ・チェーンの動向

2014年の商業統計調査では，日本の小売販売額の7.1％がFC加盟店であった。

次に，FC全体の動向をみておきたい。「JFAフランチャイズチェーン統計調査」によると，**図表4－4**に示されているように1985年から2014年までチェーン数，店舗数，売上高ともに一貫して増加してきている。それは，小売業，外食業，サービス業のいずれにも該当する。

1985年から2014年までの増加率をみると，チェーン数は2.22倍，店舗数は2.90倍，売上高は5.34倍である。3業種ごとにみると，チェーン数ではサービス業が3.10倍と最も増加率が高い。店舗数では小売業が3.84倍と最も増加率が高い。売上高では小売業が7.28倍と最も増加率が高い。このようにチェーン数の増加率ではサービス業の増加率の高さが目立っているが，店舗数や売上高増加率では，コンビニエンスストアの成長が寄与して，小売業の増加率が最も高

い。

## (4) フランチャイズ・チェーンの留意点

フランチャイズ・チェーンは，既述のように非常に成長してきているが，同時に，加盟店が本部を告訴する件数が多いという事実もある。

CVSを例にあげてみると，告訴する理由の多くは，①極めてずさんな売上高予測や経費予測，②契約内容の説明義務違反のどちらかである。

### ① 極めてずさんな売上高予測や経費予測

売上高予測よりも実際の売上高が大幅に少ないとCVS経営の継続が難しくなるので告訴されることがある。たとえば，1996年にカスミCVS（首都圏ホットスパー：約830店）の加盟店主は「被害者の会」を結成し，損害賠償請求の告訴をしている。カスミは1日の売上高を約39万円と予測したのに，実際には約20万円にしかならず，人件費，光熱費の支払いすらできなかったという内容である。この告訴については，カスミがその非を認め，和解金を支払って，解決したが，カスミCVSは，その後九州のココストアに売却された。

売上高予測と開業後の状況との比較データをみると，「実際の売上高のほうが小さい」（44.6％），「実際の売上高のほうが大きい」（23.0％），「ほとんど開業前の説明どおり」（25.1％）となっている[14]。

このように予測が必ずしも正確なわけではないが，告訴するまでには至らない場合が圧倒的に多いと思われる。したがって，告訴する場合はきわめてずさんな予測をしていることになる。

一般的に，CVSの売上高＝店頭通行量×来店率×購買率×客単価，である。「来店率」「購買率」「客単価」は既存店でのデータがあるので，新たに調査するのは店頭通行量である。これをいい加減に行うと売上高予測は極めていい加減なものになる。

- 売上予測の根拠となった店前の通行人数は，店立地より300m離れた交差点のものであることが開店後，判明した[15]。
- 24時間営業なら店頭通行量調査も24時間行わなければならないのに夕方の

1時間だけで，それを24倍した。

このようないい加減な店頭通行量調査が極めてずさんな売上高予測につながる。

また，経費の予測もどのような前提で計算しているのか十分に説明を受ける必要がある。たとえば，公正取引委員会のヒアリング調査では，「オーナーが毎日，夜間に12時間勤務し，配偶者が毎日，昼間に10時間勤務し，残りの時間にアルバイトが勤務することを前提にアルバイトの予想人数が算定されていたが，その旨の説明はなく，実際には，経費予測よりも多くの人件費が必要となっている[16]」という調査結果もある。

### ②　契約内容の説明義務違反

しばしば問題になるのは，「ロイヤルティの算定方式」，「オープンアカウント制」「解約条項」「経営支援の内容」である。これらの内容を理解していたとする加盟店は，「ロイヤルティの算定方式」（67.4％），「オープンアカウント制」（47.1％），「解約条項」（60.3％），「経営支援の内容」（64.9％）であった。最も理解している比率が低いオープンアカウント制については，「説明を受けなかった」が17.8％，「説明を受けたが理解できなかった」が35.1％となっている[17]。

ロイヤルティの算定方式については，廃棄ロスの取り扱いをめぐって問題になることがある。「ロイヤルティの算定の基礎となる売上高総利益は『売上高−売上原価』と理解していたが，実際には，売上高総利益は『売上高−売上原価＋廃棄ロス』として算定され，廃棄商品についてもロイヤルティがかかる仕組みとなっていた。このことについて加盟店募集時の本部からの説明では理解できなかった[18]」という意見があるように，ロイヤルティの算定が粗利ではなく，売上高総利益という独特なものになっているのが理解しにくくしている。廃棄商品の売上高はゼロであるが，仕入額は計上されているし，その上，その廃棄商品にロイヤルティがかかるというのは実際のところ理解しがたい。廃棄ロスや棚卸ロスにロイヤルティがかからなければ1加盟店当たり月額約40〜50万円の収入アップになるという試算もでている[19]。

オープンアカウント制は，「本部指定の銀行口座に加盟店が日々の売上金を

入金し，本部と加盟店の債権債務を相互に相殺し，残余を加盟店に戻す会計処理の仕組み[20]」と説明されている。「加盟店は日々の売上や営業収入を本部へ送金し，本部は加盟店の商品仕入れ代金や引き出し金をこれから相殺，さらに一定率のロイヤルティを徴収する。残った金銭は加盟店へ戻し送金し，加盟店は返金額から人件費，営業経費を支払い，残余が収入となる。この会計処理の方式では，送金時期と返金時期のズレにより，加盟店側に資金ショートを来たす場合があり，その際は本部から一時的に資金貸付が行われるが，これには利息が賦課されるケースが多いことに注意。逆に加盟店側の勘定がプラスの場合は，預けている金銭について無利息の場合が一般的である[21]」と説明されるように，かつては本部からの一時的資金貸与の利息率が明らかにされていないことが問題にされた。現在はあらかじめ一時的資金貸与の利息率を明らかにするように指導されている。

CVSでもこのように問題にされることがあり，他の分野のフランチャイズ・チェーンでも各種の問題がある。そのため，日本フランチャイズ・チェーン協会も，フランチャイズ・チェーンに加盟する場合には，十分に情報を集めて，十分な説明を聞いてから加盟することを薦めている。

## ⑸　３つのチェーンの相違点

レギュラー・チェーンは，本部と店舗あわせて１つの企業であるが，ボランタリー・チェーンとフランチャイズ・チェーンは，本部と加盟店は別企業である。

ボランタリー・チェーンとフランチャイズ・チェーンは，どちらも本部と加盟店が契約によって結び付けられているチェーンであるが，その契約に特徴がある。フランチャイズ・チェーンは，一般にボランタリー・チェーンに比べると契約期間が長く，ロイヤルティ料も高く，契約内容が加盟店にとって厳しい。

ボランタリー・チェーンは契約内容がゆるやかであるが，その分，フランチャイズ・チェーンに比べると本部のシステム構築力や経営指導力が相対的に弱いように考えられる。このように３つのチェーンにはそれぞれ特徴がある。

## 注■

1 鈴木安昭・白石善章編『最新商業辞典［改訂版］』同文舘出版，2002年，213頁。

2 Barry Berman & Joel R.Evans, *Retail Management*（*ninth ed.*）, Pearson Education International, 2004. p.89.

3 Ibit. p.89.

4 Ibit. p.89.

5 ㈱富士経済（2012）『PB食品市場の最新動向と将来展望 2013』2012年12月。

6 鈴木安昭・白石善章編，前掲辞典，254-255頁。

7 ㈶食品産業センター『平成22年度食品産業における取引慣行の実態調査報告書』2011年，参照。

8 国分グローサーズチェーンのHPより。http://www.c-store.co.jp/

9 全日本食品のHPより。http://www.zchain.co.jp/

10 日本ボランタリー・チェーン協会のHPより。http://www.vca.or.jp/

11 同上。

12 同上。

13 日本フランチャイズ・チェーン協会HPより。http://jfa.jfa-fc.or.jp/

14 公正取引委員会『コンビニエンスストアにおける本部と加盟店との取引に関する調査報告書（概要）』2001年，3頁，図表6より。

15 同報告書，3頁。

16 同報告書，3頁。

17 同報告書，4頁，図表7より。

18 同報告書，4頁。

19 安達陽子「どこまで黒いの，コンビニ・フランチャイズ」2003年，16頁。

20 http://www.weblio.jp/content/より。

21 同上。

第4章 チェーン小売業の成長　63

## Working

1　RC, FC, VCごとに有力なチェーンの個別企業研究をしなさい。

2　VCとFCの相違点を個別企業研究から具体的に指摘しなさい。

## Discussion

1　サラリーマンや単独店経営者が，FC加盟店になるのは正しい選択なのか
　を議論しなさい。

2　単独店経営者がチェーンに加盟するとしたら，VCに加盟するのが望まし
　いか，それともFCに加盟するほうが望ましいか。

3　小売業態別に有力なチェーンの種類が異なるのはなぜかを説明しなさい
　（総合スーパーはレギュラー・チェーンが有力，コンビニはフランチャイズ・
　チェーンが有力）。

# 第5章
# インターネット通信販売の成長

## 本章のねらい

　インターネットの普及に伴い，インターネット通信販売（以下，ネット通販）は1990年代後半から新たな流通チャネルとして注目されるようになり，2000年代以降は急成長を遂げてきた。ネット通販の登場により，流通業者やメーカーは新たな販売チャネルを獲得するとともに，それまで到達できなかった顧客への販売が可能になった。また，消費者は新たに便利な買い物手段を獲得することになった。本章では，ネット通販の現状，流通におけるインターネットの影響，代表的なネット通販のビジネスモデルについて整理したうえで，ネット通販に関わる新たな動向について紹介する。

**Keyword**

インターネット通信販売　B to C-EC
ロングテール　インフォメディアリ
中間流通の中抜き　仮想商店街型　直販型
モバイルEC　オムニチャネル

## ■ ネット通販の現状

### (1) インターネットの普及とネット通販の成長

　2014年末時点での日本におけるインターネットの利用者数は1億18万人，人口普及率は82.8%であり，インターネットは今やわれわれの生活にとって欠かせないツールとなっている[1]。このようなインターネットの普及に伴い，ネット通販も急成長を遂げてきた。家庭内におけるインターネットの利用目的としては「電子メールの送受信」（69.9%）が最も多いが，それに次いで「商品・サービスの購入・取引」（57.2%）が多いという調査結果が示されている[2]。このことから，今日では多くの消費者がインターネットをコミュニケーションの手段として利用するのみならず，商品を購入する手段として活用していることがわかる。

### (2) 電子商取引（EC）とネット通販の関係

　本章でいうネット通販は電子商取引（EC）の一部に含まれる。そのため，ここでECとネット通販の関係について整理しておく。まずECは広義のECと狭義のECに分けられる。広義のECとは，「コンピューターネットワークシステム」を介して商取引が行われ，かつ，その成約金額が捕捉されるものと定義される。他方，狭義のECとは，「インターネット技術を用いたコンピューターネットワークシステム」を介して商取引が行われ，かつ，その成約金額が捕捉されるものと定義される[3]。つまり，広義のECとは，狭義のECに加えて，企業間の専用線などインターネット以外のネットワーク上での商取引をも含む包括的な概念であるのに対して，狭義のECは，特定の通信規格に基づくインターネットと呼ばれるネットワーク上での商取引に限定された概念である[4]。なお，本章でいうネット通販はインターネット上における商取引を指すため，狭義のECの一部に含まれるものである。また，電子商取引（EC）は，取引相手に

よって，企業間電子商取引（以下，BtoB-EC）と消費者向け電子商取引（以下，BtoC-EC）に大別される。本章では，われわれの生活に身近なBtoC-ECに焦点を当てる。したがって，以下では狭義のBtoC-ECの現状やその特徴について見ていこう。

## (3) BtoC-ECの市場規模の伸び

日本におけるBtoC-ECの市場規模は2000年時点で8,240億円であったが，2014年には12兆7,970億円と急成長を遂げている[5]。また，2014年のその内訳は，物販系分野が6兆8,042億円，サービス分野が4兆4,816億円，デジタル分野が1兆5,111億円であった[6]。その市場規模の前年比伸び率は，物販系分野が13.5％，サービス分野が10.1％，デジタル分野が37.1％であり，いずれの分野も高い伸び率を示しているが，とりわけデジタル分野の伸び率が顕著である。

さらに，各分野の詳細な内訳をみると，近年特に成長著しい分野が存在して

図表5－1　BtoC-ECの市場規模およびEC化率の経年推移

出所：経済産業省「平成26年度電子商取引に関する市場調査」。

いる。例えば，サービス分野では，「飲食サービス」の伸び率が前年比88.6%と急拡大している。これは2012年頃から代表的な飲食店検索サイトが相次いで飲食店のネット予約サービスを開始したことにより，ネット経由での飲食店予約が急増しているためである。また，デジタル分野では「オンラインゲーム」の伸び率が前年比43.0%，「電子出版（電子書籍・電子雑誌）」の伸び率が前年比36.1%と高い成長を見せている。これらの成長の背景には，新たなモバイル端末としてスマートフォンの普及があり，スマートフォン向けのオンラインゲームや書籍などのデジタルコンテンツが数多く提供されるようになったことが影響していると考えられる。

### 図表5－2　物販系分野のBtoC-EC市場規模

| 分類 | 2013年 | | 2014年 | |
| --- | --- | --- | --- | --- |
| | 市場規模<br>（億円） | EC化率<br>（%） | 市場規模<br>（億円）<br>※下段：昨年比 | EC化率<br>（%） |
| ① 食品，飲料，酒類 | 9,897 | 1.58% | 11,915<br>（20.4%） | 1.89% |
| ② 生活家電，AV機器，PC，周辺機器等 | 11,887 | 22.67% | 12,706<br>（6.9%） | 24.13% |
| ③ 書籍，映像・音楽ソフト | 7,850 | 16.51% | 8,969<br>（14.3%） | 19.59% |
| ④ 化粧品，医薬品 | 4,088 | 3.80% | 4,415<br>（8.0%） | 4.18% |
| ⑤ 雑貨，家具，インテリア | 9,638 | 13.17% | 11,590<br>（20.3%） | 15.49% |
| ⑥ 衣類・服装雑貨等 | 11,637 | 7.47% | 12,822<br>（10.2%） | 8.11% |
| ⑦ 自動車，自動二輪車，パーツ等 | 1,675 | 1.87% | 1,802<br>（7.6%） | 1.98% |
| ⑧ 事務用品，文房具 | 1,354 | 23.30% | 1,599<br>（18.1%） | 28.12% |
| ⑨ その他 | 1,907 | 0.48% | 2,227<br>（16.8%） | 0.56% |
| 合計 | 59,931 | 3.85% | 68,043<br>（13.5%） | 4.37% |

出所：経済産業省「平成26年度電子商取引に関する市場調査」。

## (4) 分野別のEC化率

　物販系分野におけるEC化率は2014年時点で4.37％であった。**図表5－1**に見られるようにこの数値は年々上昇しており，今後もEC化率の上昇傾向は続くものと予想される。さらに，**図表5－2**が示す商品ごとのEC化率に注目すると，その値は商品分野によって大きく異なる。例えば，「事務用品，文房具」のEC化率は28.12％,「生活家電，AV機器，PC，周辺機器等」のEC化率は24.13％と相対的に高いのに対して，「自動車，自動二輪車，パーツ等」のEC化率は1.98％,「食品，飲料，酒類」のEC化率は1.89％と相対的に低い。このようなEC化率の違いの理由としては，商品分野ごとにネット通販との親和性が異なることが考えられる。例えば，「事務用品，文房具」など同じ商品が繰り返し購入される場合には，購入の度に商品を実際に確認する必要性は低く，また，指定場所への配送は利便性が高いために，ネット通販との親和性は高いと考えられる。また，生活家電やPCのようにインターネット上で提供される情報により，商品の品質や性能の評価がある程度可能な場合もネット通販になじみやすいであろう。

　他方,「自動車，自動二輪車，パーツ等」は加速感や乗り心地といったインターネット上で提供される情報だけでは評価が難しい製品属性を含んでおり，また，高価格帯のため消費者のリスク回避志向も相対的に高いことから，実店舗において商品を実際に確認してから購入に至る場合が多いのであろう。また,「食品，飲料，酒類」は，消費者の今すぐに消費したいというニーズの充足が重視されるために，商品の受け取りまでの時間が相対的に長いネット通販よりも，実店舗において購入される傾向が高いものと考えられる。

　もっとも，これらの商品分野でもEC化率は着実に上昇しており，その理由としては，画像，映像，音声を活用した商品情報や購入者のクチコミ情報が提供されることにより，インターネット上でも商品評価が容易になってきたことや，効率的な物流システムが整備されることにより，商品が手元に届けられるまでの時間が短縮化していることなどが考えられる。

## ❷ 流通におけるインターネットの影響

### ⑴ インターネットの特性

インターネットは，従来型のコミュニケーション手段や消費者情報源と比較して，いくつかの異なる特性を有している。それらの特性は企業のマーケティング活動や消費者の購買行動に対しても大きな影響を与えている。ここでは，インターネットの双方向性，個別識別性，オープン性という点に注目する。

#### ① 双方向性

インターネットの重要な特性の1つ目は双方向性である。テレビ，ラジオ，新聞，雑誌といった伝統的なメディアでは，情報の流れは企業から消費者へと一方向的なものであった。それに対して，インターネット上では，企業が消費者に対して情報を発信するだけではなく，消費者から企業に対して商品の評価をフィードバックしたり，それに対して企業が更なる反応をしたりといった双方向的な情報のやりとりが可能になった。また，双方向的な情報のやりとりは企業と消費者の間に限られず，消費者間においても商品の評価情報などが活発にやりとりされている。このようにインターネットの登場により，膨大な数の企業や消費者の間での双方向的なやりとりがきわめて容易になった[7]。

#### ② 個別識別性

インターネットの重要な特性の2つ目は個別識別性である。インターネットの登場以前は，膨大な数の消費者を個別識別したうえで個別対応していくことは，きわめて難しいものであった。しかし，インターネット上では，消費者を容易に個別識別できるとともに，個々の消費者の購買に至るまでの過程を含めて取引履歴を詳細に記録することができる。このようなインターネットの個別識別性ゆえに，ネット通販では個々の消費者に対する個別対応が容易になった[8]。例えば，これまでの購買履歴に基づいて個々の消費者のニーズに合いそうな商品の推奨は多くのネット通販サイトにおいて行われている。アマゾンで見られ

る「この商品を買った人はこんな商品も買っています」といったレコメンデーション機能はその典型である。

### ③ オープン性

インターネットの重要な特性の3つ目はオープン性である。すなわち，インターネットは専用線などクローズドなネットワークとは異なり，誰もが自由にアクセスできるオープンなネットワークである。それゆえ，消費者はインターネット上で様々なウェブサイトを自由に閲覧したり，多様な売り手から商品を購入したりできるようになった。また，インターネット上では，誰もが自由にコンテンツをつくり出し，発信することも可能になった。例えば，消費者はSNS（ソーシャル・ネットワーキング・サービス）を利用することにより，自らの購買経験を世界中の人々と共有できるようになった[9]。さらには，インターネット上では，誰もが容易に売り手になりうるため，インターネット上には膨大な種類の商品が供給されることになった。

## (2) 店舗販売と比較したネット通販の特徴

### ① 消費者の購買行動の変化

ネット通販を利用した消費者の購買行動は，実店舗の場合のそれと比較するといくつかの顕著な違いが見られる。まず，ネット通販を利用する場合，消費者は店舗に行く必要がなく，パソコンやスマートフォンなどを利用して，いつでも，どこからでも買い物ができる。商品の情報を調べる際には，店頭ではなく，主にインターネット上で情報を探索し，メーカーや小売業者により提供される情報だけではなく，購入者のクチコミ情報なども容易に得ることができる。さらに，インターネット上では多様な商品をわずかな操作で一度に注文することができ，注文された商品は自宅まで配送されるため店舗から持ち帰る必要もない。このようにネット通販の登場は消費者の購買行動に大きな変化をもたらすものであった。また，これらの変化は消費者が負担している購買費用にも大きな影響を与えている。すなわち，実店舗における買い物の場合と比較して，ネット通販は，買い物に伴う消費者の移動コスト，情報探索コスト，商品の輸

送コストなどの購買費用を大幅に低下させたといえるだろう[10]。

### ② 商圏制約の克服

実店舗での販売の場合，商圏の制約があるため，ある店舗が吸引できる顧客の数は，一定の地理的な範囲によって限定される。しかし，ネット通販の場合は店舗の存在を前提としないため，商圏という制約はなくなり，世界中に存在する膨大な数の消費者に対して商品を販売することが可能になる。実際に，近年は国境を超えた電子商取引（越境EC）は増加傾向にある[11]。

また，商圏の制約がなくなることは，小売業者の成長機会が店舗販売の場合と比べてはるかに大きいことを意味する。他方，そのことは小売業者間の競争の範囲が一定の地理的範囲に限定されないことも意味する[12]。それゆえ，ネット通販の場合は世界中に存在する小売業者と新たな競争関係に立たされる可能性がある。

### ③ 店舗規模制約の克服

店舗の存在を前提とする伝統的な小売業では，店舗規模という物理的な制約によって取扱い可能な商品数は限定される。それに対して，ネット通販では，ある商品を取り扱うためには，ウェブサイト上に商品を掲載するだけでよく，必ずしも在庫を持つ必要がない。また，在庫を持つ場合であっても，その在庫は巨大な物流センターに集中させておくことができる。それゆえ，ネット通販では，店舗における販売と比べて，はるかに多くの種類の商品を取り扱うことが可能になる。また，オンライン上で配信される電子書籍，音楽，ゲームといったデジタル分野の商品であれば，実際には在庫形成における物理的な制約はなくなるため，さらに膨大な数の商品を取り扱うことが可能になる。

## (3) ロングテール

実店舗における販売では，長らく80対20の法則が知られていた。すなわち，ある小売店における売上の80%は上位20%の売れ筋商品によってもたらされるという考え方である。それゆえ，実店舗であれば店舗規模という物理的制約があるために，品揃えは上位20%の売れ筋に集中させる必要がある。しかしなが

第5章　インターネット通信販売の成長　73

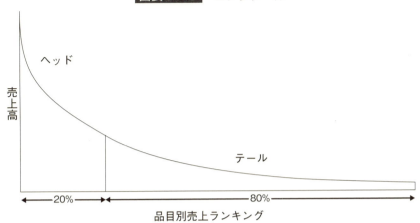

図表5-3　ロングテール

出所：Anderson（2006）をもとに作成。

ら、ネット販売では店舗規模という物理的制約は克服され、在庫の集中も可能であるために、品揃えは必ずしも売れ筋商品だけに限定されず、売上下位の商品であっても供給できることになる。また、売上下位の商品であっても、消費者のクチコミなどを介して少しずつ売れるようになる。

その結果もたらされたのがロングテールと呼ばれる現象である[13]。ロングテールとは、インターネット上では、個々の商品の販売数はわずかな商品であっても、それらの売上高を合計すると売上上位の商品群の売上高にも匹敵するようになる現象をいう。ある小売業者の品目ごとの売上高を縦軸にとり、横軸に左から売上高の高い品目順に並べると、**図表5-3**で示される右下がりの曲線が描かれる。売上高が上位の20%に当たる部分はヘッドと呼ばれ、売上下位の80%の部分はテールと呼ばれる。インターネット上ではこのテール部分が長く伸び、これらの売上を合計すれば無視できないほどになるために、テール部分の商品の重要性が高まるのである。

## ⑷　インフォメディアリの登場

　インターネット上では，あらゆる商品が供給され，消費者はその膨大な選択肢の中から商品を購入できるようになった。ただし，その一方で，インターネット上で提供される商品数が膨大であるがゆえに，検索機能があるとはいえ，消費者がその膨大な選択肢の中から自らのニーズを最も満たしうる商品を見つけ出すことは容易ではない。そこで，ネット販売では売り手と買い手の間に第三者が介入することにより，両者のマッチングを効率的に図るサービスの必要性が高まる。

　例えば，「価格.com」のように，商品の価格をはじめ商品に関する様々な情報を第三者的な立場から整理することで，売り手と買い手の効率的なマッチングを図るサービスが登場した。このようなサービスは，一般的には売買といった商取引には参加をせず，あくまでも情報（information）の仲介者（intermediary）であることから，インフォメディアリと呼ばれる[14]。

## ⑸　中間流通の中抜き

　インターネット上では誰もが容易に売り手になりえ，あらゆる買い手に対して直接販売することが可能になる。それゆえ，卸売業者や小売業者といった商業者の存在意義が低下し，その結果，メーカーが商業者を介さずに消費者に対して直接販売する場合が増加している。

　このようなメーカーによる直接販売の典型例がデルのダイレクト・モデルである。このモデルは，デルが顧客の希望に合わせてカスタマイズされたコンピュータ製品を受注生産したうえで，デル自らが顧客に直接販売する仕組みである。この過程では，卸売業者や小売業者は介在しておらず，中間流通の中抜き（disintermediation）が起こる。このようにインターネットは，流通構造やメーカーのチャネル政策に対しても影響を与えうるものである。

第5章　インターネット通信販売の成長　75

## 3　ネット通販のビジネスモデル

　消費者が「楽天市場」や「アマゾン」といった代表的なネット通販サイトで買い物をする場合，いずれのサイトでも消費者の購買プロセスはそれほど変わらない。もっとも，ネット通販サイトのビジネスモデルに注目すると，大きく2つのタイプが見られる。すなわち，仮想商店街型（バーチャル・モール型）と直販型の2つである。そこで以下では各ビジネスモデルの特徴について見ていこう。

### (1)　仮想商店街型（バーチャル・モール型）

　仮想商店街型（バーチャル・モール型）とは，インターネット上に出店場所であるバーチャル・モールを設け，そこに個人や企業に出店してもらい，仮想商店街の提供者は出店者から出店手数料や売上手数料を徴収するビジネスモデルである。このモデルを採用する代表例としては，楽天が運営する「楽天市場」があげられる。

　楽天は出店者に対して「楽天市場」という売買の場所とシステムを提供し，さらに，出店店舗の売上を拡大させるためのコンサルティング・サービスを提供している。その代わりに出店者から定額の出店料に加えて，各店の売上高に対して一定率を乗じた額をシステム利用料などとして徴収する仕組みである。この場合，楽天はあくまで「楽天市場」という売り手と買い手をつなぐプラットフォームの提供者であって，売買という商取引には介在しない。売買取引は売り手である出店者と買い手との間で行われ，それゆえ，出店者が商品を仕入れ，在庫を持ち，商品の配送を担当することになる[15]。

### (2)　直販型

　直販型とは，ネット通販サイトの運営者が自ら商品を仕入れ，在庫を持ち，商品の価格を決め，インターネットを通じて販売するというビジネスモデルで

ある。これは，いわゆる小売業そのものである。そして，この代表例としては
アマゾンがあげられる。

　アマゾンは，創業当初は書籍のインターネット販売からスタートした。その
後，音楽・映像などのメディア関連商品，電化製品，玩具，日用品，食品など
次第に品揃えを拡大させていった。この直販型のモデルでは，アマゾン自身が
売り手であるため，アマゾンが商品を仕入れ，在庫を持ち，顧客への配送も担
当することになる。そのため，アマゾンはロジスティクスの強化を進めてきて
おり，日本においても全国各地に物流センターを設け，注文から配送までの時
間を短縮化してきた。その結果，現在では多くのエリアにおいて注文当日に商
品の配達が可能になっている。

## (3)　ビジネスモデルの変化

　当初は，仮想商店街型の典型が楽天であり，直販型の典型がアマゾンであっ
た。しかしながら，その後，楽天が直販型のサービスを開始したり，アマゾン
が仮想商店街型のサービスを開始したりと，両社のビジネスモデルを単純に仮
想商店街型あるいは直販型と区分できない状況になっている。

　楽天は，2001年4月より書籍，CD・DVDなどを直接顧客に販売する「楽天
ブックス」を開始した。また，2012年7月には，楽天自らが食料品や日用品を
顧客に販売する直営店「楽天マート」を開始している。これらのサービスでは，
楽天自らが商品を仕入れ，在庫を持ち，専用の物流センターを設置し，商品の
配送までを担っている。

　他方，アマゾンは，2002年11月から「Amazonマーケットプレイス」と呼ば
れる個人や企業がアマゾン上に商品を出品し，商品を販売できるサービスを提
供している。近年は，メーカーや小売業者がアマゾン上に専用のストアを開設
できるようになった。したがって，現在では，アマゾンは直販型の通販サイト
としての機能だけではなく，売り手と買い手を結び付けるプラットフォームと
しての機能も果たすようになっている。

## 4 ネット通販に関わる新たな動向

　情報通信技術の進歩や関連する新たな製品・サービスの登場とともにネット通販の世界も日々変化している。ここでは，ネット通販に関わる新たな動向として，スマートフォンを用いたモバイルECの成長と，大手小売業者が注力し始めたオムニチャネルという取り組みについて概観する。

### (1) モバイルECの拡大

#### ① インターネット利用端末の変化

　インターネットの利用に関して注目すべき動向は，スマートフォンの急速な普及とそれに伴うインターネット利用端末の変化であろう。日本では2008年にアップルがiPhone 3Gを発売し，それ以降スマートフォンの普及が本格化した。日本におけるスマートフォンの保有率について，2014年末時点で個人全体では44.7％であるものの，20代では88.9％，30代では79.0％と若年層において相対的に高い保有率となっている[16]。図表5－4が示すインターネットを利用する際

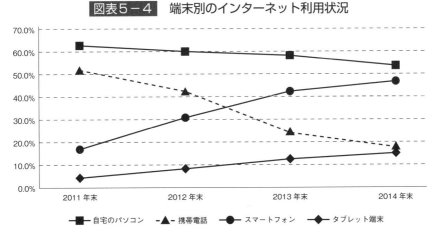

図表5－4　端末別のインターネット利用状況

出所：総務省「通信利用動向調査」をもとに作成。

の端末については，従来型の携帯電話の利用率が年々低下する一方で，スマートフォンの利用率は年々上昇しており，モバイルインターネットの利用端末は携帯電話からスマートフォンへと急速にシフトしていることがわかる。また，スマートフォンほどではないものの，タブレット端末の利用も増加傾向にある。

② スマートフォン経由ECの伸び

携帯電話などのモバイル端末を利用したEC（以下，モバイルEC）の黎明期は2000年代前半といわれている。そして，2010年以降はスマートフォンの急速な普及とともに，モバイルEC市場は一層の拡大を見せている。

スタートトゥデイが運営する衣料品の通販サイト「ZOZOTOWN」におけるデバイス別出荷比率は，2016年3月時点で，PC経由が31.3%まで低下する一方，スマートフォン経由が68.2%にまで上昇している。また，楽天が運営する「楽天市場」におけるモバイル経由の流通額の比率は，2015年度通期及び第4四半期決算資料によれば，54.2%まで上昇している。このようにネット通販の利用端末が従来の中心であったパソコンからスマートフォンへと急速にシフ

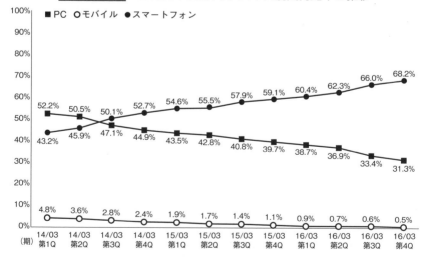

図表5－5　ZOZOTOWNのデバイス別出荷比率の推移

出所：スタートトゥデイ「平成28年3月期決算説明会資料」。

第5章　インターネット通信販売の成長　79

トしている。

### ③　モバイルECの特徴

　モバイルECの特徴としては，まずは即時性があげられる。消費者にとっての即時性とは，ほぼ常時携帯しているモバイル端末を利用して，いつでも，どこからでも欲しい情報をすぐに得ることができ，また，欲しい商品を即座に買うことができるという特徴である。また，企業にとっての即時性とは，消費者に今すぐに伝達したい情報を直ちに到達させることができるということである。

　また，位置情報の活用もモバイルECの特徴としてあげられる。消費者は，携帯電話やスマートフォンに搭載されたGPS機能を利用することにより，現在地周辺の店舗や飲食店の情報を取得することができる。また，企業が位置情報を利用して消費者を店舗へと誘導することも可能になっている。例えば，「無印良品」を展開する良品計画は2013年5月より「MUJI passport」と呼ばれるモバイルアプリを提供しており，消費者がこのアプリを利用して希望の商品を検索すると，在庫がある近隣の店舗名とそこまでの距離が表示される仕組みとなっている。このように，ネットから実店舗への来店を促す施策はO to O（Online to Offline）と呼ばれ，近年，多くの企業が同様の取り組みを始めている。

### ⑵　オムニチャネル

　スマートフォンを利用したモバイルECが急速に伸びていることは，消費者の購買行動にも大きな変化が見られることを意味している。それゆえ，小売業者はそのような変化に対応して消費者に新たな買い物環境を提供することが求められるようになってきた。その代表的な取り組みがオムニチャネルと呼ばれるものである。

### ①　オムニチャネルとは

　「オムニ（omni)」とは「全ての」，「あらゆる」という意味の言葉である。そして，オムニチャネルとは，店舗，PCサイト，モバイルサイト，SNS，テレビ，新聞，雑誌，カタログなど，あらゆる販売チャネル，情報チャネルを統

合させることで、顧客がどのチャネルからでも、同一の購買経験が可能な買い物環境を提供することである。

オムニチャネル環境下における消費者の購買行動の一例としては次のような場合を想定できる。ある消費者は外出先で見ていたSNSで気になる商品を見つけ、まずはスマートフォンでその商品の情報を調べる。さらに在庫のある店舗までその商品を実際に見に行ったうえで、店頭では買わずに帰宅中にモバイルサイトから注文する。そして、その商品は自宅近くのコンビニエンス・ストアで受け取るといった流れである。このようにオムニチャネル環境下では、消費者は店舗やネットといったチャネル間の違いを意識することなく、各チャネルを相互に自由に行き来しながら買い物ができるようになる。

② オムニチャネル化の背景

これまで実店舗での販売を中心としてきた小売業者がオムニチャネル化を推進している1つの要因は、ネット専業の小売業者や通販サイトが台頭する中、販売チャネルとしての実店舗とネットを統合することで、競争力を高めていく必要性が増していることがあげられる。これまでも実店舗での販売を中心としてきた多くの小売業者は新たにネット通販サイトを立ち上げ、ネット販売を強

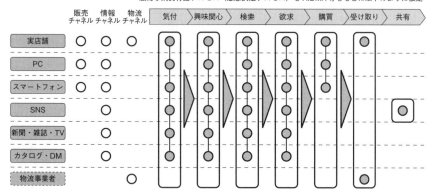

図表5－6　オムニチャネルの概念図

出所：経済産業省「電子商取引に関する市場調査」。

化してきた。しかしながら、これまでは店舗とネットでは取り扱う商品が異なり、顧客情報や在庫情報の管理はチャネルごとに行われ、商品の配送も別々に行われるなど、それらの間での連携は十分ではなかった。そのため、ときにネット販売の拡大が店舗の売上を奪うといったカニバリゼーションの懸念が組織内に生じることもあった。そこで、販売チャネルとしての店舗とネットを統合することで、それぞれの強みを活かして競争力を高めていくことが求められるようになったのである。

さらに、もう1つの要因は、消費者を取り巻く情報環境の変化とそれに伴う消費者の購買行動の変化があげられる。すなわち、スマートフォンの急速な普及や消費者情報源としてのソーシャルメディアの利用拡大もオムニチャネル化を推進する要因である。これらは消費者の購買プロセスに大きく影響を与えており、先の例で見たように消費者は実店舗とネットを自由に行き来して最終的に購買に至るケースが増えてきている。そこで、このような消費者の購買行動の変化に対応して、小売企業としても消費者とのあらゆるコンタクトポイントを活かして、消費者がチャネルの違いを意識することなく買い物ができる環境を構築する必要性が高まってきたのである。

### ③ セブン&アイ・ホールディングスの取り組み

日本においてオムニチャネル化を積極的に推進している代表的企業がセブン&アイ・ホールディングスである。同社は、セブン-イレブンジャパン（コンビニエンス・ストア事業）、イトーヨーカ堂（総合スーパー事業）、そごう・西武（百貨店事業）のほか、食品スーパー、専門店、フードサービス、金融サービスなど幅広い業態を擁する総合流通グループである。同グループが進めるオムニチャネル戦略とは、グループ企業がもつ多様な商品を、実店舗でもネットでも、チャネルの違いを意識せずに買い物ができる環境を消費者に提供することである。

同グループは、この取り組みの一環として、2015年11月に「オムニセブン」と呼ばれる新たなネット通販サイトを立ち上げている。同サイトからは、セブン-イレブン、そごう・西武、イトーヨーカ堂、赤ちゃん本舗、ロフトなどグ

ループがもつ様々な業態の商品を横断的に注文でき，商品の受け取りは自宅への配送もしくは全国各地のグループがもつ実店舗での受け取りを選択することができる。

　また，オムニチャネル化を進めるために，店頭におけるオペレーションの見直し，新商品開発の強化，在庫の一元管理や効率的な物流システムの構築など幅広い取り組みが進められている。例えば，セブン-イレブンの店頭では，店員が顧客に代わり専用タブレットからオムニセブンで取り扱う商品の注文を受け付けるサービスを開始している。それによりネット通販には馴染みのない高齢者であっても，グループがもつ多様な商品を最寄りのコンビニエンス・ストアで購入することができる。このようなサービスは，様々な業態をもち，かつ，日本全国に1万8,650店舗（2016年4月末時点）ものコンビニエンス・ストア網をもつ同グループであるからこそ提供可能なサービスといえるだろう。

## 注

1　総務省『平成26年通信利用動向調査』。

2　総務省『平成26年版情報通信白書』。

3　経済産業省『平成26年度電子商取引に関する市場調査』における定義。

4　ここでいう「インターネット技術」とは，TCP/IPプロトコルを利用した技術を指している（経済産業省『平成26年度電子商取引に関する市場調査』）。

5　経済産業省『平成12年度電子商取引に関する市場規模・実態調査』及び経済産業省『平成26年度電子商取引に関する市場調査』。なお，BtoC-ECと比較して，BtoB-ECの方が市場規模ははるかに大きい。2014年の広義のBtoB-ECの市場規模は約280兆1,170億円（「その他」を除いた広義のEC化率は26.5%），狭義のBtoB-ECの市場規模は約195兆5,860億円（「その他」を除いた狭義のEC化率18.3%）であった。

6　経済産業省『平成26年度電子商取引に関する市場調査』によれば，物販系分野には，図表5-2で示される9つの商品分野が含まれる。また，サービス分野には，①旅行サービス，②飲食サービス，③チケット，④金融サービス，⑤その他（医療，保険，理美容，住居関連，教育等）の5つが含まれ，デジタル分野には，①電子出版（電子書籍・電子雑誌），②有料音楽配信，③有料動画配信，④オンラインゲーム，⑤その他の5つが含まれる。

第5章　インターネット通信販売の成長　83

7　池尾恭一『モダン・マーケティング・リテラシー』生産性出版，2010年，170-171頁では，情報源としてのインターネットは非人的な情報源とみなされる場合が多いが，互いに情報をやりとりできるという意味で双方向的なものであり，また相手によって，状況によって情報の内容を変えることができるという意味で個別的なものであるために，人的情報源に近いものとしても機能しうることが指摘されている。

8　池尾恭一，前掲書，263-264頁では，流通チャネルとしてのインターネットは顧客の個別識別を前提とした個別対応が可能であるために，データベースを活用した顧客の囲い込みが注目されることが指摘されている。

9　インターネット上で消費者によって生成されるクチコミや多様なコンテンツは一般的にCGM（Consumer Generated Media）と呼ばれる。

10　ただし，高嶋克義『現代商業学』有斐閣，2002年，87-88頁では，衣料品の手触りや試着によって得られる情報など複雑な情報を収集するコストは，店舗よりも，インターネット上での販売の方がむしろ高くなりうることが指摘されている。

11　2014年の日本の越境B to C-EC（米国・中国）の市場規模は，2,086億円であり，このうち米国経由の市場規模が1,889億円（対前年比108.8%），中国経由の市場規模が197億円（対前年比110.3%）であった（経済産業省『平成26年度電子商取引に関する市場調査』）。

12　原田英生・向山雅夫・渡辺達朗『ベーシック　流通と商業』有斐閣，2010年，219-213頁に依拠している。同書では，商圏制約の克服とその影響について詳しく述べられている。

13　Anderson, Chris (2006), *The Long Tail: Why the Future of Business is Selling Less of More*, Hyperion books.（篠森ゆりこ訳，『ロングテール－「売れない商品」を宝の山に変える新戦略』早川書房）

14　インフォメディアリの典型的なビジネスモデルは，インフォメディアリのマッチング機能により売り手と買い手の間に取引が成立した場合に，取引金額に一定率を乗じた額を手数料として受け取る仕組みである。したがって，「楽天市場」もインフォメディアリの一種といえる。

15　ただし，2012年8月より，楽天が出店企業の商品在庫を預かり，楽天の物流センターから顧客へ配送するサービス「楽天スーパーロジスティクス」を提供している。

16　総務省『平成26年通信利用動向調査』。

## Working

1 本章で取り上げた事例以外に，仮想商店街型と直販型のネット通販の企業事例を各1つずつ調べなさい。

2 オムニチャネル化を進めている企業事例を1つ取り上げ，その企業では具体的にどのような取り組みが進められているのか調べなさい。

## Discussion

1 楽天が直販型のビジネスを始めたり，アマゾンが仮想商店街型のビジネスを始めたりといった新たな動きが見られるが，その背景にはどのような理由があると考えられるか。

2 実店舗での販売を中心にビジネスを行ってきた小売企業がオムニチャネル化を推進するうえでは，解決すべき課題としてどのようなことが考えられるか。

# 第6章
# 小売流通システムと
# 小売業態の発展理論

## 本章のねらい

　小売流通システムがさまざまな環境要因によって規定されることは既に指摘したが，本章では小売流通システムの変動や，システムの構成要素である小売業態の変革を説明する仮説あるいは理論について検討する。まず，国際比較から明らかになった小売流通システムの発展理論について概説し，次いで，小売業態の変革を説明する代表的な理論について検討し，それらの変革をもたらすイノベーションについて明らかにする。

**Keyword**

フォード効果　小売流通システムの発展段階仮説
小売の輪仮説　真空地帯論
小売業態ライフサイクル論　小売アコーディオン仮説
営業革新　経営革新

# ■ 小売流通システムの発展理論

それぞれの地域の小売流通システムを比較することによってその発展方向を解明しようとする試みは，多くの研究者によって古くから行われてきた。ここでは，(1)所得水準と生産性の上昇が，小売店舗数の変化に与える効果を明らかにしたフォード効果と，(2)諸国間の流通システムの類似性と差異を，経済発展の段階によって説明しようとした発展段階仮説を取り上げる。

## (1) フォード効果

イギリスの主要12都市の業種別小売店舗数の変化（1901年～1931年）を分析したP.フォード（P.Ford）は，(1)流通費用の上昇をもたらす店舗の多数性が非難されている食料品店は，人口当たり店舗数が減少していること，(2)タバコ店，菓子店，眼鏡店のように人口当たり店舗数の増加がみられるケースのほとんどは，消費水準の上昇によって説明することができること，(3)消費水準が上昇しているケースであっても，人口当たり店舗数の減少がみられる金物店，陶磁器店，衣料品店，書店などは，参入制限あるいは百貨店のような新しい小売形態の発展といった特殊事情によって説明できること，を明らかにした[1]。

同様の傾向がアメリカとカナダにおいても見出せることを明らかにしたM.ホール（M.Hall）らは，流通部門の生産性の上昇と，実質所得の上昇が，人口当たり店舗数の増減に与える影響をフォード効果と呼び，小売業種の発展パターンを明らかにした[2]。すなわち，生産性の上昇は店舗密度（人口当たり店舗数）を低下させ，所得の増加は店舗密度を高める方向で作用するとするのである。これを業種でみてみると，主として食料品のような生活必需品を扱う小売業は，生産性効果の方が所得効果よりも強く働き店舗密度は低下するのに対して，買回品や奢侈品を扱う小売業は，生産性効果よりも所得効果の方が強く働くことによって店舗密度は上昇するのである。生活必需品は，総じて所得弾力性が低いことから，それほど大きな所得効果が期待できず，また，奢侈品に

第6章 小売流通システムと小売業態の発展理論　87

**図表6−1** アメリカ・カナダの業種別店舗密度の推移
（アメリカ：1929，1948，カナダ：1930，1951）

| 業種 年 人口 | 人口1万人当たり店舗数 | | | | 小売商店特性 |
|---|---|---|---|---|---|
| | U,S,A, | | Canada, | | |
| | 1929 121,770,000 | 1948 146,045,000 | 1930 10,208,000 | 1951 14,009,429 | |
| 食料品小売業 | 42.9 | 36.1 | 46.6 | 36.4 | 必需品 |
| 菓子・タバコ・新聞小売業 | 8.8 | 3.7 | 11.7 | 8.3 | 必需品 |
| 衣料品小売業 | 12.7 | 10.2 | 13.3 | 14.4 | 中間品 |
| 金物小売業 | 4.6 | 5.2 | 4.8 | 5.5 | 奢侈品 |
| 書籍・文具小売業 | 0.6 | 0.5 | 0.4 | 0.5 | 奢侈品 |
| 医薬品・写真用品小売業 | 4.8 | 4.0 | 3.5 | 3.2 | 中間品 |
| 家具小売業 | 3.3 | 4.1 | 1.9 | 2.2 | 奢侈品 |
| 宝石・皮革品・スポーツ用品小売業 | 2.3 | 2.9 | 2.0 | 2.9 | 奢侈品 |
| 百貨店・バラエティストア | 1.3 | 1.6 | 0.6 | 1.5 | 中間品 |
| 燃料・建築材料小売業 | 7.0 | 5.3 | 4.5 | 2.8 | 非消費財 |
| その他の非食品小売業 | 4.5 | 3.5 | 3.1 | 2.4 | 奢侈品 |
| 料理品小売業 | 11.0 | 13.3 | 5.5 | 10.0 | 奢侈品 |
| 理・美容院 | − | 11.6 | 9.9 | 9.1 | 奢侈品 |
| 葬儀屋 | − | 1.3 | 0.8 | 0.8 | 中間品 |
| 写真館 | − | 0.8 | 0.7 | 0.8 | 奢侈品 |
| 中古品小売業 | − | 6.3 | 6.1 | 5.4 | 奢侈品 |
| 自動車・自転車小売業 | 5.9 | 6.1 | 3.6 | 4.8 | 奢侈品 |
| 自動車修理業 | − | 18.8 | 11.2 | 12.1 | 奢侈品 |
| 計 | − | 135.2 | 130.2 | 123.1 | |

出所：M, Hall and J, Knapp, "Numbers of Shops and Productivity in Retail Distribution in Great Britain, The United States and Canada," *The Economic Journal*, Mar. 1955, p.87.

おいてはその消費欲求の多様性から生産性効果を追求することが困難であること から，このような結果がもたらされると考えられる（**図表6−1**）。

　ここでわが国においてもフォード効果が認められるかをみてみよう。既にみ たように1982年までわが国の小売店舗数はそれぞれの業種で増加していたこと もあって，必需品を品揃えする小売業であっても店舗密度は低下しないという 状況からフォード効果を明確に観察することはできなかった。その後の店舗数

の減少傾向の中で，飲食料品小売業の店舗数の減少と織物・衣服・身の回り品小売業の店舗数の増加がみられたこともあり，わが国においてもフォード効果を認めることができるようになった。しかし，近年の小売店舗数の大幅な減少は，ほとんどの業種で店舗数の減少が生じるようになり，本来，店舗密度を高めることが予想される奢侈品を品揃えする小売業においても店舗密度が低下するという現象が生じている。

## (2) 発展段階仮説

P.フォードやM.ホールらの研究が，それぞれの地域や国の時系列の変化に見出された共通性から，小売業の発展パターンを明らかにしたのに対して，E.W.カンディフ（E. W. Cundiff）やJ.アーント（J. Arndt）らは，ある時点での経済発展の水準に応じて小売流通システムに差異がみられ，経済発展の進展と共にその国の小売流通システムが変化することを明らかにした。

まず，カンディフは20カ国の実証研究から，セルフサービスや低マージン高回転経営といった小売経営革新の採用は，高度に発展した経済システムにおいてのみ生じるものであり，その実現された経営革新へ適応するための能力は，経済発展の水準と密接に関連することを明らかにした[3]。

同様に，アーントは16カ国の実証研究から，1人当たりGNPが小売業の規模やスーパーマーケットの市場への浸透度と密接な関係があることを実証し，経済発展と小売流通システムが同じような時間的遅れを示すと結論した[4]。

E.ケイナック（E. Kaynak）は，以下のような先進国でみられた小売流通システムの変動が，近年，発展途上国でも生じているとしている[5]。

(a) 小規模食料品店の店舗数の減少

(b) セルフサービス方式の普及

(c) スーパーマーケットや百貨店の店舗の大型化

(d) コーポレート・チェーンやフランチャイズ・チェーンの果たす役割の高まり

(e) 大都市と伝統的な小売流通システムが支配的な地域との成長格差の拡大

(f)　独立食料品店の苦境を訴える卸売商を中心としたロビー活動の活発化

　　(g)　業務改善に対する関心の高まり

　　(h)　小規模小売商の営業費の管理と削減の試み

　　(i)　小売競争の激化

　これらの見解は，先進諸国が経済発展の過程でみせた小売流通システムの変革に対する発展途上国の適応行動が，それぞれの段階で先進諸国との類似の流通システムをもたらすとするのである。発展段階仮説あるいは時間的遅れの主張は，発展途上国の小売流通システムが，アメリカに代表される先進国システムの発展初期と類似していることに着目したものである。小売流通が，経済システムの下位システムであることから，経済発展の影響を大きく受けることは言うまでもない。特に，経済状況の類似性が高い発展初期の段階においては，小売流通システムの諸国間の類似性も高くなると考えられる。しかし，それぞれの国の小売流通システムの発展には，歴史的・社会的・文化的・地勢的な影響も大きくなることから，その後の発展パターンが異なる可能性は，初期段階に比べてきわめて高くなるであろう。したがって，発展段階仮説が主張するように，高度な経済水準にある国の小売流通システムが普遍的システムとして存在するということが，必ずしも当てはまらないケースが多くみられるようになっている。

## ２　小売業態の発展理論

　これまでの小売業の歴史をみてみると，新しい革新的な小売業態の成立と展開を繰り返すことによって小売市場の発展がもたらされてきた。小売業態の発展理論は，この小売業態革新のプロセスを明らかにすることを課題としている。ここでは，(1)小売発展理論の原点ともいうべき小売の輪仮説，(2)小売の輪仮説の批判から生まれた真空地帯論，(3)小売業態の変化のプロセスを明らかにしようとした小売業態ライフサイクル論，(4)小売アコーディオン仮説について検討する（**図表６－２**参照）[6]。

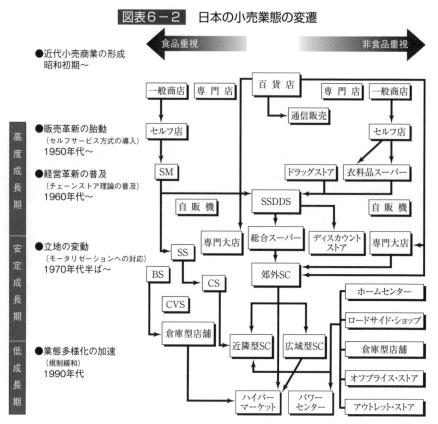

注：SM：スーパーマーケット，SSDDS：セルフサービス・ディスカウントデパートメントストア，SS：スーパーストア（大型スーパーマーケット），CS：コンビネーション・ストア（スーパーマーケットとドラッグストア，衣料品スーパー等との複合店舗），SC：ショッピング・センター，BS：ボックス・ストア（小型食品安売店），CVS：コンビニエンスストア．

出所：鈴木安昭・関根孝・矢作敏行編『マテリアル流通と商業』有斐閣，1994年，98頁．

## (1) 小売の輪仮説

M.マックネア（M. McNair）は，小売業態の発展パターンを低価格→格上げ→低価格という循環として捉え，それを小売の輪と呼んだ。すなわち，①革新者もしくは革新的小売業が，営業費を削減することで実現された低コストを武

器に低価格で市場に参入する，②低価格の営業方式の成功によってこの方式を模倣する小売業者が増加し，新しい小売業態として市場に定着する，③差別化と得意客の維持のために，商品やサービスの格上げを行うようになり，営業費比率の上昇と利益の減少をもたらす，④格上げによってこれまでの新業態が高価格・高マージンの小売業になり，そこに事業機会をみた新たな低コストを武器にした小売業態が出現し，小売の輪が回り，それが繰り返される，と小売の輪仮説を展開するのである[7]。参入当初の異形態間競争に優位を示した新業態は，同形態内での競争激化から格上げを繰り返し，やがて新たな異形態間競争の脅威にさらされることになる。

　欧米小売業の歴史を振り返ってみるならば，A.ブシコー（A. Boucicaut）が1852年にパリに開業したデパートメントストアのボン・マルシェ，1886年創業の通信販売会社シアーズ・ローバック社，M. カレン（M. Cullen）が1930年にニューヨーク州ロングアイランドに開業したスーパーマーケットのキング・カレン，1948年にニューヨーク市に開業したディスカウント・ハウスのE.J.コルベットなどの新業態は，すべて低価格を武器に参入しており，その後の格上げを伴った展開は，小売の輪仮説の妥当性の証左とされている。

　低価格の魅力で多くの顧客を吸引できた新業態も，競争の激化と消費欲求の多様化・高度化によって，もはや価格だけでの差別化が困難となる。そこで，より高品質の商品の取り扱いや品揃えの拡大，店舗の改装，プロモーションの強化，配達等のサービスの追加，好立地への出店などの対応がとられるようになり，結果として営業経費の上昇を吸収するための価格の引き上げを余儀なくされ，そこに新たな事業機会が生まれるとする小売の輪仮説の説得力は大きい。

　しかしながら，小売の輪仮説に対する疑問も提起されている。(1)発展途上国のスーパーマーケットを初めとする近代的小売業の多くは，高所得者を対象に高価格で参入している，(2)コンビニエンスストアのように，低価格を武器としない小売業態の成立がみられる，というのが主な指摘である（**図表6－3参照**）。

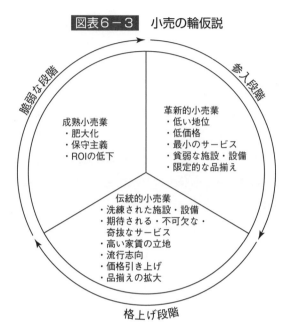

出所：S. Brown, "Institutional Change in Retailing: A Review and Synthesis," *European Journal of Marketing*, Vol.21, No.6, 1987, p.11.

(2) 真空地帯論

O.ニールセン（O. Nielsen）は，小売業の発展は新しい小売業態の出現に特徴付けられ，小売の輪仮説ではこれらの新業態の出現のすべてを説明することはできないとして真空地帯論を提起した[8]。ニールセンは，消費者が小売業者の提供する価格とサービス（品揃え・顧客サービス・立地・買物施設等）に関心をもつこと，小売業者間の競争の存在を前提としてモデルを開発した。サービスを高めると価格は上昇すると仮定し，横軸に小売業者の提供する価格・サービスの水準を，縦軸にそれに対する消費者の選好の程度をとるならば，個々の消費者の選好を集計した選好曲線は，最低の価格・サービス水準から徐々にサービスを追加するにつれて消費者の選好は増加するが，ある段階を超えてサービスを追加すると逆に消費者の選好は減少するという曲線が描ける。

図表6-4 真空地帯論

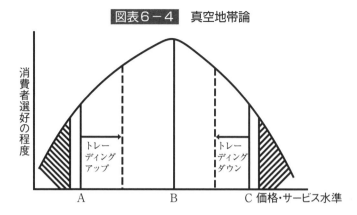

出所：向山雅夫「小売商業形態発展論の分析枠組（I）」『武蔵大学論集』第33巻第2・3号，1986年，134頁。

ここで価格・サービス水準軸上に，低価格・低サービスの小売店A，平均的価格・平均的サービスの小売店B，高価格・高サービスの小売店Cの3店が存在していると仮定する。Aはコスト増と価格の上昇を伴うけれども，サービスを追加することによってBの提供する価格・サービス水準に不満をもっていた顧客を吸引できる位置まで右方向に移動する（格上げ）。同様にCは左方向に移動することによってより多くの顧客を吸引しようとする（格下げ）。このことによって，これまでAとCがカバーしていた選好曲線の両端の消費者を満足させる小売店が存在しなくなる。この部分をニールセンは真空地帯と呼び，ここに新たな小売業態を呼び寄せるとするのである。

このように真空地帯論の特徴は，小売業の価格・サービス水準に対する消費者の選好の程度を仮定することによって，小売業の格上げ・格下げとそれによって生じる事業機会によって小売業態の発展を説明しようとした点にある。

ニールセンは，発展途上国のスーパーマーケット等が高価格で参入する場合が多いこと，あるいは先進国でも高価格で参入する新業態が登場するのはなぜかという小売の輪仮説で指摘された課題について，真空地帯論では選好曲線の右端の真空地帯が非常に大きく，高い収益性が期待できるということで説明できるとする（**図表6-4参照**）。

94

## ⑶　小売業態ライフサイクル論

　小売の輪仮説や真空地帯論が，新しい小売形態の成立過程を主として説明し
ようとしたのに対して，W.ダビッドソン（W. R. Davidson）らは，製品ライ
フサイクル概念を援用することによって，小売業態の展開過程をあきらかにし
ようとした[9]。製品ライフサイクル論が，製品の導入期から衰退期に至る各段
階で生じる市場の変化とそれに適合するマーケティング戦略を論じたのと同様
に，小売業態ライフサイクル論は，新小売業態の成立から衰退までを革新期・
発展期・成熟期・衰退期に分け，それぞれの期ごとに市場特性，小売業者の行
動，供給業者の行動の３側面から特徴付ける。

　革新期は，新しい小売業態が既存の小売業とは異なるコンセプトを主張して
登場する段階であり，価格や品揃え，立地，プロモーションなどの優位性が消
費者に理解されるにつれて売上は増加するが，営業上の試行錯誤や小規模であ
るがゆえに利益は低水準にとどまる。発展期は，既存の小売業の市場を切り崩
すことによって売上，利益とも急成長を示す段階であり，新規参入者や既存小
売業の模倣によって，この小売業態の市場占有率は増加するものの，競争は激
化する。成熟期は，初期の革新性が希薄になり売上の伸びが停滞し，大規模組
織の運営や規模の不経済などの経営上の問題が生じることによって利益も低下
し始める。衰退期は，再ポジショニングやマーケティング・コンセプトの修正
などがなされるが，競争力を失い売上と利益が減少する段階である。

　ダビッドソンらは，代表的な小売業態のライフサイクルを比較することに
よって，新しく登場した小売業態ほど早く成熟期を迎えることを指摘している。
すなわち，伝統的百貨店（1860年に成立）は80年，バラエティストア（1910
年）は45年，スーパーマーケット（1930年）は35年，ディスカウントストア
（1950年）は20年，ホームセンター（1965年）は15年で成熟期を迎えていると
するのである。

　小売業態ライフサイクル論は，それぞれの段階ごとに小売業がとるべき戦略
行動についての示唆を提供しているものの，「小売業態ライフサイクルは，自

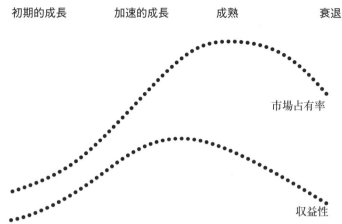

注：各段階の持続期間（横軸）は多くの要因によって変化する。図式のために，ここでは4つの段階を等間隔で描いている。
出所：W. R. Davidson, A. D. Bates and A. J. Bass, "The Retail Life Cycle," *Harvard Business Review*, Nov.-Dec., 1976, p.91.

然な発展過程であり，経営者はそれに逆らうことはほとんど不可能である」とダビッドソンらが指摘することに対して，それが革新期から衰退期に向かうあまりにも決定論的な議論であり，なぜ革新的小売業態が出現し，各段階の移行が生じるのかを説明していないという批判もなされている（**図表6-5参照**）。

### (4) 小売アコーディオン仮説

S. ホランダー（S. Hollander）は，小売業の品揃えの幅の歴史的な変遷に着目して，小売アコーディオン仮説を提起した[10]。品揃えの幅が広い総合化した小売業態が支配的な時代から，品揃えの幅が狭い専門化した小売業態が支配的な時代へと移行し，さらにまた総合化するという周期的な動きをアコーディオンにたとえて，小売業態革新を把握しようとしたのである。

ホランダーは，品揃えが縮小の方向へ向かう原因として，①品揃えの拡大にともなう諸問題の処理を回避しようとする意識のような非経済的要因，②免許

制や許可制などの法的規制や自主規制などにともなう制約，③品揃え拡大にともなう資本能力の不足，④品揃え拡大にともなうコストの上昇，⑤消費者の選好パターンをあげている。

よろず屋から業種専門店，百貨店，専門店，ディスカウントストアへといったアメリカにおける支配的小売業の変遷は，アコーディオン仮説の妥当性を物語るものであるが，品揃えだけで小売業態の変革を説明できるのかという疑問も生じよう。

## ❸ 小売業の発展とイノベーション

### (1) イノベーションの本質

小売業は，その長い歴史の中で数々のイノベーションを実現することによって発展を遂げてきた。イノベーションは，J. シュムペーター（J. Schumpeter）が「その体系の均衡点を動かすものであって，しかも新しい均衡点は古い均衡点からの微分的な歩みによって到達しえないものである」と定義するように[11]，既存の支配的なシステムの連続的な変化からは生じることのない，まったく新しいシステムを生み出す動因であり，市場構造や企業間競争の構図を大きく変化させるものである。

このようなイノベーションを小売業において世界に先駆けて体現したのは，江戸時代の越後屋（三越の前身）であることが知られている。1637年に江戸本町１丁目（現在の日本銀行新館辺り）に越後屋を開業した三井高利は，これまでの呉服商とはまったく異なった新しい販売方式を採用した。すなわち，「店前現銀無掛値（たなさきげんぎんかけねなし）」や「切り売り」である。当時の大店は，事前に注文を聞いて後で品物を届ける方式や，直接品物を得意先に持参して販売する方式が通常であり，代金決済も節季払いという掛売り方式が一般的であったのを，店先での現金売りに改めたのである。外回りの経費や掛売りの金利や貸し倒れのリスクがなくなったことによって低価格での販売が可

能になり，さらにこれまでの店員と顧客との交渉で価格を決める掛け値での取引を正札（値札）で販売するという画期的な方式を採用したのである。また，「切り売り」とは，これまでの一反を単位として売っていたのを，顧客の注文に合わせて売る方式であり，残った端切れを集めて袋物等の小間物用に売ったことも江戸庶民の人気を博することになった。その他にも「即座の仕立て」という分業で短期間に仕立てる方式や，新商品の入荷を知らせる引札（チラシ）の活用，突然の雨に困っている顧客や通行人に越後屋の字と紋章の入った傘を配るという「振る舞い傘」などのサービスも取り入れたのである。

越後屋の商法は，小売業のイノベーションの源流とも呼ぶべきものであり，既存のシステムの単なる修正や改善にとどまらず，まったく新しい価値や，欲求の充足の仕組みを創造したのであり，商品・サービスから消費者が得る価値や満足を変えるところにイノベーションの本質があるのである。

## (2) 小売業のイノベーション

シュムペーターはまた，イノベーションが，①新製品の開発，②販売方法を含む新しい生産方式の導入，③新市場の開拓，④原料，半製品の新しい供給源の獲得，⑤新しい組織の実現，に類型化できるとした[12]。これを小売業と関連付けるとするならば，①総合化，専門化といったマーチャンダイジングの革新やプライベート・ブランドの開発，②スーパーマーケット等多くの小売業で採用されたセルフサービス方式の導入，③郊外型ショッピングセンターにみられる立地開発，④アパレル分野の製造小売業が行う生産部門を含む垂直的統合，⑤近代的小売業の多くが採用するチェーンストア経営，などが該当しよう。

これらのイノベーションは，小売店舗レベルでの営業革新と組織レベルでの経営革新に大別できる。すなわち小売業態を特徴付ける小売ミックスにみられるイノベーションと，それを実現するための経営組織全体のイノベーションに分けることができるのである。ここでは小売業の発展に最も大きな影響を与えた小売業態として専門品・買回品市場における百貨店と最寄品市場におけるスーパーマーケットを取り上げ，それらがどのような営業革新と経営革新を小

売市場にもたらしたかをみてみよう。

### ① 百貨店の革新[13]

百貨店のはじまりは，1852年にアリスティッド・ブシコーがパリに開業したボン・マルシェであると言われている。ブシコーは当時パリで台頭しつつあった衣料品の流行品店の一つに店員として勤め，そこで流行品店の経営ノウハウを学ぶと共に，1852年に流行品店のボン・マルシェを買い取り，百貨店経営に乗り出すこととなった。

ブシコーは，(1)定価販売，(2)現金販売，(3)品質保証，(4)返品自由，(5)開放的陳列といった流行品店の販売方式を踏襲すると共に，商品回転率を重視する薄利多売方式による低価格販売を強力に推し進めた。当時の衣料品店が30％～40％のマージンで販売していたのに対して，ボン・マルシェでは18％～20％，純利益は4.5％と高級品を含めて店で扱うすべての商品を薄利で販売した。そのためには安い仕入先の確保が不可欠であるが，工場や作業場からの直接仕入れを主流とし，国内に限らず海外にも買い付け事務所を開設した。

さらにボン・マルシェは，季節商品の在庫期間を３カ月に設定し，２カ月間の通常価格販売後の売れ残り品を，まず30％引きから始め，ついで50％引きというように残り１カ月間で完全に売り切る体制を整備した。これらの在庫品処分だけでなく，積極的な特売セールを実施し，大売出しの商品のうち人気商品を破格の価格で販売するいわゆる目玉商品を設けた。

品揃えの拡大，店舗規模の大型化，快適な買物空間の演出などブシコーの商才は，ボン・マルシェの飛躍的な成長をもたらし，1852年の45万2,000フラン（４億5,200万円）の年間販売額を，1863年には700万フラン（70億円）にまで増加させている。薄利多売方式とともに，特筆すべき経営革新は部門別管理を確立したことである。各部門には仕入・販売の責任者として１人ずつ売場主任が置かれ，彼の指示のもとで部門のすべての運営がなされた。ボン・マルシェという傘の下に，独立した部門があたかも専門店のように集積していたのである。

ボン・マルシェの開業時の取扱商品は，絹，綿，ラシャ生地の他は，ケープ，

第6章　小売流通システムと小売業態の発展理論　99

| 図表6－6　ボン・マルシェの特売の年間スケジュール（1880年代後半） |
| --- |
| 1月9日：ドレス生地と端切れ，および既製服のバーゲンセール |
| 2月20日：皮手袋，レース，増加，羽毛，香水の大売出し |
| 3月6日：春夏物新作生地の大売出し |
| 3月26日：既製服（婦人・紳士・子供服），帽子，靴，スカート，ジャージー，バスローブ，マチネー（朝用婦人部屋着），日傘の大売出し |
| 4月30日：夏物（婦人・紳士・子供服）小物，帽子，日傘，旅行用衣類，軽装用生地，別荘用家具の大売出し |
| 6月4日：夏物大バーゲンセール，および水着と旅行用品の大売出し |
| 9月24日：絨毯，家具，カーテン，家具用布地，陶磁器，漆器，刺繍の大売出し |
| 10月2日：冬物（婦人・紳士・子供服）新作生地大売出し |
| 10月22日：冬物小物，コート，ドレス，スカート，バスローブ，毛皮，帽子，靴，毛裏つきコート，キルティングの大売出し |
| 11月26日：冬物新作生地および既製服の大バーゲンセール |
| 12月3日：お年玉用品，装身具，玩具，皮革製品，ブロンズ，陶磁器，漆器，贈答用書籍の大売出し |

出所：鹿島茂『デパートを発明した夫婦』講談社，1991年，50-51頁。

ストールなどの既製服，シーツ類と小間物，婦人用帽子などであり，きわめて限定された品揃えではあったが，その後の品揃えの拡充と大型店舗の建設等によって，ブシコーが1877年に没したときには，ほぼ今日のフランスの百貨店で扱う商品が取り扱われていたという（**図表6－6**参照）。

　ブシコーは，薄利多売方式による低価格で登場したが，必ずしもサービスを切り詰めて低価格を実現したわけでなく，むしろ高サービスを提供しつつ低価格を実現したところに，きわめて高い革新性をみることができるのである。

　②　スーパーマーケットの革新[14]

　スーパーマーケットの父といわれるマイケル・カレンが，ニューヨーク州ロングアイランドにキング・カレンを開店したのは1930年であった。全米第3位の食料品チェーンであるクローガーに勤務していたカレンは，反チェーンストア運動の高まりの中で，小規模店舗のままでチェーンを拡大することの困難さを感じていた。そこで彼は当時のクローガーの経営陣に，以下のような革新的な販売方法を提案した。

(a) 間口40フィート，奥行き130ないし160フィートの大規模店舗

(b) 立地は地下の高い区域から1ブロックないし3ブロック離れた所で，十分な駐車場をもつこと

(c) 20％を対面販売に，80％をセルフサービスとし，現金持ち帰り販売を徹底すること

(d) 平均マージンを9％で販売

300品目を原価で，200品目を原価の5％高で，300品目を原価の15％高で，300品目を原価の20％高で販売する。

(e) 肉や青果の取り扱い

(f) 劇的な低価格を訴求する継続的な新聞広告

このカレンの提案はクローガーの経営陣によって黙殺された。そこで自らのアイデアを実践するためにキング・カレンを開店させたのである。キング・カレンは大成功を収め，1936年にカレンが52歳の若さで夭折した時には，15店舗となっていた。

その後，A&P，セーフウェイ，クローガーといった大規模食料品チェーンがスーパーマーケット経営に乗り出すことによって，アメリカの食料品市場で支配的な小売業態として成長していくのである。

キング・カレンが開業する以前にも，セルフサービスや現金持ち帰りといったスーパーマーケットの原型ともいえる店舗は存在していたが，キング・カレンが最初のスーパーマーケットとされるのは，目玉商品にみられる劇的な低価格を実現したマージン・ミックスによる大量販売を初めて実践したその革新性にあるといえよう。

## (3) 小売業のイノベーションの源泉

百貨店とスーパーマーケットという2つの小売業態の成立期におけるイノベーションをみることによって以下の点が明らかにされた。

まず第一に，新しい小売業態が市場で持続的な成長を遂げるためには，店舗レベルの営業革新に加えて経営革新が重要となることである。ボン・マルシェ

の成功は，低価格を実現するための薄利多売方式や仕入先との直接取引，幅広い品揃えに対応する部門管理，そしてキング・カレンの劇的な低価格を実践するためのマージン・ミックスという新たな経営革新を必要としたのである。

　第二に，新しい小売業態の成立には，ブシコーやカレンといった革新的な起業家を必要とすることである。イノベーションには，既存市場を発展に導く持続的イノベーションと，短期的には市場規模は小さいものの新しい市場を作り出すような破壊的イノベーションが存在している[15]。大企業は持続的イノベーションを積極的に取り入れるが，破壊的イノベーションは既存顧客を失う可能性があることから，その開発あるいは採用を躊躇せざるを得ない。したがって破壊的イノベーションは，外部の企業やベンチャー企業から生まれるのである。スーパーマーケットの事例のように，破壊的イノベーションが新業態出現の動因になることは間違いない。小売業の発展のためには，小売業態革新に積極的に取り組む冒険心に富んだ起業家の存在を必要とするのである。

## 注

1　P. Ford, "Excessive Competition in the Retail Trades. Changes in the Number of Shops, 1901-1931," *The Economic Journal*, Sep. 1935, pp.501-508.

2　M. Hall and J. Knapp, "Numbers of Shops and Productivity in Retail Distribution in Great Britain, The United States and Canada," *The Economic Journal*, Mar. 1955, pp.72-88.

3　E. W. Cundiff, "Concepts in Comparative Retailing," *Journal of Marketing*, Jan. 1965, pp.59-63.

4　J. Arndt, "Temporal Lags in Comparative Retailing," *Journal of Marketing*, Oct. 1972, pp.40-45.

5　E. Kaynak, "Global Retailing: Integrative Statement" in E. Kaynak (ed.) Transnational Retailing, Walter de Gruyter & Co., 1988, pp.3-19.

6　小売発展理論については，多くの研究がなされているが，ここではS. Brown, "Institutional Change in Retailing: A Review and Synthesis," *European Journal of Marketing*, Vol.21, No.6, 1987, pp.3-36，向山雅夫「小売商業形態発展論の分析枠組（Ⅰ）」『武蔵大学論集』第33巻第2・3号，1986年，127-144頁，関根孝『小売

競争の視点』同文舘出版，2000年，を参考にした。

7　P. McNair, "Significant Trends and Developments in the Postwar Period," in A.B.Smith（ed.）*Competitive Distribution in a Free, High Level Economy and its Implication for University*, University of Pittsburgh Press, 1958.

8　O. Nielsen, "Development in Retailing," in M. Kjaer-Hansen（ed.）, Reading in *Danish Theory of Marketing, North-Holland Publishing Company*, 1966, pp.101-115.

9　W. R. Davidson, A. D. Bates and A. J. Bass, "The Retail Life Cycle," *Harvard Business Review*, Nov.-Dec., 1976, pp.89-96.

10　S. C. Hollander, "Notes on the Retail Accordion," *Journal of retailing*, Vol.42, Summer, 1966, pp.29-40.

11　J. A. Schumpeter, *Theorie der wirtschaftlichen Entwicklung*, 1912.（塩野谷祐一，中山伊知郎，東畑精一訳『経済発展の理論（上）』岩波書店，1977年，180頁）

12　同上書，182-183頁。

13　鹿島茂『デパートを発明した夫婦』講談社，1991年を参考にした。

14　M. M. Zimmerman, The Super Market: A Revolution in Distribution, McGraw-Hill Book Co., Inc., 1955.（長門毅訳『スーパーマーケット：流通革命の先駆者』商業界，1962年）を参考にした。

15　C. M. Christensen, The Innovator's Dilemma: When New Technologies Cause Great Firms to Fail, Harvard Business School Press, 1997.（伊豆原弓訳『イノベーションのジレンマ―技術革新が巨大企業を滅ぼすとき』翔泳社，2000年）

## Working

1　4つの小売業態発展理論が紹介されているが，あなたが最も説明力があると思う理論をその理由を含めてまとめなさい（A4で2枚，40字×30行）。

2　大企業が破壊的イノベーションへの対応がうまく行かないのはなぜか。具体的な事例を挙げて説明しなさい（A4で2枚，40字×30行）。

## Discussion

1　フォード効果の「生産性効果」と「所得効果」について説明しなさい。

2　ボン・マルシェとキング・カレンで共通する点を挙げなさい。

# 第7章
# 小売業の
# 業態別イノベーション

## 本章のねらい

　第二次世界大戦後のわが国の小売流通システムの変革に大きく寄与した主要な小売業態の生成と発展のプロセス，およびその動因となったイノベーションについて検討する。ここでは，1960年代の流通革命の旗手として飛躍的な成長を遂げた総合スーパー，その後の流通革新を先導したコンビニエンスストア，比較的近年になってから登場したホームセンターやドラッグストアなどを採り上げる。

**Keyword** | 総合スーパー　CVS　ドラッグストア
ホームセンター　ワン・プライス・ショップ
専門量販店　SPA

# ❶ 総合スーパー

　総合スーパーとは，衣・食・住にわたる各種商品を幅広く品揃えし，主としてセルフサービス方式で販売する大規模小売店舗であり，GMS（General Merchandise Store）や総合量販店とも称される。

　アメリカで開発されたスーパーマーケットが主として食料品を，GMS（シアーズやJ.C.ペニー等）やディスカウントストア（Kマートやウォルマート等）が非食料品を中心とした品揃えをし，それぞれが独立した小売業態として発展を遂げたのに対して，日本では食品スーパーや衣料品スーパーとして登場した小売業態が，その展開初期の段階からいち早く品揃えを総合化した総合スーパーという業態を確立したのである[1]。

　総合スーパーの多くは，チェーン経営を志向し，ほぼ全国を商圏とするナショナルチェーン（ダイエー，イトーヨーカ堂，ジャスコ，西友等），地域を限定したリージョナルチェーン（平和堂，イズミ，フジ等）として発展を遂げている。

## (1) 総合スーパーの生成と発展

### ① 生成期

　総合スーパーの原型ともいえるスーパーマーケットは，1953年に青山の紀ノ国屋がわが国で初めてセルフサービス方式を導入したことに始まり，セルフサービスと低価格高回転率戦略によって大量販売を実現した小倉市の丸和フードセンター（1956年開店）によって確立された[2]。また，衣料品分野でも，1955年にセルフハトヤが初めてセルフサービス方式を採用している。わが国の総合スーパーの発展を主導した中内功が，主婦の店ダイエーを開店したのは1957年であった。当時のダイエーの取扱商品は，医薬品，化粧品，日用雑貨品，菓子，缶・瓶詰め食品等であり，1959年からは衣料品を，1960年には生鮮三品や家電製品を加えるなど，セルフサービスによる低価格販売と品揃えの拡大を

第7章　小売業の業態別イノベーション　105

図っていった。

　1956年の『経済白書』が「もはや戦後ではない」と記したような時代背景の
もとで，積極的な事業展開を図ろうとした食品スーパーや衣料品スーパーの若
手経営者たちは，当時アメリカの食料品分野で支配的な地位を得ていたスー
パーマーケットと，非食料品分野で急成長を遂げていたディスカウントストア
を融合したような総合スーパーの前身とも言うべき新しい業態としての
SSDDS（self-service, discount, department store）の確立を目指すこととなっ
たのである。SSDDSという業態は，①セルフサービスによる販売，②品揃え
の多様化，③低マージン・大量販売，④チェーン経営による大規模化，⑤部門
管理といった特徴をもち[3]，1958年に開店したダイエー三宮店，1961年開店の
西武ストアー（現西友）高田馬場店などがその典型例であると言われている。

　②　発展期

　わが国経済の高度成長とともに総合スーパーも飛躍的な発展を遂げる。日本
経済新聞社の調査によれば，1968年度の小売業の年間売上高上位10社のうち7
社が百貨店であり，総合スーパーはダイエー6位，西友ストアー8位の2社に
過ぎなかったのが，1969年度にはダイエー4位，西友ストアー8位に続き，
ジャスコが9位，ユニーが10位と4社が占めるようになった。そして1972年度
には創業300年の伝統を誇る三越の売上高をダイエーが上回り，日本の小売業
の首位の座を占めるに至ったのである。これは総合スーパーという小売業態の
優位性を示すものであり，1983年度には上位5社がすべて総合スーパーとなる
のである（図表7-1）。

　大衆市場を対象とする総合スーパーにとって，折からの高度経済成長による
市場拡大がその発展の基盤となったことは言うまでもないが，そこから生まれ
た事業機会を捉えて総合スーパーという業態を確立したダイエーの中内功，西
友ストアーの堤清二，イトーヨーカ堂の伊藤雅敏，ジャスコの岡田卓也といっ
た優れた企業家の存在を忘れてはならない。総合スーパーの飛躍的な発展をも
たらした彼らの戦略は以下のように集約される。

106

## 図表7−1　小売業の年間売上高ランキング（1968-75年）

| 順位 | 1968年 | | | 1969年 | | | 1970年 | | | 1971年 | | |
|---|---|---|---|---|---|---|---|---|---|---|---|---|
| | 社　名 | 売上高 | 店舗数 | 社　名 | 売上高 | 店舗数 | 社　名 | 売上高 | 店舗数 | 社　名 | 売上高 | 店舗数 |
| 1 | 大　丸 | 1,257 | 4 | 三　越 | 1,507 | 11 | 三　越 | 1,885 | 11 | 三　越 | 2,293 | 11 |
| 2 | 三　越 | 1,229 | 11 | 大　丸 | 1,440 | 4 | 大　丸 | 1,652 | 4 | ダイエー | 2,071 | 75 |
| 3 | 高島屋 | 1,120 | 4 | 高島屋 | 1,297 | 4 | 高島屋 | 1,593 | 4 | 大　丸 | 1,844 | 6 |
| 4 | 鉄道弘済会 | 1,051 | — | ダイエー | 1,200 | 50 | ダイエー | 1,429 | 58 | 高島屋 | 1,759 | 4 |
| 5 | 松坂屋 | 897 | 5 | 鉄道弘済会 | 1,159 | — | 鉄道弘済会 | 1,341 | — | 鉄道弘済会 | 1,453 | — |
| 6 | ダイエー | 750 | 38 | 松坂屋 | 1,031 | 5 | 西友ストアー | 1,200 | 84 | 西友ストアー | 1,320 | 87 |
| 7 | 西武百貨店 | 633 | 7 | 西武百貨店 | 845 | 8 | 松坂屋 | 1,178 | 5 | 松坂屋 | 1,304 | 6 |
| 8 | 西友ストアー | 550 | 56 | 西友ストアー | 800 | 71 | 西武百貨店 | 1,100 | 10 | 西武百貨店 | 1,270 | 11 |
| 9 | 阪急百貨店 | 520 | 4 | ジャスコ | 750 | 74 | ジャスコ | 959 | 80 | ジャスコ | 1,250 | 83 |
| 10 | 伊勢丹 | 506 | 2 | ユニー | 650 | 96 | ユニー | 840 | 113 | ユニー | 1,032 | 113 |

| 順位 | 1972年 | | | 1973年 | | | 1974年 | | | 1975年 | | |
|---|---|---|---|---|---|---|---|---|---|---|---|---|
| | 社　名 | 売上高 | 店舗数 | 社　名 | 売上高 | 店舗数 | 社　名 | 売上高 | 店舗数 | 社　名 | 売上高 | 店舗数 |
| 1 | ダイエー | 3,052 | 90 | ダイエー | 4,766 | 111 | ダイエー | 6,262 | 119 | ダイエー | 7,060 | 129 |
| 2 | 三　越 | 2,924 | 12 | 三　越 | 3,739 | 14 | 三　越 | 4,190 | 14 | 三　越 | 4,075 | 14 |
| 3 | 大　丸 | 3,131 | 6 | 大　丸 | 2,742 | 6 | 大　丸 | 3,162 | 6 | 西友ストアー | 3,519 | 121 |
| 4 | 高島屋 | 1,994 | 4 | 高島屋 | 2,344 | 5 | 西友ストアー | 2,947 | 113 | 大　丸 | 3,346 | 6 |
| 5 | 西友ストアー | 1,668 | 96 | 西友ストアー | 2,269 | 105 | 高島屋 | 2,653 | 5 | 高島屋 | 2,837 | 5 |
| 6 | 鉄道弘済会 | 1,614 | — | ニチイ | 2,059 | 154 | 西武百貨店 | 2,270 | 10 | イトーヨーカ堂 | 2,538 | 57 |
| 7 | 西武百貨店 | 1,550 | 10 | 西武百貨店 | 1,950 | 10 | 鉄道弘済会 | 2,264 | — | 西武百貨店 | 2,513 | 10 |
| 8 | ジャスコ | 1,550 | 131 | 鉄道弘済会 | 1,883 | — | 松坂屋 | 2,070 | 8 | ジャスコ | 2,410 | 101 |
| 9 | 松坂屋 | 1,493 | 6 | 松坂屋 | 1,804 | 6 | ニチイ | 2,030 | 117 | 鉄道弘済会 | 2,395 | 4,185 |
| 10 | ニチイ | 1,442 | 156 | ユニー | 1,565 | 111 | イトーヨーカ堂 | 1,987 | 49 | ニチイ | 2,290 | 115 |

出所：日経流通新聞編『ランキング流通革命』，日本経済新聞社，1987年より作成。

（a）　スクランブルド・マーチャンダイジングによる品揃えの総合化

　スクランブルド・マーチャンダイジングとは，従来の主力商品とは全く異質の商品ラインを取り扱うというマーチャンダイジング技法であり，総合スーパーは，商品ラインの追加とそれぞれのラインごとの商品カテゴリーを拡充し，

第7章　小売業の業態別イノベーション　107

### 図表7−2　開設店舗数の推移

(店)

|  | −1964年 | 65−69年 | 70−74年 | 75−79年 |
|---|---|---|---|---|
| ダイエー | 15 | 23 | 77 | 44 |
| イトーヨーカ堂 | 6 | 11 | 30 | 44 |
| 西友ストアー | 12 | 44 | 49 | 39 |
| ジャスコ | 14 | 27 | 39 | 47 |
| ニチイ | 22 | 38 | 43 | 42 |
| ユニー | 10 | 23 | 40 | 21 |
| 合　　計 | 79 | 166 | 278 | 237 |

注：1964年以前の店舗数は79年時点での店舗数である。
出所：各社有価証券報告書。

衣・食・住をカバーする品揃えの総合化を強力に推し進めることによって，旺盛な消費需要への対応と，ワン・ストップ・ショッピングの便利さを提供したのである。

(b)　店舗規模の大型化

品揃えの拡大にともない店舗の大型化は必然のことであった。欧米の大規模店舗が百貨店を除いてはほぼ一層の店舗であるのに対して，国土が狭隘で地価の高いわが国では，総合スーパーは店舗規模の大型化に際して多層階の店舗を開発したという特徴をもっている。大手6社の開設時期別の平均売場面積の推移をみてみると，1964年以前に開設された店舗は平均2,248.4㎡であったのが，1979年には6,930.4㎡と約3倍に拡大している[4]。

(c)　積極的な多店舗化

チェーン小売業として規模の利益を享受するために総合スーパーは積極的な多店舗化を図っている。大手6社の開設店舗数の推移をみてみるならば，1965〜1969年は166店，1970〜1974年は278店，1975〜1979年は237店とその多店舗化の速度がいかに急速であったかがわかるであろう（図表7−2参照）。

このような急速な多店舗化を可能にしたのは，総合スーパーの出店方法における革新である。それは自ら店舗を建設，あるいは既存の空き施設にテナントとして出店するだけでなく，土地所有者に大手スーパー側が設計した店舗を建

設してもらい，それを長期契約で賃貸するという方法を開発することによって，出店コストを低く抑えることを可能にしたのである。店舗別の所有形態を正確に把握することは難しいが，有価証券報告書に示される土地・借地権の資産金額と差入保証金（入居に必要な保証金）総額とを比較するならば，土地・借地権を1としたときに差入保証金総額の比率は，1973年のダイエーは1.12，イトーヨーカ堂は1.43，西友ストアーは0.35，ジャスコは0.90であったのが，1979年には，それぞれ2.48，5.16，0.89，2.33となり，イトーヨーカ堂に顕著にみられるように，各社とも差入保証金総額のウェイトが大きくなっている。総合スーパーの生成期においては，保有資産の資産価値の上昇をテコに借入金で出店するという方式が多かったが，発展期においてはこの方式による出店が主流となったのである。

発展期の総合スーパーの多店舗展開を支えた要因として，日本的取引慣行の活用も指摘せねばならないであろう。すなわち，大量仕入れと早い販売回転をベースとする大型化を果たした流通業者は，現金フローを早く回収するが，供給元への支払いは伝統的取引慣行に従って約束手形による決済ができ，この回転差益は売上規模の拡大と共にますます巨大化し，成長のための資金プールとして新規出店など大きな成長資金の役割を果たすことになったのである[5]。

さらに総合スーパーは，多店舗化の進展にともなって，チェーンストア本部の集中仕入による規模の利益をより大きなものとしていったが，広域な店舗網に対する商品供給をほとんど卸売業者に依存するという，欧米のチェーンストアにみられない発展パターンを示したのである。限られた経営資源を店舗投資に集中的に振り向けたこと，また，それを可能にする発達した卸売流通システムが存在したことによるが，総合スーパーのチェーン経営の不完全さを指摘することもできる。

(d) 郊外立地の開発

総合スーパーの多店舗化は新たな立地創造をともなったものであった。当初の大型店は駅前に立地する店舗が多かったが，都心部の地価の高騰，大都市周辺部への人口移動，新興住宅地の開発などから，出店立地を徐々に郊外に移し

ていった。また，モータリゼーションの進展に対応して，自らがデベロッパー
としてショッピングセンターを開発するなど，新たな商業立地を創造しつつ店
舗網の拡大を図っていったのである。

(e) 合併・提携による企業規模の拡大

1963年にセルフハトヤ，岡本商店，ヤマト小林，エルビスが合併してニチイ
が，1970年に岡田屋，フタギ，シロが合併してジャスコが，1971年にほていや
と西川屋が合併してユニーが設立されるなど，企業規模拡大の手段として総合
スーパー間の合併が相次いだ。特にジャスコは，地域の総合スーパーとの提携
を通してナショナルチェーンへと発展していった。

③ 成熟期

第一次石油危機（1973年）を契機として，わが国経済の高度成長が終焉を遂
げるに伴い，総合スーパーの成長も減速を余儀なくされ，80年代に入ると総合
スーパーという小売業態の成熟化がより顕著にみられるようになった。大手5
社の売上高は，1967年度から1973年度にかけては年平均40.2％の成長率を示し
ていたが，1973年度から1983年度にかけては年平均12.9％増と激減しており，
特に1981年度は前年度比で8.2％増，1982，1983年度は各々4.7％増とさらに半
減している[6]。

その背景としては，①総合化した品揃えが，消費需要の成熟化にともなう消
費者の購買意識や行動の変化に，充分な対応ができなかったこと，②1973年に
制定された大規模小売店舗法（1974年施行）によって大型店舗の出店が規制さ
れたことによって，多店舗化・大型化というこれまでの総合スーパーの成長モ
デルが機能しなくなったこと，③大型店舗の出店コストの上昇と生産性の低下
がみられたこと，などが指摘できる。すなわち，発展期にみられた同形態間競
争の激化が，総合スーパーの格上げをもたらし，生成期に多くの消費者を引き
付けた低価格を訴求する小売業態としての革新性を喪失し，そこに特定の商品
分野に特化して，豊富な品揃えと低価格を訴求するカテゴリーキラーや専門量
販店の台頭を許したことによって，総合スーパーの成熟化を加速させたのであ
る。

110

　この間，総合スーパーは，EOSによる受発注の合理化，POSシステムの導入による販売・在庫管理の徹底，流通センターの開設による物流コストの削減といった経営革新に取り組んだ。しかし，小売業態としての大きな変革がみられなかったこともあって，1997年にヤオハン，2000年に長崎屋，2001年にマイカル（旧ニチイ）といった大手スーパーの経営破綻が相次ぎ，2002年に西友がウォルマートの支援を仰ぎ（2005年に子会社化），2004年にはダイエーが産業再生機構のもとでの再建を決定し，その後2013年にイオンの子会社となった。

## (2) 総合スーパーの現状と動向

### ① 総合スーパーの現状

　まず，総合スーパーの現状を商業統計によって明らかにしてみよう。商業統計による総合スーパーは，衣・食・住にわたる各種商品を小売し，セルフ方式で販売する従業者が50人以上の店舗をいう。2014年の店舗数は1,413店で，2007年と比較すると△10.7％の減少であり，年間販売額は6兆円と前回比△18.9％減の大幅な減少を示した。商業統計の調査方法の変更から直接の比較はできないとともに，専門スーパー（衣食住のいずれかが70％以上）への格付け変更や業態転換もあることから，必ずしも店舗数の減少が閉店を意味していないが，その衰退傾向は明らかであろう。

　就業者のうち正社員は14.9％，パート・アルバイト等が84.8％とほとんどがパート・アルバイト等で占められている。百貨店が他からの出向・派遣従業者が59.6％を占めているのに対して，総合スーパーは0.1％である。売場面積は2007年と比較すると△15.8％で，1店当たりでみてみると平均8,879㎡と2007年に比べて△11.3％であり，これまでの大規模化の傾向にも変化がみられる。1店当たりの年間販売額は42.2億円（前回比△10.2％）で，売場面積1㎡当たりの年間販売額は48万円（前回比2.2％）であった。小売業全体と比較して従業者1人当たりの年間販売額は1.21と上回っているものの，売場面積当たりでは76％の水準にとどまっている。

### ② 総合スーパーの動向

　総合スーパーの不振は，その品揃えや価格が消費者ニーズとの乖離をもたらしていることに起因しており，ジャスコ（現イオンリテール）を中核とするイオンは，2007年にグループの共同仕入を担当するイオン商品調達，PBの開発・供給を行うイオントップバリュ，より効率的な物流体制の構築を目指すイオングローバルSCMを設立し，グループとしての相乗効果を高めることによって総合スーパーの競争力の回復を図ろうとしている。同様の試みが，イトーヨーカ堂を中核とするセブン＆アイにおいてもなされており，セブン-イレブン・ジャパンの商品開発力，イトーヨーカ堂の生産・製造情報といったグループ内企業が保有する優れたノウハウを共有し，生鮮食料品やPB開発の新たなシステム構築に乗り出している[7]。

　このように総合スーパーは，高質化した需要に対応すると共に，ローコスト経営の原点に立ち返り，価格競争力をもった業態へと進化していかねばならないであろう。

## ⑶ 総合スーパーのイノベーション

　総合スーパーが日本の小売市場で支配的な地位を築きえたのは，アメリカで生成・発展した「スーパーマーケット」「チェーンストア」「ディスカウントストア」「ショッピングセンター」という4つの流通技術を同時並行的に取り入れたことにある。すなわち，総合スーパーは，販売面ではいち早くセルフサービス販売方法を導入し，対面販売でなければ売れないという常識を打ち破る販売革新に挑戦し，人口の郊外化，交通手段の変化に対応した商業立地革新に挑戦するとともに，生活ニーズの多様化，拡大化にあわせて取扱商品・サービスの総合化を図りながら成長・拡大したこと，そしてそれらをチェーン経営のもとで大量販売システムに結びつけたのである[8]。

　総合スーパーの発展プロセスは，小売の輪仮説や小売アコーディオン仮説によって例証することができる。また，小売業態ライフサイクル論は，成熟期における専門経営者の不在が大手スーパー企業の経営破綻をもたらしたことを明

| | 生成期 | 発展期 | 成熟期 |
|---|---|---|---|
| 営業革新 | ①セルフサービス<br>②品揃えの多様化<br>③低価格販売<br>④ロス・リーダー（目玉商品）<br>⑤チラシ広告 | ①品揃えの総合化<br>②店舗規模の<br>　大型化と多店舗化<br>③郊外立地 | ①付帯サービスの拡充<br>　経営革新 |
| 経営革新 | ①低マージン高回転率経営<br>②チェーン経営<br>③部門管理 | ①スクランブルド・<br>　マーチャンダイジング<br>②集中仕入の徹底<br>③提携・合併<br>④ショッピングセンター開発 | ①EOSの導入<br>②POSシステムの導入<br>③業革<br>④流通センターの整備 |

図表7－3　総合スーパーの発展とイノベーション

らかにする。真空地帯論は，標準的サービス・標準的価格の小売業態に対する最も高い選好分布曲線を想定しているが，消費需要の二極化傾向は双こぶ型分布をもたらすことから，総合スーパーの対象市場の両側に大きな真空地帯が存在するようになったことが，新たな小売業態の出現を容易にしているとみることができよう（**図表7－3**）。

# 2 コンビニエンスストア

　コンビニエンスストア（以下，CVS）とは，弁当・惣菜などを含む日配食品や加工食料品，日用雑貨品といった最寄品を幅広く品揃えし，主としてセルフサービス方式で販売する比較的小型の店舗（100㎡程度）で，住宅地や道路沿いに立地し，年中無休，24時間営業などの長時間営業を特徴とする小売業態であり，コンビニとも称される。

　CVSの多くは，ボランタリー・チェーンやフランチャイズ・チェーンによって組織化された独立の中小小売商によって経営されており，セブン-イレブンやローソン，ファミリーマートといった大手CVSチェーンはフランチャイズ・システムによって運営されている。

　CVSはもともとアメリカで成立・発展した小売業態であり[9]，サウスラン

ド・アイス社（現サウスランド社）のテキサス州にあった氷販売所を任されていたJ.グリーン（J. J. Green）が，家庭用冷蔵庫の角氷とともにミルク，パン，卵など12品目を販売したことがCVSの起源となった。当時の食料品店が日曜日や夕方には店を閉めていたのに対して，グリーンは週7日，16時間営業を行ったという。サウスランド・アイス社は，この営業形態をトーテム・ストアという店名で展開し，1946年にはセブン-イレブンに改称するとともに，消費者に利便性を提供するCVSという小売業態を確立したのである。

## (1) コンビニエンスストアの生成と発展[10]

### ① 生成期

わが国における最初のCVSは1969年にマイショップチェーンが豊中市に開店した「マミー豊中店」であり，1970年には京都市で「Kマート」が，1971年に春日井市で「ココストア」，札幌市で「セイコーマート」といったCVSの開設が相次いだ。これらは中小小売商の近代化の受け皿としてCVSに着目したボランタリー・チェーンによるものであり，実験店舗としての性格が強かった。

これに対してCVSへの本格的な取り組みをしたのは，大店法の制定の動きの中で新たな業態開発を模索していた大手総合スーパーである。なかでもイトーヨーカ堂は，1973年に当時全米で4,000店舗を展開していたサウスランド社と業務提携し，ヨークセブン（現セブン-イレブン・ジャパン）を設立するとともに，翌年には東京都江東区にフランチャイズ方式でセブン-イレブン1号店を開店させ，2年後には100店舗を達成するなど，わが国のCVS業界の主導的な地位を確立していった。

セブン-イレブンの日本での成功は，アメリカで確立されたCVSの経営ノウハウやシステムをそのまま導入するのではなく，わが国固有の流通環境や風土に適合させるような工夫を行ったことである。たとえば，サウスランド社では直営店舗が多く含まれているのに対して，日本におけるセブン-イレブンのほとんどがフランチャイズ方式による展開である点である。1994年時点ではあるが，店舗数に占めるフランチャイズ加盟店の割合は，アメリカのセブン-イレ

ブンが約52％であるのに対し，日本のセブン-イレブンは98％に達している[11]。これはわが国に多数存在している既存の中小小売商のセブン-イレブンへの業態転換を促進することによって，1976年に100店，1980年に1,000店，1984年に2,000店，1987年に3,000店，1990年に4,000店という急速な多店舗化を達成すると共に，中小小売商の近代化という社会的使命をも果たすことになった。1990年までの加盟店の加盟以前の職業の累積をみてみると，酒販店が1,197で全体の37％を占め，以下，食品小売が727，脱サラ622，他の小売268，自営業264であったという[12]。

② 発展期

1970年代半ば以降，既にCVS市場に参入していたダイエーがローソン，西友がファミリーマートの本格的な展開を図ると共に，ユニー（サークルK），ジャスコ（ミニストップ），長崎屋（サンクス）といった大手総合スーパー，ヤマザキ製パン（サンエブリー），雪印乳業（ブルマート）といった食品メーカー，廣屋（ヒロマルチェーン），国分（KGCA）といった大手食品問屋が相次いで新規参入を果たすなど，CVSはわが国の小売市場で急送な発展を遂げることとなった（**図表7－4**参照）。

CVS全体を統計的に把握することは資料の制約から困難であり，商業統計においてもその定義が何度も変更されているが，1982年に2万3,235店であったのが94年には4万8,405店であり，この間，CVSの店舗数は一貫して増加しており，成長性の高さがうかがえる。

CVSの発展期として位置づけられる1970年代半ばから1990年代半ばにかけては，既にみたように多くのCVSチェーンが参入し，店舗間あるいはチェーン間の激しい競争を通して，今日みられるようなCVS業態が確立されていった。その特徴は以下のとおりである。

(a) 多品種・少量在庫の品揃え

食品スーパーが日常生活における世帯需要に対応しているのに対して，CVSは緊急性の高い個人需要に対応した品揃えに特徴をもつ。小型店舗という制約のもとでこれを実現するためには，多品種を品揃えするとともに，同一品種内

第7章　小売業の業態別イノベーション　115

### 図表7-4　発展期におけるCVS業界の動き

| | |
|---|---|
| 1976年 | 「セブンイレブン」が100店を達成。「サンチェーン」東京で開店。国分，北洋商事，廣屋など大手問屋がコンビニ事業を開始。 |
| 1977年 | ヤマザキ製パンが「サンエブリー」を雑司ヶ谷（東京）に開店。国分が「KGCA」を東京渋谷区に開店。茨城県地区スパー本部（現カスミコンビニエンスネットワークス）が「SPAR」を開店。酒販店のVC（経営塾）が「モンマート」を開店。 |
| 1978年 | 「セブンイレブン」がコンピュータによる発注開始。 |
| 1979年 | 「セブンイレブン」が700店達成，「Kマート」を抜いて売上高で首位，東証上場。雪印乳業が「ブルマート」を開店。富士スーパー（現富士シティオ）が「スリーエフ」を開店。中小企業庁がFC契約に関しセブンイレブン・ジャパンを行政指導。※改正大店法施行。 |
| 1980年 | 「セブンイレブン」が年間売上高1,000億円，1,000店を達成。「ローソン」と「サンチェーン」が業務提携。ジャスコが「ミニストップ」の実験店を横浜に開店。長崎屋が「サンクス」を仙台に開店。ユニーが「サークルK」を東京都自由が丘に開店。「ニコマート」（東京）が開店。 |
| 1981年 | 「セブンイレブン」が宅配便の取次開始。 |
| 1982年 | 「セブンイレブン」がPOSシステムを導入。「ローソン」が1,000店を達成。 |
| 1983年 | 食品卸の廣屋主宰のVCが「スリーエイト」を開店。中小チェーンの経営難表面化（「宮城マイショップ」が倒産，仙台の「コスモス」が経営難で「ニコマート」の傘下に，福岡の「ユアーズ」が倒産，山形市の「おーる」が出店後わずか7カ月で倒産，オリンピックがCVS事業から撤退） |
| 1984年 | 「セブンイレブン」が2,000店を達成。中小チェーンの再編成続く。 |
| 1985年 | 「セブンイレブン」が双方向POSシステムを導入。 |
| 1986年 | 「ローソン」が2,000店を達成。「マイショップ」が倒産。「ミニストップ」が韓国に進出。 |
| 1987年 | 「セブンイレブン」が3,000店を達成。「ファミリーマート」が東証上場。 |
| 1988年 | 「ニコマート」「ファミリーマート」が台湾に進出。 |
| 1989年 | 「セブンイレブン」が米サウスランド社のハワイ事業部を買収。「ローソン」「サンチェーン」が合併。「ローソン」が3,000店を達成。共同石油（現ジャパンエナジー）がガソリンスタンド併設型の「am/pm」を日吉（神奈川）に開店。「ファミリーマート」がPOSシステムを導入。 |
| 1990年 | 「セブンイレブン」が4,000店を達成，GOT（graphic order terminal）を導入。「セブンイレブン」「ローソン」が海外ブランド品のカタログ販売を開始。 |

出所：関根孝『小売競争の視点』同文舘出版，2000年，65頁。

の品目を絞り込み，それぞれの品目の在庫量を少なくする，多品種・少量在庫というこれまでの小売業態にみられない新しい品揃え形態を確立したのである。

標準的なCVSの店舗は100㎡程度の売場に約3,000品目の商品を取り揃えており，売場面積3.3㎡当たりの陳列品目数は，標準的な総合スーパーの加工食品売場の3倍強の水準にあるという[13]。

(b)　小口・多頻度納品体制

多品種・少量在庫の品揃えを実現するためには，小口・多頻度の発注と納品体制が必要となるが，CVSチェーンのほとんどが独自の物流センターを保有せず，卸売業者の配送システムを活用しており，小口・多頻度納品の要請はメーカーや卸売業者のコスト増を招くことになる。この課題にいち早く取り組んだのがセブン-イレブンであり，セブン-イレブンの調達システムがほぼCVSチェーンの業界標準となった。

セブン-イレブンの最初の試みは，1976年に業種別かつ特定メーカーの代理店・特約店別に細分化されていた仕入を，取引先の集約化と窓口問屋制による一括納品体制を整備した。また，1976年に始まった首都圏の水産加工品や惣菜等の日配品メーカーが共同配送センターを設立する共同配送は，1980年の牛乳・乳製品，1981年のハム・ソーセージへと広がり，1981年の日配品と牛乳・乳製品，1982年の日配品，牛乳・乳製品，ハム・ソーセージの統合と，共同配送は業界別から温度帯別へと高度化していく。

受発注システムの効率化も同時並行的に実施された。当初，各店舗は取引先に対して毎日電話で発注していた。問屋側はその受注情報を人海戦術で処理しなければならず，店舗数の増加と取引単位の小口化によって，受注処理コストの大幅な上昇をもたらしていた。そこでセブン-イレブンは，1978年に「ターミナルセブン」という発注端末機を開発し，加盟店と本部の間の発注データがオンラインで処理されるようになった。さらに1982年の第二次通信回線自由化によって，店舗，本部，取引先間での発注データのオンライン処理が可能となり，商品仕入・商品供給に関わる業務の効率化が達成されたのである。

（c）　POSシステムによる単品管理

　特定品種内の品目を絞り込み，それぞれの品目の在庫量を圧縮するためには，個々の品目（単品）別の売上データが必要となる。たとえ3,000品目であったとしても，単品の売上データを即時に捕捉することは不可能であり，それを実現するための新たな取り組みが必要とされた。1970年代後半から，アメリカでは商品に添付されたバーコードを，レジで光学的に読み込むPOSシステムの導入が始まっていた。アメリカでPOSシステムの導入が進んだのは，スーパーマーケットのレジ業務の効率化を図るためであり，レジ業務の生産性が高いわが国ではなかなか普及しなかった。セブン-イレブンは，POSシステムが単品で売上データが即時に捕捉できることに着目し，1982年10月からPOSターミナルの導入を始め，翌年２月には全店で導入が完了した。

　1986年にはサンショップヤマザキが，1987年にはミニストップが，1988年にはローソンが，1989年にはファミリーマートと，CVSでPOSシステムの導入が相次いだ。ＣＶＳでいち早くPOSシステムの普及が進んだのは，多品種・少量在庫の品揃えという業態特性からくるところの必然であったと言えよう。

（d）　サービス商品の拡大

　消費者への利便性の提供のために，CVSチェーンの多くはサービス商品の取り扱いを強化していった。1981年にセブン-イレブンが宅配便の取次ぎを始めたのに続いて，各社ともコピーサービス，ファクシミリーサービス，DPEの取次ぎ，公共料金の収納代行サービス，映画・コンサートのチケット販売など，さまざまなサービス商品の提供を模索した。これらのサービスの提供は，時間と距離の利便性を提供するCVSにとって，総合サービス拠点としての社会的役割を果たす上で大きな意味をもつものであった（**図表7－5**）。

（e）　成熟期

　日本経済新聞社が実施するコンビニエンスストア調査によれば，CVSの売上高は1982年度に対前年度比28.8％増を示したのをピークに，その伸び率は逓減傾向にあり，1993年度には8.9％増と初めて２桁の伸びを下回った。1994年度には10.5％増に回復したものの，1995年度は8.5％増に低下し，既存店に限定す

**図表7−5　セブン-イレブンの業務システムの変遷**

**物流**

| 物流の整理・集約 | 共同配送化の推進 | 温度帯物流への統合 | 戦略物流の時代 |
|---|---|---|---|

- 1976年　○ベンダーの集約化　70社→42社／店　○小ロット化
- 1978年　○米飯2便制
- 1980年　○牛乳共同配送
- 1981年　○第一次チルド共同配送　加工肉共同配送　○牛乳共同配送生鮮共同配送統合
- 1982年　○フローズン(冷凍)共同配送　○牛乳・生鮮加工肉共同配送統合
- 1984年　○第一次雑貨共配
- 1985年　○地方加工食品共同配送スタート
- 1987年　○米飯3便当日納品
- 1989年　○第2次雑貨共配
- 1992年　○アイスクリームメーカー共配
- 1993年　○惣菜3回配送　○酒一括配送
- 1995年　○夜間配送　○加食メーカー物流集約化　○オール雑貨共配化

●ベンダー／センター用機器の台数
ベンダー・センター端末機　1100台
仕分け機　353台
POSラベルプリンター　1100台
●メーカー端末機　130台

**戦略物流の時代**

**総合システム**

年表：74 / 78 / 79 / 82 / 83 / 84 / 85 / 86 / 87 / 88 / 89 / 90 / 91 / 92 / 93 / 94 / 95 / 96 / 97 / 98

*物流システム*
- 80.7月　本格的共同配送のシステム化
- 83.4月　物流センターコンピュータの強化
- 79.4月　ベンダーオンライン受注システム　ベンダー総合パッケージングシステム　ピッキングシステムの導入
- 83.10月　コンピュータ運動
- 87.4月　米飯食材メーカーオンライン受注システムの導入
- 88.4月　納品時間管理システムスタート
- 90.9月　検品システムの高度化(事後検品化)
- 92.5月　メーカー物流
- 92.7月　ベンダー端末ISDN化
- 94.4月　発注・物流システム再構築開始
- 95.3月　生産管理支援システム
- 95.6月　加食・酒メーカーオンラインへの繋げ下げ
- 96.11月　発注システム再構築(横浜→大阪完全バックアップ)
- 97.9月　海外物流のシステム化(インターネット活用)
- 98.2月　SVDスタート
- 98.10月　発注11時頃からベンダー端末PC化

*店舗システム*
- 78.2月　スリップ発行
- 78.10月　第2次店舗システム導入(POS,EOBシステム)
- 79.4月　ベンダー・O.Lスタート
- 78.8月　第一次店舗システム導入(コンピュータリードタイムの短縮)
- 79.9月　7-11専用の分散処理ネットワーク構築
- 85.6月　第3次店舗システム導入(双方向POSシステム)(情報分析パソコン)
- 86〜87年　手約時間公共料金収納システム
- 90.7月　第4次店舗システム導入(GOT,STシステム)
- 91.4月　ISDNネットワークの稼働
- 92.8月　ISDN対応新POSレジスター導入
- 93年　単品棚割制システム導入
- 95.11月　会計自動化システム
- 96.11月　衛星ネットワークシステム導入(マルチメディア情報)稼働
- 97.5月　携帯PCの新本部POS情報システム展開
- 97.11月　第5次店舗システム導入
- 97.5月　ISDNネットワーク再構築(横浜→大阪完全バックアップ)

**営業戦略**

| コンピュータ発注スタート | POSシステムスタート | 単品管理・物流システム整備 | 総合システムの第一次完成 | 全面再構築によるインフラ刷新 |
|---|---|---|---|---|

*コンピュータ発注スタート*
- ・店舗、発注の省力化
- ・発注、物流リードタイムの短縮

*POSシステムスタート*
- ・共同配送の推進
- ・発注精度の向上と欠品防止
- ・個店対応
- ・POS情報の活用と在庫削減

*単品管理・物流システム整備*
- ・ベンダー総合システムの拡充
- ・ベンダーへのパッケージングシステム
- ・コンピュータ仕分システム
- ・死に筋商品の排除と在庫の管理
- ・売れ筋商品の導入促進
- ・返品商品の廃止
- ・店舗の自主性

*総合システムの第一次完成*
- ・メーカーとベンダーとの省力化の進化
- ・情報交換、計画生産
- ・計画物流
- ・変化対応と売り切る力
- ・チーム・マーチャンダイジング

*全面再構築によるインフラ刷新*
- ・単品管理の深耕(発注・情報共有の体制強化)
- ・チーム・マーチャンダイジングの強化
- ・グローバル・マーチャンダイジングの展開
- ・メーカーの生産向上、連携強化
- ・IT化技術、マルチメディア技術による事業インフラの刷新

出所：川辺信雄『セブン-イレブンの経営史（新版）』有斐閣，2003年，249-250頁。

第7章　小売業の業態別イノベーション　119

### 図表7－6　CVSの売上高伸び率の推移

(%)

| 1993 | 1994 | 1995 | 1996 | 1997 | 1998 | 1999 | 2000 | 2001 | 2002 | 2003 |
|------|------|------|------|------|------|------|------|------|------|------|
| 8.9 | 10.5 | 8.5 | 11.4 | 10.6 | 5.9 | 5.0 | 4.3 | 2.8 | 3.2 | 1.6 |

| 2004 | 2005 | 2006 | 2007 | 2008 | 2009 | 2010 | 2011 | 2012 | 2013 | 2014 |
|------|------|------|------|------|------|------|------|------|------|------|
| 3.4 | 2.0 | 1.0 | 1.3 | 7.3 | 1.1 | 4.5 | 8.2 | 3.5 | 4.6 | 3.7 |

注　：比較可能なチェーンの対前年度比伸び率。
出所：日本経済新聞社「コンビニエンスストア調査」。

るならば△0.4％とマイナス成長に終わり，これまで急成長を遂げてきたCVS
も成熟化の傾向が顕著にみられるようになった（**図表7－6**）。

　この間，フランチャイズ方式のCVSの優位が明らかになると共に，中堅
チェーンの淘汰・再編が進み，大手チェーンへの寡占化の傾向もみられるよう
になっている。

　成熟化を迎えたCVSは，積極的なオリジナル商品の開発を試みており，大手
メーカーも特定チェーン向けの商品開発を行うようになっている。それは単に
PB商品の供給だけでなく，CVSとメーカーとの協業による商品開発もみられ
るようになっている。また，従来，CVSは価格訴求を行ってこなかったが，
CVS間の競争が激化するにつれて，弁当や惣菜，あるいはオリジナル商品の値
引き販売も活発化している。

　また，ガソリンスタンド併設型CVS，低価格CVS，生鮮CVS，高級CVSなど，
ライフサイクルの成熟期にみられる細分化した市場に対応した多様な業態が出
現している。

### (2)　コンビニエンスストアの現状と動向

#### ①　CVSの現状

　商業統計で捕捉されるCVSは「飲食料品を扱う，売場面積30㎡以上250㎡未
満で，営業時間14時間以上のセルフ方式を採用している店舗」と定義されてい
るが，2014年の店舗数は3万5,096店で2007年の4万3,318店に比べて減少して
いる。年間販売額は6.5兆円であり，従業者1人当たりでは1.884万円，売場面

積 1 ㎡当たりでは149万円であった。小売業全体では，それぞれ2,567万円，63万円であり，売場効率の高さが際立っていると言えよう。

就業者のうち正社員は7.4％と少なく，ほとんどが81.6％のパート・アルバイトなどである。

日本フランチャイズ協会でも独自にCVSの統計をとっている。2015年12月末の店舗数は 5 万3,544店（前年比2.9％増）であり，店舗売上高は10兆1,927億万円（前年比4.7％増）と初めて10兆円を超えている。既存店ベースでは0.9％の増加にとどまっている。年間来店客数は167億3,009万人で，前年比4.2％の増加を示し，客単価は609円となった。

②　CVSの動向

CVS間の競争が激化する中，既存店舗の売上高の伸び率の低迷が続いているが，大手チェーンは継続して大量の新規出店を行っており，2016年のセブン-イレブンの国内店舗数は 1 万8,768店，ローソン 1 万2,395店，ファミリーマート 1 万1,761店，サークルK・サンクス6,253店，ミニストップ2,227店となっている。

既存店舗の不振は，来店客数と客単価の伸び悩みが原因であり，オリジナル商品の開発強化と共に，セブン-イレブンがグループのPB商品「セブンプレミアム」を展開し，ローソンの「ローソンプラス」やファミリーマートの「ファミマフレッシュ」など生鮮食品の取り扱いを始めるチェーンも出現している。また，セブン-イレブンが電子マネー「nanaco」を，ファミリーマートやローソンがポイントカードを導入するなど，顧客の囲い込みと顧客データベースの拡充を図っている。

また，病院・学校・官庁・駅内といったこれまでCVSが出店していなかったような新たな立地に出店する動きもみられるようになっている。

### (3)　コンビニエンスストアのイノベーション

CVSのイノベーションは，多品種少量在庫販売と年中無休の長時間営業という小売業務レベルにおける営業革新，短リード小ロット，生産・販売統合，商

第7章　小売業の業態別イノベーション　121

**図表7－7**　CVSの発展とイノベーション

|  | 生成期 | 発展期 | 成熟期 |
|---|---|---|---|
| 営業革新 | ①最寄品の幅広い品揃え<br>②長時間営業<br>③セルフサービス<br>④小型店舗 | ①多品種<br>　少量在庫の品揃え<br>②サービス商品の拡充<br>③24時間年中無休 | ①オリジナル商品,<br>　PBの品揃え<br>②営業形態の多様化 |
| 経営革新 | ①チェーン経営（VC, FC）<br>②他業種からの<br>　業態転換促進 | ①小口多頻度納品体制<br>②窓口問屋制<br>③共同配送<br>④EOSの導入<br>⑤POSシステムの導入 | ①チーム・<br>　マーチャンダイジング<br>②情報システム |

品の共同開発という商品供給面と，情報ネットワーク，同盟関係，フランチャイズ方式という組織面にみられる経営革新に集約できる[14]（**図表7－7**参照）。

　CVSはもともとアメリカで生成・発展した小売業態であるが，1991年にセブン-イレブン・ジャパンが，経営不振に陥ったアメリカのサウスランド社を買収し，日本的なCVSシステムを移植することによって再建したことにみられるように，わが国で確立された固有のCVSシステムが，世界のCVSの有力なビジネス・モデルとなりつつあることは特筆すべきであろう。

## ❸　新しい小売業態の発展と動向

　近年わが国でも小売業態の多様化が進んでいる。比較的最近になって成立し，発展している小売業態の現状と動向をみてみよう。

### (1)　ドラッグストア

　ドラッグストアの定義は明確ではないが，商業統計では「医薬品を扱い，セルフサービス方式を採用する医薬品・化粧品小売業に格付けされる小売業」としている。2002年の商業統計によれば，ドラッグストアの年間商品別販売額構成比は，医薬品44.9％（うち一般用医薬品37.4％），化粧品22.7％，他に分類されないもの15.4％（うち合成洗剤7.0％），飲食料品9.6％，家具・じゅう器・機

械器具3.1％，織物・衣服・身の回り品1.9％，書籍・文房具1.8％，その他0.7％となっていることから，医薬品を中心に化粧品，飲食料品，日用雑貨品などを幅広く品揃えし，セルフサービス方式を採用する小売業といえよう。

　ドラッグストアの開設年別店舗構成比（2002年調査）をみてみると，1995年～2002年に開設した店舗が最も多く39.4％を占め，以下，1985年～1994年が25.1％，1975年～1984年が12.6％と比較的最近になって成立した小売業態であることが明らかである。これは医薬品が1960年に施行された薬事法によって，許可を受けた者しか販売できないという規制があること，また1953年の独占禁止法改正によって，メーカーによる再販売価格維持が医薬品や化粧品などで認められたことにともない，小売店の販売方法や低価格販売が厳しく制限されたという医薬品流通の特殊性があったことが，ドラッグストアの成長を遅らせることとなったのである。しかし，1975年に薬事法に規定する薬局の距離制限規定が撤廃され，また，1997年には再販売価格維持制度の指定商品として最後まで残った医薬品と化粧品の指定が廃止されるなどの環境変化もあって，1980年代半ば以降，ドラッグストアも急成長を遂げていった。ドラッグストアの成長の背景には，保守的な医薬品小売市場にあって，「ヘルス＆ビューティ・ケア」という基本コンセプトのもとで品揃えを拡充し，利便性と専門性とを追求した小売イノベーションがあったことは言うまでもない。

　ドラッグストアの店舗数は，商業統計によれば，2014年は1万3,092店であった。ドラッグストア間の競争激化にともない，中小の独立ドラッグストアの淘汰が始まっており，店舗規模の拡大傾向が顕著にみられるように，大規模なチェーン・ドラッグが成長していると考えられる。また一方で売場面積1㎡当たり年間販売額の推移をみてみると，1999年の81.1万円から，2014年には53.0万円に減少しており，市場の成熟化傾向も進展している（**図表7－8**参照）。

　ドラッグストアの2015年度の企業別売上高ランキングをみてみると，1位がマツモトキヨシの4,855億円（店舗数1,528店）であり，以下，サンドラッグ4,458億円（979店），ツルハホールディングス1,528億円（1,383店），コスモス薬品4,085億円（656店），スギホールディングス3,836億円（947店）となってい

第7章　小売業の業態別イノベーション　123

### 図表7−8　ドラッグストアの動向

|  | 1999年 | 2002年 | 2004年 | 2007年 | 2014年 |
|---|---|---|---|---|---|
| 店舗数 |  | 10.3 | △5.5 | △1.1 | 0.4 |
| （店） | 10,917 | 14,664 | 13,095 | 12,701 | 13,092 |
| 年間販売額 |  | 18.6 | 1.8 | 5.1 | 2.3 |
| （百万円） | 1,495,041 | 2,494,944 | 2,587,83 | 3,012,637 | 3,645,873 |
| 販売額／店 |  | 7.5 | 7.8 | 6.2 | 2.3 |
| （百万円） | 136.9 | 170.1 | 197.6 | 237.2 | 278.5 |
| 売場面積／店 |  | 9.2 | 13.0 | 10.2 | 2.6 |
| （㎡） | 168.8 | 220.1 | 280.8 | 363.4 | 435.7 |

注：段数字は年平均増減率
　　1999年，2002年は簡易調査結果
出所：商業統計表（業態別統計編）。

る。また，ドラッグストア業界は，PB商品の開発や物流の効率化等を目的と
したグループ化が進展している。
　医薬品小売市場で現在最も注目されているのは，2006年の薬事法改正によっ
て，2009年度から薬局・薬店で処方箋なしで購入できる一般用医薬品の販売方
法が大幅に変更されたことである。すなわち，一般用医薬品の販売従事者とし
て登録販売者制度を新設し，同時に，一般用医薬品を副作用等のリスクの高さ
に応じて第一類医薬品，第二類医薬品，第三類医薬品に3分類して，特にリス
クの高い第一類医薬品を除いて第二類医薬品（風邪薬や解熱鎮痛剤等），第三
類医薬品（ビタミン剤や整腸薬，消化薬等）については薬剤師だけでなく登録
販売者による販売を認めるというものであり，これまで薬局・薬店以外では販
売できなかった一般用医薬品の多くが，都道府県が実施する試験に合格した登
録販売者がいればどの小売業でも取り扱いが可能となるのである。これまでも
2004年にドリンク剤などが医薬品から医薬部外品に組み替えられることによっ
て，CVS等でも販売されるようになったが，今回の改正は医薬品小売業にとっ
ての主力商品が多様な小売業で販売されるということで，その影響は極めて大
きいものと予想されているが，CVSでの取り扱いは必ずしも増加していない。
しかしこれまでドラッグストアは，化粧品，日用雑貨品，飲食料品など他業界
の商品を積極的にラインロビングして成長してきたが，一般用医薬品市場にお

いて本格的な異形態間競争に初めて直面していると言えよう。

## (2) ホームセンター

　ホームセンターを商業統計では，「売場面積250㎡以上で，住関連スーパーに格付けされ，金物・荒物，苗・種子の販売額が０％超70％未満の小売業」と定義している。わが国の最初のホームセンターといわれるのが，1972年12月にタクシー会社であるヒノデが埼玉県与野市大宮バイパス沿いに開店したドイト与野店であり，同店は，屋内面積1,650㎡，駐車場3,300㎡を確保し，木材・合板，園芸，農工具，電気用品，日用品など約1万2,000アイテムを品揃えするとともに，木材を加工するための工作室や講習室，壁塗りの実演コーナー，庭園モデルなどを備えていた[15]。その後，異業種からの参入が相次ぎ，郊外立地を中心にチェーン展開を図ることによって大規模化していくとともに，DIY用品を中心に，家庭用品や日用雑貨品など幅広い品揃えをする小売業として成長していった。住関連分野を中心として消費者のワンストップショッピングのニーズに対応した品揃えの形成にホームセンターの革新性をみることができよう（**図表７－９**参照）。

　2002年の商業統計によれば，ホームセンターの年間商品別販売額構成比の上位15品目をみてみると，荒物10.2％，その他8.3％，電気機械器具8.2％，金物7.8％，建築材料7.3％，ペット用品5.3％，合成洗剤4.5％，肥料・飼料4.1％，家具3.8％，じゅうたん・カーテン3.6％，紙・文房具3.5％，自動車部品・付属品3.2％。化粧品3.0％，スポーツ用品2.8％，花・植木2.7％であり，欧米のホームセンターと比較すると多品目の品揃えをしている。

　ホームセンターの2014年の店舗数は，商業統計によれば4,235店であり，2007年に比べて4.7％の増加を示している。同様に，年間販売額も3.3％の増加であった。店舗規模は一貫して大規模化の傾向がみられるが，売場面積当たりの年間販売額の推移をみてみると，もともと他業態と比べて低いという傾向にあるが，1999年が46万円，2002年が37万円，2004年が33万円，2007年が29万円，2014年が26万円と売場効率の低下が顕著である（**図表７－10**）。

第7章　小売業の業態別イノベーション　125

## 図表7－9　ホームセンターの歴史

揺籃期（1970年代）
　　＜米国ホームセンターのキャッチアップ＞
　　他業種からの参入と業態ノウハウの確立
成長期（1980年代）
　　＜チェーンストア経営による企業規模の拡大＞
　　郊外立地でローコスト経営，ディスカウント訴求
　　ＤＩＹと家庭日用品（非食品，非衣服分野）の豊富な品揃え
安定期（1990年代）
　　＜効率経営の徹底＞
　　業態の多様化
　　ＰＯＳ管理，ＥＤＩ，物流センター等の導入
　　効率化の追求，ディスカウント訴求
　　大手は地域チェーンとしての確立
成熟期（2000年代以降）
　　＜消費者ニーズ対応のホームソリューション＞
　　オーバーストアによる既存店前年割れ
　　店舗のスクラップ＆ビルド
　　スーパーホームセンター，スーパーセンターなど店舗の大型化
　　同業他社との戦略的取組みの強化，合従連衡

出所：丸紅総合研究所『ホームセンター市場の現状と今後の展望』，2002年，5頁を一部修正。

## 図表7－10　ホームセンターの動向

|  | 1999年 | 2002年 | 2004年 | 2007年 | 2014年 |
|---|---|---|---|---|---|
| 店舗数 | 2,911 | 14.4 | 4.6 | △5.2 | 0.7 |
| （店） |  | 4,358 | 4,764 | 4,045 | 4,235 |
| 年間販売額 |  | 8.6 | 1.1 | △1.1 | 0.5 |
| （百万円） | 2,402,371 | 3,075,939 | 3,141,257 | 3,045,939 | 3,147,109 |
| 販売額／店 |  | △5.1 | △3.3 | 4.4 | △0.2 |
| （百万円） | 825.3 | 705.8 | 659.4 | 753.0 | 743.1 |
| 売場面積／店 |  | 2.2 | 1.9 | 9.6 | 1.8 |
| （㎡） | 1,804 | 1,926 | 2,001 | 2,496 | 2,820 |

　注：上段数字は年平均増減率。
　　　1999年，2002年は簡易調査結果。
出所：商業統計表（業態別統計編）

ホームセンターの2015年度の企業別売上高ランキングをみてみると，1位が
DCMホールディングス（ホーマック，カーマ，ダイキが2006年に経営統合）
の4,341億円，2位がニトリ・ホールディングス3,876億円，3位がコメリ3,355
億円，4位がコーナン商事2,737億円，5位がナフコ2,326億円，6位がケーヨー
1,740億円，7位が島忠1,597億円となっている。

ホームセンター業界は，DCMホールディングスの設立にみられるように，
ノウハウ供与や人材交流なども含めたグループ化の動きが高まっている。その
背景には売場効率の低下にみられるように，既存店を中心とした業績の悪化が
ある。今後，大手ホームセンターによる中堅ホームセンターの吸収合併が加速
されるであろう。

### (3) その他の新業態[16]

最寄品市場で総合スーパーやCVS等に続いて成立した小売業態として，店内
のすべての商品を均一価格で販売するワン・プライス・ショップ（均一価格
店）がある。ワン・プライス・ショップの歴史は古く，第二次世界大戦以前に
アメリカではウールワースなどのバラエティストアが成長し，わが国でも百貨
店の高島屋が十銭ストアとして最盛期には106店を営業していた。戦後はわが
国では移動店舗などごく一部の限られた存在であったが，1991年に大創産業が
100円ショップの常設店を開設して以来，ワン・プライス・ショップが再び注
目されるようになった。100円ショップは，日用雑貨品から生活関連小物，文
具，玩具，菓子，衣料品，化粧品など幅広い品揃えを均一価格で販売するとい
う営業革新と，それを可能にする商品企画力とグローバルな商品調達力を大量
仕入れにつなげた経営革新を特徴としている。ワン・プライス・ショップは，
消費者に価格の安さと分かりやすさを提供することで，衣料品や眼鏡といった
最寄品以外にも広がりをみせている。

買回品市場においては，カメラ，家電製品，OA機器のような耐久消費財を
低価格で販売する専門量販店も成長している。専門量販店は，ヨドバシカメラ
などの巨大店舗でワンストップショッピングの便宜性を提供する業態と，ヤマ

ダ電気のようにチェーン経営を志向する業態に分けられる。また，スポーツ用品や，靴，玩具といった特定商品分野により品揃えを限定して，低価格で販売するカテゴリーキラーと呼ばれるような小売業態も成立している。

アパレル分野で成立したSPA（speciality store retailer of private label apparerl）は，商品の企画から製造，物流，プロモーション，販売までを一貫して行う小売業態であり，自社開発商品・ブランドを品揃えするという営業革新と，小売店頭から生産段階までを統合するという経営革新に特徴をもつ。ユニクロを展開するファーストリテイリングがよく知られているが，無印良品を展開する良品計画など，製造小売業としてアパレル分野以外の小売業も含むようになっている。

## 注

1　衣・食・住という幅広い品揃えをする小売業態としては，フランスのカルフールが開発したハイパーマーケットや，ウォルマートが展開するスーパーセンターなどがある。

2　鈴木安昭「わが国におけるスーパーの初期的展開」『日本の商業問題』有斐閣，2001年，157-170頁，初出は『青山経営論集』第26巻第2号，1991。

3　清水晶『小売り業の形態と経営原則』同文舘出版，1972年，177-187頁。

4　大手6社とは，ダイエー，イトーヨーカ堂，西友ストアー，ジャスコ，ニチイ（現マイカル），ユニーであり，各社の有価証券報告書より算出した。

5　嶋口充輝『統合マーケティング』日本経済新聞社，1986年，189頁。

6　建野堅誠「スーパーの日本的展開とマーケティング」マーケティング史研究会編『日本流通産業史』同文舘出版，2001年，63頁。

7　林薫「総合スーパー業界」（財）流通システム開発センター『流通とシステム』No.135, 2008年，10-15頁。

8　三村優美子「総合スーパー企業の現状と課題」木綿良行，三村優美子編著『日本的流通の再生』中央経済社，2003年，45-46頁。

9　川辺信雄『セブン-イレブンの経営史（新版)』有斐閣，2003年，47-65頁。

10　関根孝『小売競争の視点』同文舘出版，2000年，61-73頁，金顕哲「コンビニエンス・ストアの日本的展開とマーケティング」マーケティング史研究会編『日本流通産業史』同文舘出版，2001年，71-103頁を参考にした。

11 矢作敏行『コンビニエンス・ストア・システムの革新性』日本経済新聞社，1994年，41頁。

12 金顕哲，前掲論文，87頁。

13 矢作敏行，前掲書，19頁。

14 矢作敏行，前掲書，16-21頁。

15 丸紅経済研究所『ホームセンター市場の現状と今後の展望』2002年，2頁。

16 朝日新聞社『知恵蔵』2007年，620-622頁の該当項目を参考にした。


## Working

1 日本の百貨店の成立と発展過程を資料を調べてまとめなさい（A4で5枚，40字×30行）。

2 総合スーパーとCVSにどのような違いがあるか，7Pを用いて比較しなさい。


## Discussion

1 世界で最大の小売業は，総合ディスカウント業態を中核とするウォルマートであるが，日本ではなぜ総合ディスカウントストアがあまり成長できないのか（A4で2枚，40字×30行）。

2 今後，日本でどのような小売業態が成長すると考えるか。

# 第8章
# 商業集積

## 本章のねらい

　若者に人気の「渋谷109[1]」や「ラフォーレ原宿」をファッションビルと呼ぶときがある。家族で，週末に車でイオンモールやArio（アリオ）に出かけた経験がある人も多いと思われるが，これらをショッピングセンターと呼ぶ。観光やドライブの時に，御殿場プレミアムアウトレットモールや軽井沢アウトレットモール（軽井沢プリンス・ショッピングプラザ）に行った人も多いと思われるが，このアウトレットモールも実はショッピングセンターの一形態である。

　これらの駅ビル，ファッションビル，地下街，商店街，ショッピングセンター等を商業集積という。ここでは主に商店街とショッピングセンター（以下SCと略する）を取り上げる。衰退する商店街を，税金を使ってまで守らなければいけないのだろうか？　一方では，成長する郊外型SCの出店を，法律を作ってまで規制しなければいけないのだろうか？　そのような諸点をこの章では考察する。

**Keyword**　商業集積　最小分化の原理　集積の経済　商店街
まちづくり3法　ショッピングセンター
アウトレットモール

## １ 商業集積

### (1) 商業集積の概念

　集積とは，一般に多量に集まることを意味しているので，商業集積とは，商業が多量に集まることを意味する。この商業集積の専門的定義は，「小売業の機能が集積し，消費者の買物行動が集積している場所[2]」となっているので，商業とはここでは小売商店を意味していることがわかる。そのため，小売商店が多量に集まっている状態あるいは場所を商業集積と呼んでいることがわかる。

　小売商店が多量に集まっている場所といえば，商店街，地下街，駅ビル，ファッションビル，SC，アウトレットモールなどが想起される。これらが具体的な商業集積である。

### (2) 商業集積に関する理論

　それでは，なぜ，小売商店は集積するのだろうか。この点については，いくつかの説がある[3]。ここでは下記の２つを紹介する。

#### (a) 最小分化の原理

　小売商店はしばしば相互に近接して立地する傾向がある。そのため商業集積が形成されるのであるが，なぜ，近接して立地するのだろうか。そのひとつの答えが最小分化の原理である。一定の条件の下で，２つの小売商店が最大利益を求めて，立地を移動させると，どちらもそれ以上利益を増やせないという立地点は，市場中心にあり，そこに隣接して立地することになるという分析結果がでている。これが，最小分化の原理といわれるものである。

#### (b) 集積の経済

　「集積の経済とは，商業集積によってその集積内の個々の店舗が得られる種々な利益である」。違う表現をすれば「集積の経済とは，外部経済と外部不経済の差額」である。より具体的にいえば，集積することによって，競争が激

化して顧客が減少するかもしれないが，それ以上に集積効果によって来店者数の増加がもたらされる場合がある。

　小売商店は，単独立地するよりも集積したほうが，消費者から見てより魅力的である。多数の業種店があればワンストップ・ショッピングもできるし，同業種の商店が複数あるのなら商品・価格情報を比較することもできて便利である。このような集積の効果があって，単独立地よりも消費者をより引きつけるので集積ができると考えられる。

## 2　商店街の現状と課題

　商業集積が，既述の集積効果を求めて歴史的に自然に形成されたものを商店街という。それに対してデベロッパー（開発主体）によって計画的に作られた商業集積をSCという。

### [銀座小史[4]]

　東京の銀座商店街は日本を代表する商店街の一つである。銀座という名前は各地の商店街に取り入れられている。それほどあこがれの商店街である。そのあこがれの商店街の歴史を簡単にみてみよう。

　江戸に幕府が開かれたとき，今の銀座は海だった。今の日比谷や銀座の地域は江戸時代に埋め立てられたのである。埋め立てられてから江戸幕府が駿府（今の静岡市）にあった銀座（座というのは，貨幣や，度量衡に従う特別な免許品を製造した場のこと，銀座は銀の製造場）を1612年に江戸に移した。今の銀座商店街の銀座は，銀の製造場という意味の銀座にその名前が由来している。なお，金座は今の日本銀行がある場所にあった。

　日本橋の金座があったあたりを両替町と呼んでいたので，銀座は新両替町と呼ばれていた。1857年の地図には「新両替丁」と記載されているが，そのわきに銀座という文字が記載されている。今の銀座１丁目から４丁目あたりを通称

として銀座と呼んでいたのである。正式に銀座という町名になったのは1869年（明治2年）のことであった。

　その銀座が大火に見舞われた。1872年（明治5年）2月のことであった。大火から4日後，現在の内閣にあたる太政官から東京府へ，レンガ建築による街の再建が指示された。そのため，東京府知事は，首都を欧米並みにしたいと考え，イギリス人のトーマス・ウォートルスに都市計画を委嘱したのである。ウォートルスは，レンガ造りで，当時ロンドンで流行していたジョージアン様式を提案した。その設計は修正されたが，その設計を基に銀座は再生された。このレンガ建築と同時に，当時，築地には居留置があったので，その影響もあってハイカラな舶来分化のイメージを銀座に与えた。

　居留置に近く，丸の内（当時）の政治，日本橋の経済という拠点に近く，そのうえ，レンガ建築が印刷機械の設置や使用に向いていることもあって，銀座には30社前後の新聞社が集まった。そこに，通信社，雑誌社，出版社もあいついで進出してきた。銀座は，ハイカラな舶来文化のイメージだけではなく，新しい考え方，新しいニュース，新しい商品の集まる街になっていった。明治10年代からしばらく，銀座は日本一の情報集中・発信地であった。

　このような銀座の歴史が銀座をあこがれの商店街にしたのではないだろうか。

## (1)　商店街の現状

　1995年の時点では約1万8,000の商店街が日本にあるといわれたが，2012年には商店街の数は1万4,989であるといわれている。商店街の平均店舗数は，2012年で52.9店舗となっている。また，商店街の空き店舗は，2012年で6.05店である。

　そのような商店街の景況については，**図表8－1**のとおりである。

　**図表8－1**に示されているように，商店街実態調査によると，特に95年調査から「繁栄している」という商店街は激減している。

　ただし，商店街は次の4類型に分類されている。なお，説明の最後の（　）内の数字は，2012年度の商店街の構成比である[5]。

第8章 商業集積 133

図表8－1 日本の商店街の景況

|  | 繁栄している（%） | 繁栄の兆しがある（%） | 停滞・横ばい・衰退している（%） |
|---|---|---|---|
| 1981年 | 12.9 |  | 87.1 |
| 1990年 | 8.5 |  | 91.5 |
| 2000年 | 2.2 |  | 91.4 |
| 2006年 | 1.6 |  | 98.0 |
| 2012年 | 1.0 | 2.3 | 96.7 |

出所：『各年度の商店街実態調査報告書』より。2009年調査より，「繁栄の兆しがある」という選択肢が設けられた。

図表8－2 4類型別の商店街の景況（2012年度）

|  | 繁栄している（%） | 繁栄の兆しがある（%） | 停滞・横ばい・衰退している（%） |
|---|---|---|---|
| 超広域型商店街 | 11.8 | 7.8 | 74.5 |
| 広域型商店街 | 2.4 | 7.2 | 88.6 |
| 地域型商店街 | 0.9 | 3.0 | 95.1 |
| 近隣型商店街 | 0.5 | 1.2 | 97.2 |

出所：『平成24年度商店街実態調査報告書』43頁より。

(a) 近隣型商店街：最寄品中心で地元主婦が日用品などを徒歩または自転車などにより日常性の買い物をする商店街。（47.0％）

(b) 地域型商店街：最寄品及び買回品店が混在し，近隣型商店街よりもやや広い範囲から，徒歩，自転車，バスなどで来街する商店街。（35.7％）

(c) 広域型商店街：百貨店，量販店等を含む大型店があり，最寄品より買回品店が多い商店街。（9.2％）

(d) 超広域型商店街：百貨店，量販店等を含む大型店があり，有名専門店，高級専門店を中心に構成され，遠距離からの来街者が買い物をする商店街。（4.5％）

この4類型別に景況をみてみよう。

図表8－2のように，超広域型商店街の中には，今も繁栄しているところが10％以上あるが，近隣型商店街で繁栄しているところはほとんどない。このよ

うに商店街で最も深刻なのは近隣型商店街である。したがって，空き店舗率も近隣型商店街（9.8％），地域型商店街（9.0％），広域型商店街（6.0％），超広域型商店街（5.0％）となっており，近隣型商店街が最も多くなっている。

## (2)　商店街の課題

　商店街実態調査は，商店街が抱える問題について調査している。その結果は**図表8-3**のとおりである。

　**図表8-3**で，注目されるのは，「大規模店舗に客足が取られている」とか「大規模店出店ラッシュに押され気味」といった外部要因が2003年からベスト3に入らなくなったことである。もっぱら商店街内部の問題を指摘するようになってきている。「魅力ある店舗が少ない」それなのに「商店街活動への商業者の参加意識が薄い」という問題意識に変わってきている。

　近隣型商店街を構成している商店の多くは規模が小さい。所有権もそれぞれ異なる。小さなお店に魅力を持たせることは難しい場合が多い。また，商店によっては，後継者がいないために前向きな経営をしていないところもあるし，また，親と後継者の子供との間で商店経営や商店街のあり方について意見が異

### 図表8-3　商店街が抱える問題

|  | 最も多かった回答 | 2番目に多かった回答 | 3番目に多かった回答 |
|---|---|---|---|
| 1995年 | 大規模店舗に客足が取られている（75.7％） | 後継者難（63.9％） | 大規模店出店ラッシュに押され気味（60.6％） |
| 2000年 | 魅力ある店舗が少ない（72.8％） | 大規模店舗に客足が取られている（72.3％） | 商店街活動への商業者の参加意識が薄い（65.0） |
| 2006年 | 魅力ある店舗が少ない（36.9％） | 商店街活動への商業者の参加意識が薄い（33.4） | 経営者の高齢化等による後継者難（31.4％） |
| 2012年 | 経営者の高齢化等による後継者難（63.0％） | 集客力が高い・話題性のある店舗/業種が少ない又は無い。（37.8％） | 店舗の老朽化（32.8％） |

出所：『各年の商店街実態調査報告書』より作成。なお，06年調査は3項目を選択させる調査で，03年までは複数選択方式だったので，06年調査は回答比率が低くなっている。

第8章　商業集積　135

なることもある。そのため，商店街を構成する商店が一体となって何かを推進するということはなかなか難しいのが現状である。

### (3)　近隣型商店街は無くてもよいか？

　学生に対する３年間のアンケート調査結果が**図表8－4**である。年々，近隣型商店街を必要とする人となくてもよいという人は拮抗してきているように感じられる。特に，税金を使ってまで近隣型商店街を保護する必要は無いという意見は年々多くなってきている。

　近隣型商店街に行くよりは，SCに車で行く方が快適である場合が多い。しかし，消費者は皆，元気で車を運転できる「強い消費者」だけではない。車が運転できず，遠くまで買い物に行けない「弱い消費者」もいる。高齢化社会では，「弱い消費者」は増加するかもしれない。そのような「弱い消費者」にとって近隣型商店街は必要であると考えられてきた。そこに税金を使ってまで商店街振興を図るべきだという根拠があったように考えられる。現在では，「買い物弱者」という言葉も使われるようになってきている。しかし，ネットスーパーが普及すれば，そのような根拠もなくなるのではないだろうか。近隣型商店街はなにか違う存立理由を見つけない限り，徐々に衰退・消滅していくように考えられる。全国商店街振興組合連合会のHPをみると，商店街は「買い物の場」としての役割だけでなく「暮らしの広場」としての役割を果たしていると書かれている。後者の例として，商店街が伝統的な祭りを支えていたり，人々の交流を促進するイベントを開催したり，子供の安全を守るためのパト

### 図表8－4　近隣型商店街は必要か？

(%)

|  | 05年 | 06年 | 07年 |
|---|---|---|---|
| 1．近隣型商店街はなくてもよい | 41.1 | 33.8 | 55.1 |
| 2．近隣型商店街はあったほうがよい | 58.9 | 66.2 | 44.9 |
| (1)　税金を使っても保護すべきである | (32.1) | (24.4) | (17.7) |
| (2)　税金を使う必要はない | (67.9) | (73.6) | (82.3) |

注：東洋大学の「現代の流通」という講義の時に行ったアンケート調査結果である。サンプル数は，05年（N=90），06年（N=68），07年（N=138）である。

ロールをしていると記載されている。本当にそのような事を日々実施している商店街があるのだろうか。

人々が地域の情報交換のために，商店街に自然に集い，病気で困っている人のために商店街のある商店の方が薬を購入して届けてあげるという風に，商店街が地域に溶け込み，地域になくてはならない存在になれば近隣型商店街も地域に必要な商業集積となるだろうが，そうならないのであれば「買い物の場」としての魅力は年々低減しているのではないだろうか。

## ③　商店街と法律

商店街の活性化あるいは市街地の活性化を目的とする法律がいろいろとある。ここでは中小小売商業振興法とまちづくり3法について説明する。

### (1)　中小小売商業振興法

中小小売商業振興法は，大店法と同時に1973年に制定された。3つの高度化事業によって中小小売商業を振興しようというものである。その3つとは，(a)商店街整備事業（商店街活性化事業への支援），(b)店舗共同化事業（共同店舗事業への支援），(c)連鎖化事業（ボランタリー・チェーン事業への支援），である。支援内容は，補助金の提供，低利融資，信用保証，税制面の優遇措置および診断指導である。

この中小小売商業振興法は1991年に改正され，従来の高度化事業計画に，店舗集団化計画，電子計算機利用経営管理計画，商店街整備等支援計画が追加された。新たに追加された商店街整備等支援計画は，街づくり会社（第三セクター方式や公益法人）を主体にした駐車場，多目的ホール，共同店舗などの設置を支援するというものであった。支援内容は従来と同じである。

街づくり会社への支援を表明したということは，商店街だけでは，あるいは商店街振興組合だけでは，商店街の活性化は難しいという判断を国がしたことを意味している。学生の声では，税金を使ってまで商店街の保護は必要ないと

いうものであったが，この中小小売商業振興法を根拠に国も地方公共団体も毎年多額の税金を商店街振興のために使ってきている。

## (2) まちづくり3法

まちづくり3法とは，「改正都市計画法」（1998年施行），「中心市街地活性化法」（1998年施行），「大規模小売店舗立地法」（2000年施行）の3つの法律の総称である。

### ① 中心市街地活性化法（1998年7月施行）

市町村が中心市街地の活性化を目的として，市街地の整備改善と商業の活性化を一体的に進めるための法律である。

基本的な問題意識は，次のとおりである。「中心市街地は，商業，業務，居住等の都市機能が集積し，長い歴史の中で文化，伝統をはぐくみ，各種機能を培ってきた「まちの顔」とも言うべき地域である。しかしながら，病院や学校，市役所などの公共公益施設の郊外移転等都市機能の拡散，モータリゼーションの進展，流通構造の変化等による大規模集客施設の郊外立地，居住人口の減少等中心市街地のコミュニティとしての魅力低下，中心市街地の商業地区が顧客・住民ニーズに十分対応できていないことなどにより，中心市街地の衰退が進みつつある。[6]」

そのため，市町村は，中心市街地を活性化するために国の基本方針に沿って中心市街地の活性化基本計画をまとめ，街づくり機関（TMO：Town Management Organization）などの実施主体が具体的な事業計画を立案して，国が認めれば，道路，駐車場，公園などの公共施設の整備や商店街の空き店舗対策，都市型新事業の立案促進など多くの事業に助成措置がとられる。

このTMOの母体としては，商工会議所，商工会，第三セクターが想定されていたが，実際には商工会議所が主体となっていることが多い。2002年8月の日本経済新聞社の調査によれば，TMOを設立済みと答えた171市区のうち，TMO活動で「活性化がかなり進んだ」は2.3％にとどまり，「活性化の兆しがみえ始めた」でも46.8％，これに対して「変化はない」は49.7％に達している。

一方，基本計画を策定したのにTMO認定のメドが立たないのは123市区。その理由は「商工会議所の協力が得られない」と「商業者の協力が得られない」が多かった[7]。

このように中心市街地の活性化が十分に進まないので，2006年に改正し，8府省庁で「市街地の整備改善」と「商業等の活性化」を一体的に推進しようとするものにした。そのため，内閣に「中心市街地活性化本部」（内閣総理大臣を本部長とし，全閣僚を本部員とする）を作り，内閣が基本方針を立てるようにした。その基本方針に沿って，市町村が「中心市街地活性化基本計画」を作る。その中心市街地ごとに「中心市街地活性化協議会」（中心市街地整備推進機構，商工会または商工会議所等により組織される）が作られ，基本計画の認定申請をする場合には，この会の意見をまず聞かなければいけない。その後，申請したものを内閣が認定するという仕組みになっている。

この法律が目指している活性化された中心市街地とは以下のようなものである[8]。

(a) 商業，公共サービス等の多様な都市機能が集積し，住民や事業者へのまとまった便益を提供できること

(b) 多様な都市機能が身近に備わっていることから，高齢者にも暮らしやすい生活環境を提供できること

(c) 公共交通ネットワークの拠点として整備されていることを含め既存の都市ストックが確保されているとともに，歴史的・文化的背景等と相まって，地域の核として機能できること

(d) 商工業者その他の事業者や各層の消費者が近接し，相互に交流することによって効率的な経済活動を支える基盤としての役割を果たすことができること

(e) 過去の投資の蓄積を活用しつつ，各種の投資を集中することによって，投資の効率性が確保できること

(f) コンパクトなまちづくりが，地球温暖化対策に資するなど，環境負荷の

### 小さなまちづくりにもつながること

　このように「都市機能の無秩序な拡散に歯止めをかけ，多様な都市機能がコンパクトに集積した，子供や高齢者を含めた多くの人にとって暮らしやすい，歩いて暮らせる，にぎわいあふれるまち[9]」に近づけようとしている。

　地方都市にいくと市街地が寂れているところが多くなっている。しかし，秋田県なら秋田市，愛媛県なら松山市といった地方の中心となる市の中心部には高層マンションが多く建設されている。なぜかと理由を聞くと，高齢者夫婦にとって，郊外に広い土地の一軒屋で生活するのは非常に不便だという。雪国では，冬の間の雪かき，雪下ろしが高齢者にとっては非常に大変だという理由もある。そのため，比較的裕福な人ほど，市の中心部のマンションに引っ越して来ているという。買い物も病院にいくのも便利で，掃除も便利。雪国なら雪下ろしも必要ない。正に高齢者には，コンパクトシティが求められているのである。そのため，この中心市街地の活性化事業は高齢化社会にとって意味のあるものだと考えられる。

### ②　改正都市計画法（1998年11月施行）

　日本の国土は，都市計画区域と都市計画区域外に区分されている。さらに都市計画区域は市街化区域と市街化調整区域（市街化を抑える区域）に区分されている。市街化区域では，土地の使い方などに関する用途の指定が地域ごとに行われている。これを用途地域といって，第一種低層住居専用地域，第二種低層住居専用地域，第一種中高層住居専用地域，第二種中高層住居専用地域，第一種住居地域，第二種住居地域，準住居地域，近隣商業地域，商業地域，準工業地域，工業地域，工業専用地域，の12種類に分けられている。第一種低層住居専用地域が最も厳しく用途制限があり，徐々にその制限が緩くなり，商業地域と準工業地域の用途制限が最も緩くなっており，工業地域と工業専用地域では逆に用途制限が厳しくなっている。

　1998年の改正都市計画法によって市町村が特別用途地区の指定ができるようになった。特別用途地区は，用途地域を補完する地域地区で，地区の特性にふ

さわしい土地利用の増進，環境の保護など，特別の目的の実現を図るために指定するものである。つまり，12の用途地域を市町村の創意工夫によって変えることができるというものである。

さらに，2000年に都市計画法が改正され（2001年5月施行），都市計画区域と都市計画区域外の他に，準都市計画区域が設けられるようになった。これは主に都市計画区域外の郊外に拡大していたスプロール的開発（都市が無秩序に拡大していくような開発）に歯止めをかけるための制度である。この他にも，この改正によって，未利用容積の活用や建ぺい率の緩和なども導入された。

都市計画法は，2006年にさらに改正され，「準都市計画区域」の指定が市町村から都道府県に変更された。同時に，大規模集客施設（床面積10,000㎡超の店舗等：小売店，飲食店，映画館，スタジアム，娯楽施設など）を建てることができる地域が，それまでの第二種住居地域，準住居地域，近隣商業地域，商業地域，準工業地域，工業地域の6地域から，近隣商業地域と商業地域の2地域のみに変更された。なお，準工業地域は条件付きで出店することができる。また非線引き白地地域や市街化調整区域も大規模集客施設の立地は原則認められない。

2006年の改正は，主に郊外へのショッピングセンターの出店を規制しようとしていると考えられている。イオンなどが郊外に大型ショッピングセンターを出店すると市街地の商業施設が大打撃を受けるので，それを規制して市街地の活性化を図ろうとしているのである。

### ③ 大規模小売店舗立地法（2000年6月施行）

大規模小売店舗法（大店法）が2000年5月末に廃止になり，翌月の2000年6月から施行された。その目的は，大型店の事業活動と地域社会との融和の促進にある。具体的には，立地周辺地域の生活環境を守るための法律であって，交通渋滞，騒音，廃棄物の問題などが起こらないように規制していこうとするものである。

規制対象は，店舗面積1,000㎡超の店舗で，駐車場・駐輪場の適正な規模の設置，騒音対策，廃棄物の保管・処理についての調整を行う。また，出店者に

は，歩行者の安全性や街並みづくりへの配慮などを考慮することも望まれる。管轄機関は都道府県・政令指定都市である。都道府県・政令都市は，調整するために出店者に意見を述べたり，勧告することができる。調整機関は1年以内となっている。

## (3) ショッピングセンターの動向

### ① ショッピングセンターの定義

日本ショッピングセンター協会によると，SCとは「明確なコンセプトのもとに開発・計画された商業集積で，一つのマネジメントする機関のもとに一体として運営されている集合体[10]」である。同協会によれば，SCの「主な形態としては，百貨店，GMSなどを核とした大型商業施設やシネコン，ホテル，公共施設などを併設した複合施設，ファッションビルや駅ビル，地下街，アウトレットモール，パワーセンターなどさまざまなもの[11]」がある。そこで同協会は，SCを次のように定義している。「ショッピングセンターとは，一つの単位として計画，開発，所有，管理運営される商業・サービス施設の集合体で，駐車場を備えるものをいう。その立地，規模，構成に応じて，選択の多様性，利便性，快適性，娯楽性等を提供するなど，生活者ニーズに応えるコミュニティ施設として都市機能の一翼を担うもの」である[12]。日本ショッピングセンター協会の定義を参考にしつつ，ここでは，SCとは，デベロッパー（開発主体）が計画的に作った商業集積で，通常は核店舗（キーテナント）と駐車場があるものをいうと定義しておく。デベロッパーは，不動産会社や小売企業であることが多い。そのデベロッパーが土地を用意し，あるコンセプトの下で，商業集積と駐車場を計画的に作るのである。通常は，その集積の中にキーテナントとして百貨店や総合スーパーなどを誘致することが多い。

ただし，最近では百貨店や総合スーパーといった核店舗を誘致せずに，専門店を中心にした計画的な商業集積であるSCも出現してきている。たとえば，住宅街の真ん中に立地し，ちょっと上質な生活を提案するテナントが集積するSCを「ライフスタイルセンター」と呼ぶことがあるが，このライフスタイル

センターには核店舗がない場合がある。

### ②　ショッピングセンターの現状

　日本のSC数は，3,169（2014年12月末現在）であるといわれている[13]。テナント総数は15万7,164（店）で1SC平均テナント総数は50店舗である。総店舗面積は4,976万0294㎡で1SC平均店舗面積は1万5,702㎡である。また，SC総売上高は，2015年の年間で約31兆825億円で，1SC当たり平均年間売上高は約98億円である。

　日本では，1965年前後に初めてSCが誕生したといわれている。初の本格的な郊外型SCといわれる「玉川高島屋ショッピングセンター」がオープンしたのは1969年であった。高島屋が核店舗で，128の専門店がモールに入り，1,000台の駐車場を有するSCで大いに注目された。統計上は日本のSCは，1970年以前には合計で131あったことになっている。70年代には502まで増え，80年代には626になった。1981年4月には船橋ヘルスセンター跡地に「ららぽーとTOKYO-BAYららぽーと1」がオープンした。アメリカのリージョナルSCを日本に持ち込んだ初のSCとして注目された。そごう（百貨店）とダイエー（総合スーパー）を核店舗にして，その間を二層式クローズドモールにして多くの専門店を入店させた。週末にはかなり遠くからの来街者も多かった。1990年代にSCは急増し，1,007になった。2000年から2006年までの間に493も増え，2,759になっている。

### ③　アウトレットモール

　アウトレットモールもSCの一つである。デベロッパーが計画的に開発している商業集積である。日本でも現在は少なくても37カ所ある。そこで，アウトレットモールについて説明を加えておく。

　アメリカで最初に出現したのは，ファクトリー・アウトレットと呼ばれるメーカーの工場直営店であった。当初は，工場の近くに店舗を設けて，市場に出荷できない傷物・半端モノを市価の5割引といった超低価格で販売していた。その後，ファクトリー・アウトレットを消費地に出店し，傷物，半端モノ，売れ残り品などの理由を明示して安く販売する業者が出てきた。また，アメリカ

では百貨店は売れ残りを返品できないので，百貨店が立地しているところからずいぶん離れたところに売れ残り品を処分する店舗を設けた。

このようなファクトリー・アウトレットと百貨店のアウトレットを1カ所に集めたら集客力があるのではないかと考えたデベロッパーが作ったのがアウトレットモールである。現在では，メーカーが在庫品を処分するために短期間だけアウトレットモールに出店する場合もあり，また，百貨店以外の小売業もアウトレットモールに出店している。このように多様な形で現在のアウトレットモールは形成されている。

### ④ アメリカのショッピングセンターの類型

アメリカのSCは，05年で4万8,695もある。日本のSCの17〜18倍である。このSCの類型の仕方は多様かもしれないが，ここでは，次の4類型にする。

(a) スーパーリージョナルSC

巨大なSCである。現在，アメリカ最大のSCといえば，モール・オブ・アメリカである。このSCはミネソタ州のミネアポリスの郊外に立地している。全天候型のSCである。四隅にメイシーズ，ノードストローム，シアーズ，ブルーミングデールズというアメリカの有名百貨店が4階建てであり，その四隅を3階建てのモールが結んでいて，520店舗の専門店が入店している。それぞれ，イーストブロードウェイ（コンテンポラリーで活気がある），ウエストマーケット（インターナショナルなセレクション），サウスアベニュー（都会的センス），ノースガーデン（冬でも夏の気分）というコンセプトでデザインもそれぞれ個性的である。中央はアメリカ国内最大の屋内遊園地（The Park at MOA）になっており，2万8,000㎡もある。また，地下には巨大な水族館（UNDERWATER ADVENTURES AQUARIUM）がある。SCというよりは，正に巨大なテーマパークである。

(b) リージョナルSC

複数の核店舗（百貨店など）があり，テナント数が50〜100店舗で，駐車場が1,000台から5,000台あるものを指すといわれている。記述したように千葉県船橋市の「ららぽーとTOKYO-BAYららぽーと1」はこのタイプのSCである。

| （平方ft） | SC数 | 構成比（％） | 売上高（10億ドル） | 構成比（％） |
|---|---|---|---|---|
| 10万平方ft以下 | 30,270 | 62.2 | 443.6 | 29.0 |
| 100,000〜200,000 | 11,617 | 23.9 | 388.6 | 25.4 |
| 200,001〜400,000 | 4,405 | 9.0 | 234.2 | 15.3 |
| 400,001〜800,00 | 1,628 | 3.3 | 197.6 | 12.9 |
| 800,001〜1,000,000 | 338 | 0.7 | 97.3 | 6.4 |
| 100万平方ft以上 | 437 | 0.9 | 168.9 | 11.0 |
| 合計 | 48,695 | 100.0 | 1,530.4 | 100.0 |

**図表8−5　アメリカのSC数と売上高（2005年）**

出所：（財）流通経済研究所『アメリカ流通概要資料集　2007年版』153頁。

(c)　コミュニティSC

核店舗（ウォルマートなどのDSが多い）が1〜2店舗あり，テナントが20〜40店舗程度で駐車場が500〜1,000台ある商業集積である。

(d)　ネイバーフッドSC

住宅地近隣に立地しており，食品スーパーが核店舗になっていることが多い。テナントも15店舗前後で，駐車場も40〜50台である。**図表8−5**の「10万平方ft以下」に該当する。アメリカでもこのタイプが最も多くSCの62％を占めている。アメリカでは，商店街が少ないので，ネイバーフッドSCは日本の近隣型商店街の代わりに多く存立しているように考えられる。


[事例—イオンモール[14]]

(1)　イオンモール（株）の概要

イオンモールとダイヤモンドシティが2007年8月21日に合併し，日本最大のSCデベロッパーとなって新生イオンモール㈱が誕生した。当初は，「グローバル5」を目標にしていた。2017年度までに，国内外150店舗体制（国内100，海

外50）を構築し，SCデベロッパーとしてSC運営面積で世界のトップ5入りを目標としていた。しかし，2016年度ですでに162店舗のSCを作ったので，今は「アジア50億人の心を動かす企業へ」という経営ビジョンの下に事業経営を行っている。

　現在の会社概要としては，資本金422億1,710万円（2016年2月現在），SC数162店舗（2016年2月現在），従業員数2,227名（2015年8月現在）である。

　現在の経営理念は，「イオンモールは，地域とともに『暮らしの未来』をつくるLife Design Developerです」というものである。なお，「Life Designとは商業施設の枠組みを越えて，一人ひとりのライフステージを見据えたさまざまな機能拡充を行い，ショッピングだけでなく，人との出逢いや文化育成なども含めた"暮らしの未来"をデザインすること」である。

　現在，イオンモール㈱の事業は，①国内の新規事業拠点拡大，②収益力向上，③中国・アセアン地域における事業基盤の確立，④オムニチャネルへの対応（「コト・モノ・ネット　イオンのオムニチャネル」），⑤財務規律の徹底，を中心に行われている。

(2)　イオンモールが開発するモールの6つの特徴
　①　2核1モール……イオンモールが開発するモールは，2つ以上の核店舗（GMSや百貨店，複数の大型専門店など）を専門店モールで結ぶ「2核1モール型」が特徴である。構造は2～3階の低層階の建物で，回遊性を高くしている。充実した物販や飲食はもちろん，シネマコンプレックスをはじめとするアミューズメント，さらには医療や銀行といった公共性の高いサービスまで，さまざまな機能を組み込み，楽しさと利便性を兼ね備えたモール空間を創造している。また，モールが商業施設という枠を超えて地域の生活の拠点となるよう，イベントホールなどを設け，コミュニティセンターとしての機能も充実させている。
　②　自動車30分圏，商圏人口40万人……モールに来店する消費者の交通手段は，主に車を想定している。立地は大都市および地方中核都市の近郊・郊

外が基本である。

③　総賃貸面積7～8万㎡……消費者にさまざまな機能を提供し，集客力のある空間づくりを実現するために，総賃貸面積は7～8万㎡を基本としている。

④　3,500台以上の駐車場……郊外型のモールでは，車でのスムーズなアクセスが集客の重要なポイントになるため，3,500台以上を収容可能な駐車場の確保をめざしている。

⑤　計画的増床のための敷地確保……モールは，一般的にオープンして5～6年経過すると売上の成長が鈍化する。このためイオンモールでは，開発段階で将来の増床をあらかじめ計画し，広大な敷地を確保している。加えて，テナントの入れ替えや，既存テナントの業態変更・移動などでテナントの40～60％を刷新するリニューアルを行っている。

⑥　総投資額に対するEBITDA13％の確保……イオンモールのモール開発は，土地借地，建物所有を基本としている。これにより，総投資額に対するEBITDA（利払前税引前償却前利益）比率は13％以上を基準にしている。


このように，イオンモールは，2核1モールタイプが中心で，モールに入る専門店は150～200店，その3分の1は地元の専門店になるようにしている。商圏は，車で30分圏程度で，40～50万人の商圏人口を前提にしている。

(3)　未来型SC：イオンモール幕張新都心店

2013年12月20日にオープンした「イオンモール幕張新都心」は，「コト消費」に対応した未来型のSCとして注目されている。約350のテナントのうち，3分の1以上が体験型。その中には，次のようなものが入っている。「よしもと幕張イオンモール劇場」「東映ヒーローワールド」「カンドゥー（職業体験を楽しめるテーマパーク）」「ばかうけサーカス（せんべいの手焼き体験）」。コト消費対応の施設が多く入っているだけではなく，小売店も体験イベントを積極的に行っている。

このイオンモール幕張新都心店は，①グランドモール（GRAND MALL）

……「大人」のライフスタイルモール，②ファミリーモール（FAMILY MALL）……「ファミリー」のライフスタイルモール，③アクティブモール（ACTIVE MALL）……「スポーツ＆家電」のライフスタイルモール，④ペットモール（PET MALL）……「ペット」のライフスタイルモールという４つのモールから構成されている。敷地面積は，約19万2,000m²で，延床面積は約40万2,000m²（立体駐車場含む），総賃貸面積は約12万8,000m²という広大なモールで，駐車台数は約7,300台，駐輪台数は約2,500台という規模である。

イオンモール幕張新都心は，「大人」・「ファミリー」・「スポーツ＆家電」・「ペット」と，４つのモールから構成されており，それぞれのモールが規模もコンテンツも充実している。

グランドモールは，日常生活に，少し豊かな潤いをくれる，大人が楽しめるショップが集結している。オープンカフェテラスや，屋外イベントステージ「グランドスクエア」，木々と水流をおりまぜたガーデンテラスなど，心地よい時間が過ごせる遊歩道「グリーンウォーク」などがある。

ファミリーモールは家族で楽しめる空間である。お仕事体験テーマパークやエンターテインメントミュージアム，メーカーのアンテナショップなど，子どもはもちろん，親子３世代で楽しめるようになっている。３階には約1,700m²の屋上公園「スカイパーク」もある。

「スポーツ＆家電」のライフスタイルモールであるアクティブモールは，「日本最大級の体験型スポーツモール」と言われている。ランニング，ボルダリング，フットサル・テニスコート，スノーボードやサーフィン，サイクル試乗コースからスポーツ関連家電まで，試して，揃えて，教わって，という体験ができる。

ペットモールは，トリミングから，24時間対応のホテルや病院，愛犬・愛猫のしつけや，リハビリまで，ペットと生活をしている人にとってもペットにとっても素晴らしい空間である。日本最大級の規模で，すべてが揃うペットパークである。

## 注

1　由来は東急（とうきゅう）の読み方を数字にあてたゴロ合わせである。

2　『最新商業辞典［改訂版］』同文舘出版，2002年，143頁。

3　専修大学マーケティング研究会編著『商業まちづくり─商業集積の明日を考える─』白桃書房，2003年，22-25頁。田村正紀『流通原理』千倉書房，2001年，197-200頁。

4　この項目は，「銀座ストーリー」http://www.ginza.jp/index.htmlに依拠している。

5　経済産業省中小企業庁『平成15年度商店街実態調査の概要』平成16年5月，1頁。

6　「中心市街地の活性化を図るための基本的な方針」1頁。2007年12月7日一部変更。2006年9月8日の閣議決定の一部変更という意味である。

7　『日本経済新聞』2002年8月26日号。

8　「中心市街地の活性化を図るための基本的な方針」2頁。

9　同書，2頁。

10　日本ショッピングセンター協会HPより。

11　同HPより。

12　同HPより。

13　2007年に開業したSCは89（このうち23はイオングループ），したがって合計2,848。日本ショッピングセンター協会がSCとして計算しているのは，①店舗面積1,500㎡以上，②キーテナントのほか，10店舗以上の小売店を含むとなっている。

14　「全解剖！新生イオンモール」『チェーンストア エイジ』2007年10月15日号およびhttp://www.aeonmall.com/に依拠している。


## Working

1　あなたが住んでいる近所の商店街組合の事務所を訪ねて，その商店街が活性化のためにどのような取り組みをしているかを調べなさい。

2　どこかのアウトレット・モールに行って，お店をみた感想を書きなさい（A4で2枚程度，40字×30行）。


## Discussion

1　近隣型商店街はもう必要ないかを議論しなさい。

2　郊外型SCの功罪について述べなさい（A4で3〜5枚程度，40字×30行）。

# 第9章
# 小売マーケティングの概念

## 本章のねらい

　小売経営をマーケティングの視点から整理しようというのがこの章のねらいである。その場合，伝統的マーケティング・マネジメントの視点から整理しようとするのか，サービス・マーケティングの視点から整理すべきかが問題になる。具体的には，マーケティング手段をどのように捉えるかという場合に，その視点の相違が出てくる。また，小売業は再販売購入をしているので，その特性をどのように組み込むかも課題となる。

　この章では，小売マーケティングをサービス・マーケティングの視点から捉えようとしている。一つの試みであるが，今後はこのような視点からの議論が多くなっていくように考えられる。なぜならわれわれは正にサービス経済の中で生きているからである。また，小売業が製造業に近いかサービス業に近いかを考えれば答えは明白であろう。

**Keyword**

無形性　不可分性　変動性　消滅性
店舗（physical evidence）立地（place）
品揃え（product）価格（price）
広告・プロモーション（promotion）
人材（people）サービスの提供過程（process）
ハフモデル　マージン・ミックス　ABC管理　EDLP
High and Low Pricing

# **1** 小売業のマーケティング

## (1) 小売業とサービス業

　小売とは，最終消費者に対する販売，あるいは，家計目的による買い手に対する販売である。その小売を主な事業としている企業・人が小売商あるいは小売業者である。ここで「主な」という意味は，商業統計上は売上の5割以上という意味である。したがって，売上高の5割以上が小売であれば，小売業となる。また，事業主体に「人」が入っているのは，小売業では個人商店があるからである。

　上記の説明に欠けている点があるとすれば，最終消費者に対して何を販売するのかという点である。なぜなら最終消費者に対して販売している業者でも少なくとも次のような4種類があるからである。

　(a)　100%物販業としての小売業
　(b)　物販（売上の50%以上）＋サービスを販売している小売業
　(c)　物販（売上の50未満）＋サービス（売上の50%以上）を販売している
　　　サービス業
　(d)　100%サービスを販売しているサービス業

　(a)と(b)を小売業にして，(c)と(d)をサービス業にしているのは，従来からの統計調査の分類に基本的に基づいているからである。

　しかし，サービスを最終消費者に販売するのは小売ではないのか？　このような疑問がでてくるのも(b)や(c)が増加してきているからである。ショッピングセンターには，靴の修理店やビデオレンタル店が入っているのは珍しくないし，時にはスポーツクラブさえ入店していることがある。CVSも有形財としての商品のほかに，コピー・FAXサービス，宅配の取次ぎサービス，銀行ATM，公共料金・税金の収納代行サービスなど多くのサービスを販売している。

第9章　小売マーケティングの概念　151

　最終消費者に主に旅行パックや航空券・宿泊予約をしている旅行代理店の店舗は小売店ではないのか？　このような疑問もわいてくるし，今や，小売業はサービスを無視できない状況にある。

　そのため，小売業とサービス業との関係についても次のような3通りの考え方がある。

　(a)　従来からの考え方で，小売業とサービス業は別の業種という認識。

　(b)　サービス・マーケティングの分野では，FiskもLovelockも小売業をサービス業に分類したり，小売をサービスに分類している[1]。

　(c)　小売業を「Goods retailing」（物販小売業）と「Service retailing」（サービス販売小売業）に分類する研究者もいる[2]。


　小売という定義を重視すれば，(c)のようになるのかもしれない。いずれにせよサービスを無視することはできにくい状況である。そこで，次にサービスの特質について確認しておきたい。

## (2)　サービスの特質

　「service」という単語を『ランダムハウス英和大辞典』で引くと，「役に立つ働き，奉仕」という意味の他に「公益事業」「アフターサービス」「もてなし」「客扱い」「公的勤務」「軍務」「礼拝」など多様な意味があることがわかる。各種専門用語辞典を引いても，書いてある内容はそれぞれ違う。

　ここでは取引の対象としてのサービスを考えているので，有料である事が前提となる。そのため，「奉仕」や「礼拝」は対象外となる。

　また，「ビフォアーサービス」や「アフターサービス」は取引の対象であろうか。たとえば，眼鏡について考えてみよう。眼鏡を購入しようかと思って眼鏡店に行って，いろいろと購入前に相談したり，検眼してもらっても，眼鏡を購入しなければ無料である。つまりは，これらの行為はビフォアーサービスである。また，眼鏡を購入した後で，フレームがゆがんだり，曲がったりしても眼鏡店は無料で修理してくれるのが普通で，その上，レンズをきれいにしてく

れる。これらも無料であって，いわゆるアフターサービスの一環である。このようにビフォアーサービスやアフターサービスは，取引に付随して発生するもので，それ自体が取引の対象となるものではない。そのため，ビフォアーサービスやアフターサービスは取引の対象としてのサービスではない。

取引の対象としてのサービスには，たとえば，次のようなものがある。

- (a) 保　　　険：無形財（形のない商品）の代表的なものは，生命保険，損害保険（火災保険，地震保険など）である。保険証書があるだけで，正に形のない商品である。
- (b) 技術サービス：車の修理，靴の修理，クリーニング，美容院，理髪店等が含まれる。
- (c) 代 行 業 務：株の売買の代行業務（主に証券会社），決済の代行業務（主にクレジットカード会社）や旅行の手配の代行業務（主に旅行代理店）などが含まれる。
- (d) 輸送サービス：人や物を地理的に移動させるサービスである。電鉄会社，航空会社，運送会社，海運会社などが輸送サービスを提供している。
- (e) 通信サービス：電話や電子メールが主な内容で，電話会社やプロバイダー会社が主に提供している。
- (f) 医療サービス：病院・医院がサービスを提供している。
- (g) 教育サービス：小学校から大学院までの各種の学校法人が主に提供している。

この他にも，ホテル業や経営コンサルタント業などさまざまな取引の対象となるサービスがあるので，このサービスの分類も多様な基準で試みられている。

このサービスの特性としては，次の４点が指摘されている[3]。

- (a) 無　形　性：形がないということである。ある理髪店で満足すると他の理髪店に行くのは一種の賭けというか冒険になる。どのようなカットをされるか，どのような顔剃りをされる

かわからないからである。つまり，無形であるからサービスの品質が事前にわからないという特性があるのである。

(b) 不 可 分 性：生産と消費が同時に行われることを意味している。プロ野球を観戦に行ったときのことを想定してみよう。応援したいチームが勝つかどうか，好きな選手が活躍するかどうかはわからない。正にそれが無形性である。同時に，試合がサービスであるから，サービスの生産と消費は同時に行われることになる，もちろん，選手だけでプロ野球というサービスを形成しているわけではなく観客の応援の仕方によっても消費者の満足度は異なってくる。サービス形成に観客もかかわっているのである。その点，観客をサポーターと呼ぶJリーグ，入場者をゲストと呼ぶディズニーランドはサービスというものをよりよく理解しているといえるのではないだろうか。もちろん，すべてのサービスに不可分性があるというわけではない。

(c) 変 動 性：サービスの品質は一定していないということである。プロ野球を見に行っても，応援したいチームが大差で負ける時もあるし，終盤に逆転して勝つ時もあるのである。医療サービスを提供する医師の場合でも，同じ医師でもその日の体調や患者の特徴によって対応が異なる場合がある。

(d) 消 滅 性：サービスは備蓄できないということである。航空サービスをみるとわかりやすい。乗客が1人でも200人でも定時に飛ばなければならないのである。電車もバスもホテルも同様である。

また，この消滅性や不可分性という特性があるために，生産者と消費者の間

154

に商業者が介在するというケースは有形財に比べれば少ないという特徴もある。

## (3)　小売業のマーケティング手段

　マーケティング・ミックス（マーケティング手段の組み合わせ）の考え方を小売業に適用すれば小売ミックスとなる。このとき，小売マーケティングの手段をどのように考えるべきだろうか。

　田村は次の5項目を小売ミックス要素として指摘している[4]。

　(a)　立地場所と営業時間帯

　(b)　品揃え品目とその構成

　(c)　価格水準と価格設定活動

　(d)　広告および接客活動

　(e)　店舗施設の特性

　この5項目を次のように7項目として考えることもできる。ⓐ店舗，ⓑ立地，ⓒ営業時間帯，ⓓ品揃え，ⓔ価格，ⓕ広告・プロモーション，ⓖ接客。これを従来のマーケティング手段の4Pで考える場合，サービス・マーケティングの7Pで考える場合，サービス・マーケティングのマーケティング・トライアングル（エクスターナル・マーケティング，インターナル・マーケティング，インタラクティブ・マーケティング）で考える場合がある。それを一覧表にすると**図表9－1**になる。

　いわゆる伝統的マーケティングの4P（Product，Promotion，Price，Place）で上記のⓐ～ⓖに当てはめると**図表9－1**のようになる。店舗，営業時間帯，接客などには必ずしもフィットしていないようである。サービス・マーケティングの7P（伝統的4P＋Process，Physical evidence，People）を適応しても同様である。

　サービス・マーケティングの3つのマーケティングを適応すると図表にあるようにエクスターナル・マーケティング（伝統的4P）とインタラクティブ・マーケティングが中心となり，重要なインターナル・マーケティングは接客の

第9章　小売マーケティングの概念　155

**図表9-1　小売ミックスの手段**

| | | 伝統的4P | サービス・マーケ<br>ティングの7P | マーケティング・<br>トライアングル |
|---|---|---|---|---|
| ⓐ | 店舗 | Place | Place<br>Physical evidence | Interactive |
| ⓑ | 立地 | Place | Place | External |
| ⓒ | 営業時間帯 | Promotion | Place | Interactive |
| ⓓ | 品揃え | Product | Product | External |
| ⓔ | 価格 | Price | Price | External |
| ⓕ | 広告 | Promotion | Promotion | External |
| ⓖ | 接客 | Promotion | People/process | interactive/internal |

ところに出てくるだけである。このようにいくつかの考え方を援用しても最適というものはないようだが，ここでは一つの試みとしてサービス・マーケティングの7Pを援用しながら小売マーケティングを考えていきたい。この場合，ⓖ「接客」は，「人材」と考える方が妥当である。

## ❷　小売のマーケティング手段

　伝統的マーケティングの4Pに既述のサービスの特性を反映して3Pが付け加えられている。この7Pについて以下説明していく。

### ⑴　品揃え（product）

　品揃えは小売マーケティングの中では最も難しいことかもしれない。
　たとえば，女性用のセーターの品揃えについて考えてみよう。この場合，素材，スタイル，首周り，色，サイズ，価格帯だけを考えることにする。たとえば，次のような品揃えにしようと考える。

- 素材(3)　　　カシミア，ウール，カシミア・ウールの混紡
- スタイル(1)　長袖
- 首周り(3)　　丸首，Vネック，タートルネック
- 色(5)　　　　緑，茶，黒，紺，白
- サイズ(4)　　SS，S，M，L

- 価格帯(1)　　　　中価格帯

　これだけの品揃えをしたら何品目（アイテム）の商品になるかといえば，3 × 1 × 3 × 5 × 4 × 1 ＝180品目である。それぞれの品目を何個仕入れるべきかという判断も必要となる。これだけの商品を陳列するとどれだけのスペースが必要だろうか？　つまり，商品を陳列する売場面積は限られているが，品揃えできる商品は無数にあるのである。

　無数にある商品の中から売場面積を考えて品揃えするためには，まず，メインターゲットを決めないといけないのである。どのような消費者を主に対象とするのか，そしてメインターゲットのどんなニーズに対応した品揃えにするのかを決めないと，品揃え方針が出てこないのである。

### ①　消費者動向の注視

　品揃えをするためには，最初にメインターゲットとニーズを想定しないといけない。ターゲットを想定する場合には，第2章で考察した環境変化の他に，消費者動向を見極めておく必要がある。

　たとえば，ユビキタス社会[5]と人口減少・少子高齢化は，今後の日本を考えるときに意識せざるを得ない特徴である。人口減少は日本市場が縮小することを意味するので，企業が持続的に成長しようとするならば海外市場を重視せざるを得ない。また，少子高齢化はペットビジネスや介護ビジネスを成長させる。すでに介護用品小売業もその店舗数を年々増加させてきている。また，少子化でもシックスポケット現象[6]を成長のチャンスと考えることができる。

　また，現在の消費者の健康志向と環境保護志向は長期的ニーズと考えられるので，商品・サービスはこのニーズに適応していないと受け入れられない可能性が高い。

　格差社会（所得，都市と地方など）といわれ，ニートやフリーターが増加している今日，消費の4極化[7]が指摘される場合もある。大学生の日常生活の価値観をみると**図表9－2**のように，男女ともに人間関係を非常に重視していることが特徴になっている。親子関係，友人関係，サークルやゼミでの人間関係，

第9章　小売マーケティングの概念　157

**図表9－2**　日常生活の中で重視していること

|  | 女性 | (82名) | 男性 | (72名) |
|---|---|---|---|---|
| ファッション系 | 2位 | 4.0 | 2位 | 3.6 |
| 恋愛系 | 3位 | 3.1 | 6位 | 2.8 |
| 人間関係 | 1位 | 5.3 | 1位 | 4.4 |
| お金系 | 5位 | 3.0 | 2位 | 3.6 |
| 自己啓発系 | 3位 | 3.1 | 5位 | 3.2 |
| 趣味 | 6位 | 2.5 | 4位 | 3.4 |

注：6点満点での平均点である。そのため，6点に近いほど日常生活の中で重視している
　　ことになる。
出所：東洋大学1部学生2007年6月19日調査。

アルバイト先での人間関係が生活の中で最も大切なのである。

　そして，二番目に重視しているのはファッションである。ヘアースタイル，洋服，かばん，音楽などはその人の好きなファッションによって決まってくるようである。

　このように，たとえば大学生をターゲットにするのなら彼ら・彼女たちは，人間関係をとても重視しているが，初対面の人や親しくない人に対するコミュニケーションが一般的には苦手であること。ファッションをとても重視していること等を理解しないと品揃えはできない。

　② 品揃えコンセプト

　誰をメインターゲットにして，どんなニーズに対応するかを決めると品揃えのコンセプトが出てくる。たとえば，かつてCVSでは「緊急度の高い日用品」を品揃えするというコンセプトがあった。基本的には若い単身者がターゲットで彼らが商品を購入してから30分以内に消費する商品という考え方であった。そのため，ロックアイスというヒット商品も出したし，シャンプーならレギュラーサイズだけでポンプ式のボトルは品揃えしないという意思決定をしていた。

　このような品揃えコンセプトを構築すると売場面積に応じた品揃えが考えられるし，時にはそのコンセプトを実現するために必要な売場面積も考えられるようになる。

### ③　品揃えの基礎知識

#### （a）　幅と深さ

　品揃えするものが決まったら，その幅（商品ライン）と深さ（アイテム）を考えるのが普通である。

　30歳代〜50歳代のサラリーマンをメインターゲットにして，通勤・仕事着ニーズに対応しようとする紳士服店をイメージしてみよう。

　コート，スーツ，ジャケット，スラックス，ワイシャツ，ネクタイ，靴下などが品揃え候補となる商品ラインである。これらをすべて品揃えするという方針もあるだろうし，コート，スーツ，ジャケット，スラックスに限定するという考え方もあるだろうし，スーツ万能時代は終わったのでジャケット，スラックス，ワイシャツ，ネクタイに商品ラインを限定するという方針もあろう。

　そのような商品ラインの中でどれだけの品揃えの深さを追求するかを考えなければならない。たとえば，冬のコートを考えてみよう。素材としては，ウール，カシミア，レザーなどが考えられる。レザーの場合は，ロングコートとハーフコートがあり，さらにレザーの種類がある。ここでは牛革と羊革だけを考えておこう。値段帯も高価格，中価格，低価格とある。またサイズがS，M，L，LLとある。これだけで，素材が4，価格帯3，サイズ4であるからこれらをすべて品揃えしようとすると48品目となる。そこで，素材をウールとカシミア，値段帯を中価格，サイズをS，M，Lの3種類とすると6品目となる。48品目品揃えすればコートの専門店になれるかもしれない。しかし，サラリーマンの通勤着ニーズに対応するのであれば6品目でもよいかもしれない。あるいはこれに羊革のハーフコートを追加することも考えられる。

　コートは6品目であるが，ジャケットは72品目だとすれば，ジャケットに特徴を持たせたちょっとおしゃれな紳士服店ということになるかもしれない。

#### （b）　マージン・ミックス

　品揃えをする場合，すべての商品のマージン率が同じわけではない。マージン（粗利益）とは，売上高から仕入原価を差し引いたものであり，マージン率とはマージンを売上高で割ったものである[8]。

たとえば，ある食品スーパーでは，商品の種類ごとに品目を「売れ筋商品」「売り筋商品（利益筋商品）」「見せ筋商品（品揃え商品）」と分類している。売れ筋商品は，その名のとおりよく売れている商品である。売り筋商品はそれほど売れないがマージン率の高い商品である。見せ筋商品は，その時の話題商品であるとか，需要の先取り商品であるとか，他店との差別化商品である。清涼飲料水という商品分野では，売れ筋商品に分類された商品のマージン率は15％，売り筋商品は28％，見せ筋商品は25％であった。そして，清涼飲料水全体として21％のマージン率で予定している売上高を達成しようとしている。

これは清涼飲料水という商品分野だけでのマージン・ミックスのことであるが，たとえば乾物のマージン率は高く設定し，牛乳のマージン率は低く設定し，スーパー全体として目標とするマージン率を達成しようとするのが普通である。このように小売業は，マージン率を高く設定する商品，低く設定する商品を混ぜて（マージン・ミックス）品揃えし，目標とする利益や売上高を達成しようとするのが通常の方法である。

(c)　ABC管理

小売業における売れ筋商品と死に筋商品を見つける初歩的手法がABC分析と呼ばれるものである。ある商品の種類ごとに，品目別の売上数量（あるいは売上金額）を算出し，売上構成＝品目ごとの販売数量÷その商品の種類全体の販売数量×100と計算し，その上で累積構成比を求める。Aランクの商品は，全体の販売数量が70％になるまでの品目である。これを売れ筋商品と呼ぶ場合もある。しばしば，上位20％程度の品目で全体の売上高の80％に達するといわれることがあるように，この上位20％前後の商品がAランク商品となる。

70〜95％の間に属する商品がBランク商品で，95％以上の範囲に属する商品はCランク商品（死に筋商品）と呼ばれている。この死に筋商品は，一般的には素早く店頭で見切り処分され，新たな商品に入れ替えることが多い。

## (2)　価格（price）

小売店での価格設定は，マージン・ミックスを考慮して決めることになるが，

同時に基本的に高価格・高サービスでいくのか，低価格・低サービスでいくのかという方針を決める必要がある。それ以外にも次の3つのことに留意する必要がある。

① EDLPとHigh and Low Pricing

基本的に一定期間販売価格を変更せずに商品を販売するのか，状況に応じて販売価格を変えて商品を販売するのかという方針がある。前者の代表例がEDLP（Everyday Low Pricing）で後者の例が High and Low Pricingである。EDLPはアメリカのウォルマートが採用している戦略として有名である。メーカーと交渉して一定期間の買取り数量を保証する代わりに，低い価格で仕入れて，長期間，毎日安く商品を販売するという戦略である。毎日同じ価格で販売するため，発注もコンピュータによって自動発注できるし，システム化しやすく，店内コストを低くすることができる。

High and Low Pricingは，特売を活用する戦略である。日本の小売企業は週末のチラシ特売が得意で，消費者もそれを活用することに慣れている。その他にも，タイムサービスと呼ぶ，ある日の営業時間の一定の時間だけある商品を安くするとか，日曜日の午前中だけ全品1割引とか，10日はトンカツが2割引とか様々に価格を変更して商品を販売する工夫がある。

② 複数個販売価格政策[9]

商品を1個ではなく，まとめて販売する代わりに安く販売する方法が2種類ある。

(a) 同じ商品をまとめて販売する方法（multiple-unit pricing）

1個単位なら39円だが，2個単位なら75円という販売方法である。このような販売方法によって，その商品の販売個数を増やすことができるので，売れ行きの悪い商品や季節商品をシーズンの最後の方で処分するときなどに適している。1枚1,200円のTシャツが，2枚で1,980円という販売の仕方である。

(b) 異なる商品をまとめて販売する方法（bundled pricing）

パソコンとプリンターとインターネット・プロバイダーをまとめてこの値段という設定方法である。どの商品がどれだけの値段かわからないという点がミ

ソである。これによって，たとえばパソコン本体の価格競争を避けることができる。

### ③ 消費者に特別の購買心理のある場合の価格政策

商品によっては，消費者に特別な購買心理がある場合がある。そのため，当該商品に消費者がそのような購買心理を持っているかどうか確認する必要がある[10]。

(a) 名声価格政策（prestige pricing）

消費者が価格によって品質を評価し，高級な品質が選好される場合，小売店は品質に対する名声を得て，売上高を増やす目的で高い価格を設定する。シャネル，エルメス，ルイ・ヴィトンといったブランドの商品には名声価格が採用されていると思われる。

(b) 慣習価格政策（customary pricing）

商品によっては消費者が慣習的に認める価格があり，この価格より上げると需要が激減するといわれている。そのため，慣習価格があると思われる商品は値上げが難しい。

(c) 端数価格政策（odd pricing）

端数をつけることによって価格は最低の線まで引き下げられたという印象を消費者に与えようとする政策で，そのことによって売上高を増やそうとするものである。たとえば，99円とか199円という価格設定である。今日までの実証研究では，端数価格の効果については意見が分かれている。

(d) 心理的価格政策（psychological pricing）

ここにあげた(a)～(d)がすべて心理的価格であるという解釈もあるので，厳密にいえば狭義の心理的価格である。商品によっては，消費者は一定の価格範囲内なら価格の相違を気にせずに購買するという傾向がある。この場合には，その価格範囲の最高のところに価格を設定する方が有利となる。そのため，心理的価格が作用すると思われる紳士用スーツなどではブランドによってはプライス・ライン（price line，価格層）を設けることが有効になる。

## ⑶ 広告・プロモーション（promotion）

　小売業が行う広告には，マスコミ広告，屋外広告，店内広告などがある。テレビ，新聞，雑誌，インターネット，ラジオなどで行う広告がマスコミ広告である。また，新聞に折り込むチラシ広告も小売業がしばしば行う広告手段である。建物の外に掲示する看板などが屋外広告である。

　店内広告は，POP（Point of Purchase advertising）広告とも呼ばれるもので，店内の特売表示，ポスター，ショーカード，ボードなどのすべての掲示物を総称していう。

　広告以外のプロモーションとしては，店内での試食・試飲販売（マネキン販売とも呼ぶ），特別陳列（大量陳列，島陳列，バルク陳列，フック陳列，投げ込み陳列，ワゴン車販売など），クーポンの導入，ポイント制の導入などがある。また，クロスマーチャンダイジングもプロモーションに含まれる。

## ⑷ 立地（place）

　小売業は「立地依存型産業」と呼ばれることがあるぐらい立地が非常に重要だといわれている。なぜなら，立地によってお店の前を通る歩行者数，自転車・オートバイの通行量，自動車の通行量が大きく異なるからである。それらを一言で店頭通行量という場合が多い。店頭通行量は潜在顧客数とも考えられるので，店頭通行量が多い方が小売業としては一般的に望ましいことになる。

　たとえば，売上高（円）＝来店客数（店頭通行量×立ち寄り率）×購買率×客単価（円）という式がある。この式は，CVS，本屋，靴屋，喫茶店などには該当する場合が多い。ただし，百貨店とか郊外のSCにはこの式はまったく該当しないし，固定客で成り立っている専門店にも該当しない。

　この式によれば，店頭通行量が多い方が売上高を多くするのに貢献するのは明らかである。あとは，いかに店頭を通行する人に店に入ってもらうか（立ち寄り率），店に入った人が商品・サービスを購入するようにするための工夫，そして客単価（＝買い上げ点数×平均商品単価）を上げるために，どうしたら

もう１個購入してもらえるか，そしてどうしたら平均商品単価を上げられるかを検討していくことになる。

CVSなどが出店するときに，出店予定地の交通量調査を行うのは，店頭通行量を調査しているのである。店頭通行量がわかれば，立地特性別既存店（駅前とか住宅街とか）の立ち寄り率，購買率，客単価の実績があるので，それを適応すれば，新規出店の売上高が推定できるのである。

### ① 立ち寄り率を上げるための工夫

(a) 透視度[11]を高める

遠くからでもお店の存在がわかるようにすることである。たとえば，車を運転している人がCVSに立ち寄りたいと思っても数百メートル前にCVSの存在に気がつかないと車をCVSの駐車場に入れることができない。そのため，CVSでは高い場所にCVSの看板を設置していることが多いし，夜は電飾を使うこともある。同様に，喫茶店，本屋，薬屋なども看板の工夫で，透視度を高めると店頭通行客の立ち入り率が高まることがある。そのため，電飾看板を含めて看板の工夫は大切である。

(b) 客足を止める工夫

通行客が単に店頭を過ぎ去らないようにするために，お店の存在を通行客に意識させることも大切である。そのための工夫の一つが「ショーウインドウ」である。ショーウインドウにその季節に合った商品を展示することによって，通行客が足を止めるきっかけになる。商品に関心を持って，お店に入ってきてくれるかもしれない。商店街やSCのお店が店頭にワゴンを置いている場合がある。大概は単価の安いものの特売であることが多い。それも通行客の足を止めて，店舗に関心を持ってもらうためである。あるいは店頭で割引券を配布したり，声をかけるのも同様の効果を狙ったものである。品揃えしている商品や提供しているサービスに自信があれば，このような客足を止める工夫は大切なことである。

(c) 入りやすくする工夫

お店にお客が入りやすくする工夫も必要である。たとえば，入り口に段差が

あるだけで入りにくいものである。CVSはなぜすべて1階にお店があるのだろうか？ ビルの2階や3階にCVSを開店しても店頭通行客がわざわざ2階，3階まで来てくれる人が少ないからである。できることなら段差が無い方が望ましい。また，フリー客を来店させたいのなら，入り口と出口がある方が望ましいし，間口が広い方が望ましい。また，店の奥まで明るくて外から見えるほうが望ましい。

② 購買率を上げるための留意点

店舗に来店した人に店内の商品やサービスを購入してもらうためには，第一に品切れ（店頭欠品）を防ぐことである。ある商品を購入しようと来店したのにその商品が品切れでは，来店客は失望するだろうし，他の店に行くようになるかもしれない。第二に，店内の表示がわかりやすくないといけない。どこに何が陳列されているのかがわかりやすいことが大切である。第三に，顧客ニーズに基づいた品揃えを徹底することも大切である。POSデータ管理での売れ筋商品を品揃えするだけでなく，販売個数は必ずしも多くなくても店舗のヘビーユーザーが定期的に購入しているようなものもきちんと品揃えしておく必要がある。第四に，その時々の話題商品をすばやく品揃えするセンスも必要である。そのためには，常にアンテナを高くして各種の情報に敏感でなければならない。

③ ハフモデル

出店する前に，出店後の売上高を予測したいのはどの小売業でも同じである。CVS，本屋，薬屋，喫茶店などは既述した式である程度予測可能だが，大型店の出店の場合などには該当しないことは既に述べてある。そのような大型店などの売上予測をするために使われてきているのが，ハフモデルである。

ハフモデルとは，1960年代に，米国の経済学者であるDavid Huffが作成したモデルで，ある店舗に消費者が買い物に出かける確率を，他の店舗との競合状況を考慮しながら予測するものである。ある店舗を選択する確率は，店舗の売場面積に比例し，そこまでの距離の$\lambda$乗に反比例する。この$\lambda$は商品ごとに異なっており，距離の抵抗係数ともいう。式で表すと以下のとおりである。

$$P_{ij} = \frac{\dfrac{S_j}{D_{ij}^{\lambda}}}{\displaystyle\sum_{j=1}^{n} \dfrac{S_j}{D_{ij}^{\lambda}}}$$

$P_{ij}$ ：i 地点の消費者が，店舗 j で買い物をする確率

$S_j$ ：店舗 j の売場面積

$D_{ij}$ ：i 地点から店舗 j までの距離

$\lambda$ ：パラメーター

n ：競合店舗の数

パラメーター（距離の抵抗係数）は，「遠くまで買い物に行くことをどの程度面倒に感じるか」を数値で表したもので，食品や日用品などの最寄品であれば，できるだけ近くで購入したいために抵抗係数は大きくなり，品質や価格を比較検討して購入する家電や衣料品などの買回品であれば，遠くまで出かけて探すこともあるため，パラメーターは相対的に小さくなる。日本では，商業調査を行う上での審査指標として，ハフモデルを日本の現状に合わせてアレンジした「修正ハフモデル」を採用してきた。これは，時間距離の抵抗係数 $\lambda$ を2としたモデルで，1980年代に，当時の通産省（現在の経済産業省）が，大規模小売店舗法に基づく出店審査の基準として設定したものある。この修正ハフモデルをもとに，大規模店舗が近隣商店街に及ぼす影響が予測されていた[12]。

たとえば，SCを出店する場合には，商圏と想定する地域を○○町○丁目ごとに区切り，商品ごとにそこに住んでいる人が当該SCに来店する確率を推定する。そのため，推定作業は非常に大変である。その推定ができれば，商品ごとに家計の年間支出額は家計調査年報から推定されるので，商品ごとの年間売上高が推定されるのである。

現在は，店舗への吸引力（効用）は売場面積（規模）だけではないと考え，店舗の魅力度とするモデルが開発されている。

④　営業時間（サービス提供時間）

　サービスを利用するためには，サービスを提供する場所に出向かなければいけないといわれているが，実はもう一つの視点があって，サービスを提供している時間に提供している場所に行かなければならないのである。その意味で，立地にあえて，営業時間をいれてある。

　いつでもサービスを提供できるように小売業の営業時間は長くなる傾向にある。また，いつでもサービスを受けられるように自動販売機で24時間販売する場合もあるし，ネット通販・ネットスーパーも出現している。

## (5)　店舗（physical evidence）

　サービス・マーケティングでは，物的環境と呼ばれている。小売業では，店舗が該当する。店舗の外装，内装，規模，駐車場，フロア・レイアウト，照明，音（BGM），雰囲気，従業員のユニフォームなどが含まれる。

①　内外装

　アメリカにはアップスケール・スーパーマーケットといわれる高級スーパーがある。富裕層が住む地域に立地している。駐車場にはリムジンが並び，店内には絨毯がひかれ，照明の一部はシャンデリアである。陳列什器は木目が美しい木でできており，店内には無料のコーヒーコーナーがある。買い物を済ませると高校生くらいの男性従業員が買物したものをリムジンまで無料で運んでくれる。このスーパーマーケットの内装の豪華さには驚いたものである。このように内装・外装は顧客に小売サービスのイメージを与えやすいので，百貨店のように高級さを表現するのか，低価格を売り物にしている小売業態のように高級感はないが，内装を清潔にしようとするのか，顧客にどのようなイメージを与えようとしているのかを決める必要がある。また，従業員のユニフォームもそのイメージに合わせる必要がある。岩手県にあるビックハウスというディスカウント・ストアは従業員を船の乗組員と考えて，水兵のようなユニフォームやキャプテンのようなユニフォームを採用していた。そのユニークさとセンスのよさが目立っていた。

## ② 規　模

　小売業にとって店舗規模は極めて重要である。既述のハフモデルでみたように集客力に結びついているからである。売場面積が大きいほど，品揃えを豊富にできるし，アメニティ・スペースも設けられるので顧客にとって魅力が増す。そのため，新規出店する場合には競合する既存店よりも売場面積を大きくするのが常套手段である。

## ③ 駐車場

　駐車場は大型店（店舗面積1,000㎡超）の場合，大店立地法で一定の規定がある。この規定には，出店地周辺での交通渋滞を引き起こさないようにする目的がある。駐車場の設置基準算定方法は次のようなものである[13]。

　必要な駐車台数＝店舗面積当たりの来店客数(A)×店舗面積(S)×ピーク率(B)×自動車来店客数の割合(C)÷平均乗車人数(D)×平均駐車時間(E)

＊（S）は，店舗面積を1,000で割った数字。

　A：1日当たりの来店客数の予想数値（1,000㎡当たり）
- 人口40万人以上の都市の商業地区で，店舗面積が20,000㎡以上の場合，1,100人
- 人口40万人以上，商業地区以外で，店舗面積が10,000㎡以上の場合，1,000人
- 人口40万人未満の都市で，店舗面積が5,000㎡以上の場合，950人

　B：ピーク率（1日の来店客数のうち，ピーク時に来店する客の割合）は一律16％。

　C：自動車来店客数の割合
- 人口100万人以上の都市の商業地区で，最寄り駅からの距離が500m未満の場合，（5＋0.05×駅からの距離）％
- 人口40万人未満の都市で，商業地区以外の場合，75％

　D：平均乗車率（1台当たり）
- 店舗面積10,000㎡未満の場合，2人
- 20,000㎡以上の場合，2.5人

E：平均駐車時間

- 店舗面積10,000㎡未満の場合，30＋店舗面積（S）×5.5を，60で割った数
- 店舗面積20,000㎡以上の場合，1.75

この数式は全国約3,000店の大型店の実態調査で得た数値に基づいて算出されている。自動車来店者数が多いと見込まれる郊外立地ほど大型の駐車場が必要になるようになっている。また，地方自治体によって独自の数値基準が設けられている場合もある。もちろん，この規定以上に大きな駐車場を作ることは自由であって，上記の式は最小限の駐車場の大きさの規定である。

④ フロア・レイアウト

小売業であるから最初にどのような品揃えをするかが問題になる。品揃えするものが決まっても，それらの商品をどのようにまとめて（商品群にして），店内のどこにどれだけのスペースだけ陳列するのかを決める必要がある。この商品群の店内配置（または売場配置）をフロア・レイアウトという。

一般的に，消費者の店内滞留時間が長いほど客単価は高い。そのため，見やすく，買いやすいフロア・レイアウトでありながら，消費者の店内滞留時間が長くなるように配慮する必要がある。

まず商品を商品群にまとめるためには，次のような考え方がある[14]。ここではスーパーマーケットを念頭に考えてみる。

(a) 用途別配置：商品の用途を基準として商品群にまとめる。単に，野菜，果物，鮮魚，精肉と分類する方法もある。また，同じ用途別でも，中華料理を作るための食材，イタリア料理をつくるための食材というように料理の種類別に分類する方法もある。このような分類をしていくと瓶詰め・缶詰売り場はなくなるかもしれない。

(b) 対象別配置：最もわかりやすいのは年代別の分類である。小学生低学年以下の子供を対象とする商品群とか高齢者向け商品群とか単身者用商品群という分類が可能である。

(c) 関心度別配置：価格別，サイズ別の商品群という分類もある。また，安

全な無農薬野菜という分類もあれば，環境にやさしい商品群という分類もある。

一店舗のスーパーマーケットでも，商品群のくくりは上記のいくつかの基準をもとに実施しているようである。

このような商品群をどのようにフロア・レイアウトしていくかについては，商品群別の商品回転率の違い，店内作業の視点，消費者にとっての買い物の関連性の視点（関連ある商品群をすぐ近くに配置する場合と遠くに配置する場合がある），加工度別，話題性などの視点があって，それらを組み合わせて決められているようである。

## (6) 人材（people）

人材の採用，教育，動機付け，権限委譲なども小売業のマーケティングにとって重要な事である。特に，積極出店によって店舗数を拡大している時期には，従業員確保が非常に重要になる。たとえば，現在ではドラッグ・ストアが調剤薬局併設店になりたくても薬剤師の採用がなかなか難しくて業態転換がスムーズにいかない企業もある[15]。

パートタイマーが増加している小売業では，パートの戦力化が重要課題になっている。これもいかに動機付けするかである。動機付けのためには，勤務態度や実績によって給与や職位をあげる方法が一般的である。また，固定給の部分を減らして，実績に応じて歩合給の部分を増加させる方法もある。チェーンストアの店長には，実績に応じた歩合給を多くする方法が採用されることが多い。あるいは，各種表彰がある。半期ごとに「優秀レジ担当者賞」とか「レジマイスター」を何人か選んで，20万円の旅行券を贈呈するなどの各種の方法がある。

また，仕事の社会的意義やおもしろさ・楽しさを教えるのも動機付けに役に立つ。ある複数のCVSの加盟店の経営者は，従業員である店長にいかに発注の楽しさを教えるかが私の大切な仕事だと述べていた。

仕事のやりがいにもつながるのだが，エンパワーメント（権限委譲）をどの程度従業員に与えるのかも重要となる。たとえば，各種返品要請への対応，各種クレームへの対応，割引の裁量範囲，売り場横断的接客対応（最近では百貨店でコンシェルジュサービスが増えてきている）などについて従業員の判断で対応できるのか，それとも店長にいちいちお伺いをたてたり，その専門の担当者に引き継いだりするのかということである。責任者や専門者の判断を仰ぐという方法は悪いことではないが，顧客の立場からはいちいち待たされたり，何度も同じことを言う必要があったりと不愉快なことが多い。ただ，エンパワーメントを拡大するには，日ごろからの従業員の行動基準を明確にしておく必要がる。そして，その行動基準を毎日，従業員が確認し，それを尊重した言動をしている必要がある。有名なリッツカールトン・ホテルのクレド（信条）のベーシック20のように行動基準を明確にし，それを従業員が日々確認して行動するようになればエンパワーメントも拡大できる。そのようなものがない状態でエンパワーメントするのは望ましくない。

エンパワーメントにつなげるためにも，また顧客満足度を高めるためにも，組織のトップと従業員，および上司と部下との継続的コミュニケーションの工夫が大切になる。そして，組織の価値観が共有できるようになると行動基準作りもスムーズにいくように思われる。

## (7)　サービスの提供過程（process）

プロセスは，「サービスの組み立てプロセス[16]」といわれたり，「顧客が実際に体験する活動プロセス[17]」といわれたりする。プロセスを一連の活動と訳すこともあるので，顧客が実際に体験する一連の活動とも言える。

小売業に買い物に行く顧客にとって，「対面販売」か「セルフサービス」かによって体験する活動プロセスは大きく異なる。

図表９－３のように，小売業の接客の基本は，「あいさつ」「情報提供」「決済」「包装・袋詰め」であろう。対面販売では，この４つの基本活動はすべて行う。顧客が嫌がらない程度の礼儀正しいあいさつ，情報提供，決済，包装を

第9章　小売マーケティングの概念　171

### 図表9－3　販売方法別の接客内容の相違

|  | 対面販売 | セルフサービス | セルフレジ |
|---|---|---|---|
| あいさつ | ○ | ○ | × |
| 情報提供 | ○ | × | × |
| 決済 | ○ | ○ | ○ |
| 包装・袋詰め | ○ | △ | × |

行う。特に大切なのは情報提供である。顧客が何を購入しようか悩んでいるときに（選好が決まっていないときに）適切なアドバイスをして，好みを意思決定するお手伝いをすることがその主な内容である。顧客によっては，販売員が付きまとうのを嫌がる人もいるので接客のタイミングも難しいものがある。

　セルフサービスでは，顧客が商品を自分で選択するので，販売員はいない。しかし，レジの担当者は顧客にとっては接客してくれる人であるから，笑顔とあいさつは大切である。決済はレジであるから当然であるが，商品の袋詰めを実施しているところと実施していないところがある。

　同じセルフサービスでも，セルフレジを導入しているところでは，そのレジを通過すると，あいさつもないし，情報提供もないし，決済は機械と買い物客でやることになり，袋詰めも買い物客が自分でやることになる。

　このようなサービスの提供過程の中では，提供するサービスが①標準化しているか個客化（カスタマイズ）されているかどうか，②顧客参加の程度，が重要であるといわれている[18]。

　たとえば，スーパーやコンビニが提供するサービスは標準化しているが，百貨店の外商部は，重要な顧客に対して個々の要望に個別に対応している。

　また，顧客参加についていえば，セルフレジは顧客参加の一つであるが，小売業は顧客参加についてもっと考慮すべきである。たとえば，①新製品導入の一部について顧客の人気投票をしてみて，人気の高いものは売り場に導入する，②顧客の得意料理・アイディア料理のレシピを募集して，その中のレシピからクロスMDを展開する，③小売業のキャッチフレーズを募集するなど小売業の活動の中に顧客参加の機会を積極的に作ることは，顧客の店舗への親近感も増すし，満足度も高まると思う。

## 🔢 フロントステージとバックステージ

　サービス特性を考慮してマーケティング手段を4P＋3Pにした。しかし，小売業の場合，これで小売マーケティングは理解できるのだろうか。

　小売業の特性は「再販売購入」にある。小売業は，販売するために商品を購入しなければならない。この特性を7Pでは表現できない。小売業にとって，最も大切な商品の仕入れ，あるいはそのためのメーカーや卸売業者との交渉，チェーンの場合であれば各店舗への配送（調達物流あるいは単に物流と呼ばれる），そして受発注システムを中心とする情報システム，この3つは小売経営を考えるときに是非とも必要な要素である。

　これをサービス・マーケティングでは，フロントステージとバックステージという表現であらわすことがある[19]。つまり，顧客と接する7Pはフロントステージで，顧客と接することのない仕入れ（buying）・交渉，調達物流（physical distribution），情報システム（information system）はバックステージなのである。つまり，7P（4P＋3P）＋BPI（Buying・Physical distribution・Information systemの頭文字）で小売マーケティングは説明できると考えられる。

## 🔢 価格訴求と非価格訴求

　小売経営をするときに，主なターゲットを決めなければ品揃えもできないし，価格帯も決められないので，最初にすべき点は主なターゲットの決定であるというのは正論であるが，同時に，基本的に価格訴求の店にするのか，非価格訴求の店にするのかというのは小売経営にとっては大きな戦略の意思決定になる。

　たとえば，**図表9－4**は価格訴求をする場合と非価格訴求をする場合の7Pの例を整理したものである。

　価格訴求をする場合には，EDLPなのかHigh&Lowなのかを意思決定する必

第9章　小売マーケティングの概念　173

| | 価格訴求 | 非価格訴求 |
|---|---|---|
| 品揃え（product） | 浅い品揃え | 深い品揃え |
| 価格（price） | 低価格 | 高価格 |
| 広告・プロモーション（promotion） | 実施しない<br>折り込みチラシ<br>TV広告 | 雑誌広告 |
| 立地（place） | 田舎，郊外 | 都会，駅前，繁華街 |
| 店舗（physical evidence） | 平屋建て<br>飾りの少ない建物 | 高級イメージ<br>センスの良さ・驚き |
| 人材（people） | パート比率の拡大 | 丁寧な接客<br>エンパワーメント |
| サービスの提供過程（process） | セルフサービス<br>顧客参加型 | 対面販売<br>快適感の提供 |

**図表9－4　価格訴求と非価格訴求のときの7P（例）**

要があるが，いずれにしても店舗にお金をかけすぎたら低価格販売を継続する
のは難しいので，平屋建てにして，飾りをなるべく少なくするなどの低コスト
の建物にすべきである。立地も，出店コストが高くならないように土地の賃貸
料が低いところが望ましい。そうすると自然に田舎とか郊外になる。

　品揃えも幅は広げないといけないが，深さを追求すると商品回転率は悪くな
るし，売れ残りも考えられるので，相対的に浅い品揃えにする必要がある。広
告はEDLPの場合は基本的にしないが，High&Lowの場合にはチラシ広告や
TV広告も効果的である。

　接客に時間はかけられないので，なるべく説明の必要のない商品をセルフ
サービスで販売することになる。また，人件費の節減のためパート比率の拡大
をする必要がある。そして，来店客に不満をもたれないような最低限の不満解
消に努めなければならない。

　他方，非価格訴求の場合は，付加価値を提供していく経営になる。そのため
には，ターゲットに対して訴求する店舗を設計しなければならない。高級感あ
ふれる店舗，アートの香りのする店舗，あっと驚くような店舗など，店舗その
ものに工夫を凝らすべきである。そのため，立地も都会になるであろう。来店
客に失望感を与えてはいけないので，深い品揃えが必要となる。できれば他店
にはない，世界であるいは日本で1カ所でしか販売していない商品が多いのが

望ましい。したがって，値段は高価格でかまわない。広告はターゲットに届く雑誌を中心にしてイメージを作り上げる方がよい。

接客は最も大切であるから，正社員を多くし，従業員教育を十分にし，豊富な商品知識を持つ従業員の育成が必要である。そして，企業は従業員に何を約束するのか，顧客に何を約束するのかを明確にすべきである。その上で，従業員にエンパワーメントを提供し，モラールアップを図るとともに，顧客に感動を提供するくらいの目標を持って対応すべきである。

このように小売業のマーケティング手段は，価格訴求か非価格訴求かによって大きく変わる。そして，このような戦略を実現させるためにBPIをどのように組み立てるかが重要な課題となる。

## 注

1　フィスク・グローブ・ジョン著，小川孔輔・戸谷圭子監訳『サービス・マーケティング入門』法政大学出版局，2005年，18-21頁。

2　Barry Berman & Joel R.Evans, *Retail Management* (ninth ed.), Pearson Education International, 2004. pp.32-33.

3　フィリップ・コトラー著，恩藏直人監修・月谷真紀訳『コトラーのマーケティングマネジメント（ミレニアム版）』ピアソン・エデュケーション，2001年，530-534頁。

4　田村正紀『流通原理』千倉書房，2001年，222-224頁。ただし，小売ミックスの要素として，店舗の立地，品揃え，店舗規模，価格政策，販売方法，付帯サービス，店舗施設を指摘する研究者もおり（鈴木安昭『新・流通と商業（第3版）』有斐閣，2004年，161-162頁），研究者によって指摘する小売ミックス要素は異なるのが現状である。

5　ユビキタスの語源はラテン語で，いたるところに存在するという意味である。つまり，インターネットなどの情報ネットワークに，いつでも，どこからでもアクセスできる環境を意味している。

6　子供の数が少なく，一人っ子の場合も多い。その一人の子供に両親，両親の親（おじいさん，おばあさん）が子供のために商品・サービスを購入してあげるとなると一人の子供は財布を6個持つことになる。これがシックスポケット現象であって，かつてよりも高額な子供用商品も売れる可能性が高い。

第9章　小売マーケティングの概念　175

7　消費の四極化というのは，野村総合研究所が行った「生活者1万人アンケート調査」から出てきたものである。それによると消費は，プレミアム消費，利便性消費，安さ納得消費，徹底探索消費に分類される。

8　マージン＝売上高－仕入原価，マージン率＝（売上高－仕入原価）÷売上高

9　Barry Berman & Joel R.Evans, op.cite., p.434.

10　久保村隆祐・阿部周造『新版　マーケティング管理』千倉書房，1987年，141-142頁。

11　「透視度」という言葉は，初期の頃のセブン−イレブン・ジャパンが使っていた言葉である。

12　ハフモデルの説明は，次のサイトに依拠している。
http://www.jmrlsi.co.jp/mdb/yougo/my04/my0422.html

13　『日本経済新聞』1999年4月22日号。

14　神谷蒔生『小売業マーケティングの実務』同文舘出版，1978年，107-113頁を参考にした。

15　09年4月に改正薬事法が施行され，一般医薬品は副作用のリスクの程度によって，A（特にリスクの高いもの），B（リスクの比較的高いもの），C（リスクの比較的低いもの）に分けられる。そして，「登録販売者」という資格が新設され，その資格者がいると区分BとCの一般医薬品は販売できるようになる。

16　フィスク・グローブ・ジョン著，小川孔輔・戸谷圭子監訳，前掲書，37頁。

17　近藤隆雄『サービス・マーケティング』生産性出版，1999年，209頁。

18　同書，210-213頁。

19　同書，228-235頁。

## Working

1　あなたが知っているお店の「立ち寄り率をあげるための工夫」について具体的に書きなさい。

2　あなたが知っているお店の「客足を止める工夫」について具体的に書きなさい。

3　あなたが知っているお店の「入りやすくする工夫」について具体的に書きなさい。

### Discussion

1　価格訴求をしている小売企業を1つ選んで7P分析をしなさい（A4で3～5枚，40字×30行）。

2　非価格訴求をしている小売企業を1つ選んで7P分析をしなさい（A4で3～5枚，40字×30行）。

# 第10章
# 小売業の仕入れ

## 本章のねらい

　仕入れ活動は，小売業者にとって販売活動と並ぶ主要な活動の1つであり，仕入れ活動と販売活動は車の両輪のように連動している。このような仕入れ活動を円滑に行うためには，消費者ニーズに最もよく適合し，かつ消費者の価値を増大させることが望ましい。そのためにはどのような品揃えを行うべきか，販売計画等を策定した上で戦略的に意思決定を行わなければならないが，チェーン小売業において，この中核的な役割はバイヤーが担っている。

　そこで本章では，仕入れの基本戦略を示し，小売業の仕入れ活動の中核として活躍するバイヤーに焦点を当て，バイヤーによる仕入れ活動について解説していく。最後に仕入れと商品調達に関するチェーン小売業の動向についてみていく。

**Keyword** | 仕入れ　マーチャンダイジング　バイヤー　相乗積
棚割り　商品調達

# ❶ 仕入れの基本戦略

## (1) 仕入れとは何か

### ① 主要な事業活動としての仕入れ

仕入れ活動は，小売業者が生産者や卸売業者から消費者に対して再販売することを目的として商品を購入することである。これは小売業の事業活動の中でも販売活動と並ぶ主要な活動の1つである。なぜなら，商品の仕入れに基づき販売は行われ，それが小売業者にとっての売上や利益に結びつくからである。

商品をうまく仕入れることができれば，販売もうまくいくといわれるように，仕入れ活動と販売活動は車の両輪のように連動している。つまり，「仕入れたものを販売する」のではなく，「お客さまに喜んでもらえるようなものを仕入れる」こと，「売れる（売れ続ける）商品を仕入れる」ことがポイントとなる。

### ② 仕入れ活動における5つのRとマーチャンダイジングの視点

そのためには，消費者のニーズに最もよく適合するような商品を仕入れなければならない。そのポイントは5つのR（Right：適切さ）から考えることができる。すなわち，お客様の欲する適切な商品を，適切な時に，適切な量を適切な価格で，適切な場所（売場）に並べ，適切な情報提供を通して販売できるような仕入れ活動を心がけることが大切となる。

また，仕入れ活動を円滑に行うためには，マーチャンダイジングの視点も重要となる。田島によれば，マーチャンダイジングとは「流通業がその目標を達成するために，マーケティング戦略に沿って，商品，サービス及びその組み合わせを，最終消費者のニーズに最もよく適合し，かつ消費者価値を増大するような方法で提供するための，計画・実行・管理のこと[1]」である。つまり，仕入れ活動を行うには，販売計画等を策定した上で戦略的に意思決定を行わなければならない。

### ③　仕入れと補充の連動性

優れた仕入れ活動を行うためには，継続的であり，かつ安定的な追加補充（発注）も重要な要素となる。たとえヒット商品を販売したとしても，品切れをおこし，その状態が長く続いてしまえば売上機会を損ない，場合によってはお客様を逃がしてしまうことにもつながりかねない。

こうした事態を防ぐためには，自分たちがどんな特徴を持った品揃えを行っているかを定期的に確認することや，仕入れた商品を必要な量だけ集めることができる追加補充能力を備えた供給体制（仕入れルート）の構築も必要となる。

## (2)　チェーンストアにおける品揃え

### ①　仕入れと販売の分離

チェーン小売業の場合，多店舗展開に基づき商圏範囲を拡大していくことで成長が可能となるが，企業規模の拡大とともに，規模の経済性を実現するべく仕入れと販売の諸活動を分離している。これは，チェーン本部が各店舗で仕入れるべき商品をまとめて一括で仕入れること（本部一括単品集中仕入）で，各店舗がそれぞれで仕入れるよりも合理的な仕入れを実現できるからである。特に，各店舗が共通して品揃えしておくべきそれぞれの部門（カテゴリー）の核となるいわゆる定番商品については，チェーン本部の仕入交渉力を生かした仕入れ活動を通して，できるだけ安く仕入れることが望ましい。

### ②　店舗の役割と裁量権

各店舗においては，店舗等の施設や営業に関する諸活動もできる限り標準化することで出店や店舗運営に関するコストを削減し，販売活動に専念することで効果的な成果を上げることを目指していく。

ただし各店舗では，その裁量権において独自の仕入れ活動を行うこともある。本部で集中して仕入れに関する商談が行われたとしても，商品発注の有無に関する意思決定権は，原則として店舗にある[2]。店舗は，必要に応じて本部から推奨される商品の仕入れを判断できることになる。

つまり，仕入れ業務について，仕入れ先の選定やアイテムないし商品群の選

定，仕入れ条件と売価の設定，販売促進計画の立案など，仕入れの企画や設計という仕入れ計画に関する重要な役割は本部が行い，店舗はその計画を実践していく役割を担っているものの，顧客ニーズに沿った品揃えを行うことが販売を実践していく上では有効なため，仕入れ活動に対して独自の裁量権を持ち合わせるとともに，必要に応じてその権利を行使することとなる。

## (3)　チェーン小売業におけるバイヤーの存在

### ①　仕入れ業務を担当するバイヤー

チェーン小売業の仕入れ業務を担当する人は，「バイヤー」と呼ばれている。バイヤーは，通常，店舗の棚に何を品揃えするか，棚割りをどのように設計するか，新製品を導入するか，既存の商品の取り扱いをやめるかなどの意思決定を行う役割を担っている。

バイヤーは，小売業の商品分類や部門に応じて存在する。例えば，食品スーパーであれば，青果，精肉，鮮魚，加工食品，菓子，飲料，日配品，日用雑貨など各部門において，商品の仕入れ・交渉活動や商品の調達活動を行っている。

### ②　バイヤーにおける２つの仕事

バイヤーの仕入れ活動に関する役割は，大きく２つあるといわれている[3]。

１つは，定番商品に関してアイテムごとの数量や原価，品質等の意思決定を行う仕入れ活動である。商品裁量権は，陳列場所などに応じて異なる場合がある。例えば，エンド陳列や島陳列など，店舗にとって消費者を惹きつける重要な売り場は，店舗が決めることが多い。一方，各カテゴリーにおいて，定番棚に陳列される定番商品については，バイヤーが決めることが多い。ある調査によると，原則的には定番商品の選定は７割程度はバイヤーが行い，残りの３割程度を店舗が行っている[4]。

もう１つは，商品開発を含めた調達活動である。自社の品揃えとしてふさわしい新しい商品を求めて，調査し，交渉し，買い入れ，売り場に並べ，販売するまでの工程を開発する商品開発の役割である。

第10章　小売業の仕入れ　181

## ❷　チェーン小売業におけるバイヤーの仕入れ活動

　ここでは，チェーン小売業におけるバイヤーの仕入れ活動に焦点を当て，バイヤーの担当する業務，バイヤーの販売計画に基づく仕入れ活動について説明していく。

### (1)　バイヤーの勤務実態と業務内容

#### ①　バイヤーの勤務実態

　バイヤーに関する調査によると，スーパー業態のバイヤーの業務時間はおおよそ10時間程度である[5]。この業務時間を業務内容別にみると，以下の**図表10－1**のようになる。

　それぞれの業態によって，バイヤーの業務時間の使い方は異なっている[6]。

　特徴的なのはCVSのバイヤーである。「商談時間」と「その他のデスクワーク」それぞれに2割程度の時間を割いている。その次に，「売場レイアウト・棚割り作成・販売予測」に時間を費やしている。総合スーパーのバイヤーは，CVSのバイヤーと同様に「商談時間」に一番時間を費やし，次いで「店頭状況の把握・店舗巡回」，「特売など店頭販促の企画作成」の順に時間を費やしている。食品スーパーのバイヤーは，「店頭状況の把握・店舗巡回」に一番時間を

**図表10－1**　３つ業態におけるバイヤーの勤務時間の業務内容別構成

| | 総合スーパー | 食品スーパー | CVS |
|---|---|---|---|
| 商談時間 | 18.2% | 15.4% | 22.8% |
| 店頭状況の把握・店舗巡回 | 16.5% | 17.1% | 7.4% |
| 特売など店頭販促の企画作成 | 16.4% | 15.7% | 5.5% |
| その他のデスクワーク | 13.5% | 16.4% | 20.8% |
| 売場レイアウト・棚割り作成・販売予測 | 13.2% | 10.6% | 17.2% |
| 社内の各種会議・会合・打ち合わせ | 8.8% | 12.8% | 12.8% |
| 市場状況など各種情報収集活動 | 8.4% | 8.1% | 8.4% |
| PB開発業務 | 5.0% | 3.9% | 5.2% |

出所：住谷宏『バイヤーが嫌いな営業マン・信頼する営業マン』中央経済社，2004年，19頁をもとに作成。

費やし，次いでCVSのバイヤーと同様に「その他のデスクワーク」，さらに「特売など店頭販促の企画作成」，「商談時間」の順に時間を費やしている。

CVSのバイヤーは，特売の少なさや加盟店に対する指導を専任の部署が対応する体制が，スーパー業態のバイヤーと比べて販促の企画作成や店頭状況の把握にあまり時間をかけないことに繋がっているものと考えられる。

② バイヤーの担当する業務内容

さらにバイヤーの業務内容を見てみよう。図表10-2は，バイヤーの業務を知るために提示された35項目のうち，バイヤーの業務として50％以上の支持を得た28業務である[7]。

バイヤーの業務として80％以上支持されたのは「仕入先との価格交渉」，「棚割りの作成」，「値入率の決定」，「店舗巡回」，「新製品発表会への参加」，「担当

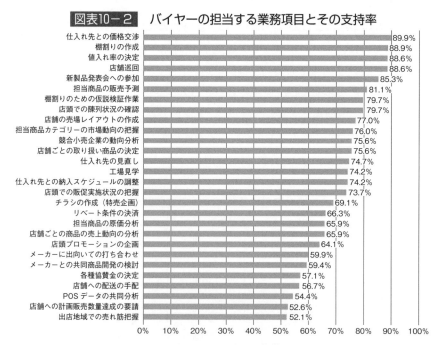

図表10-2 バイヤーの担当する業務項目とその支持率

出所：住谷宏『バイヤーが嫌いな営業マン・信頼する営業マン』中央経済社，2004年，21頁をもとに作成。

商品の販売予測」の6項目である。70%以上支持された業務内容も含めてバイヤーが実行すべき業務を考えると，商談よりも商談のための準備作業が重要視されていることがうかがえる。

住谷は，上記の業務項目の中でもバイヤーが不十分だとしている業務として「店舗巡回」，「競合小売業の動向分析」，「店舗ごとの商品の売上動向の分析」，「棚割りのための仮説検証作業」，「店頭での陳列状況の確認」を指摘している。

多くのバイヤーからバイヤーの業務として高く支持されているこれらの業務が不十分であると認識されているのは，店舗の広域化や多店舗化と関連していると考えられる。20店舗以下の小売業のバイヤーは店舗巡回もある程度行い，店頭状況も把握していることが多い。しかし，20店舗以上を展開する小売業のバイヤーは，店頭状況も把握しきれなくなる傾向があるという。さらに，「店舗ごとの商品の売上動向の分析」についても多店舗・広域出店している小売業のバイヤーほど不十分になりがちである。

一方，小売業の規模に関係なくバイヤー共通の課題としては「競合店分析」や「棚割りのための仮説検証作業」が指摘されている。

このように，バイヤーの仕入れ活動を理解するには，商談の準備段階となる販売計画に基づく仕入れ計画の立案過程を把握することが重要となる。

## ⑵　バイヤーの販売・仕入れ計画

### ①　バイヤーの販売計画立案の過程

バイヤーは販売計画立案のために，①お客様の変化（消費動向），②マーケット，業界動向，③競合他社の動向（小売業の競合），④自社分析，⑤重視すべき商品の整理，⑥バイヤーとしての基本政策，⑦数値計画，⑧商品マトリクスの作成などを行っている。

仕入れについては，棚ごとにバイヤーが異なる場合もあるため，ここでは，食品スーパーの飲料部門の定番棚を担当しているバイヤーの立場から販売計画策定の手順を考えてみよう[8]。

(a)　お客様の変化（消費動向）

　まずは消費動向についてである。消費者がどのような商品を欲しがっている
のか，また，何を意識して購買しているのかについて分析を行う。

　近年，消費者は健康を意識した食品の購入を多く行っており，健康に良いと
される食品の市場が成長傾向にある。また機能性食品表示制度の展開により，
健康についての関心は高まり，この分野に関連したマーケットの拡大が見込め
ると考えられる。

(b)　マーケット，業界動向

　各バイヤーが担当している分野のマーケットや業界動向についてである。こ
の分析については，メーカーの分析データを参考にすることもある。

　飲料市場においては，消費者の健康意識の認識の高まりを背景として，お茶
やミネラルウォーター，無糖の炭酸水や特定保健用（トクホ）飲料，そして野
菜系飲料など健康に関連した市場が好調に伸びつつある。

　一方，健康に対してネガティブなイメージの強いコーラやサイダーといった
炭酸飲料は減少傾向にある。特に前年度の6月，7月は天候不順となり，炭酸
飲料の売上が落ち込んだ。しかし，今期の7月は天気予報によれば，天候もよ
く気温も高くなると予想され，旅行などの行楽需要も高まることが想定される。

　また，7月にはメーカー各社より無糖の炭酸水の新発売が予定されており，
TV広告を中心にプロモーションが強化されている。

(c)　競合他社の動向（小売業の競合）

　競合他社の動向については，各社の戦略はどのような方針か，また店舗の品
揃えや陳列はどのように行われているか，売価はどうか，どのような商品に力
を入れているかなどについて，競合他社の店舗視察を行ったり，得意先メー
カーの営業マンの分析を参考にしながら整理していく。

　食品スーパーにおける競合他社は，近年においては価格重視型か価値重視型
という大きく2つの競争のタイプが存在している。ただし，飲料部門において
は，いずれのタイプも価格訴求を重視している。

　自店に近接する競合のA店舗の飲料売場の品揃えを見ると，お茶やミネラル

ウォーターなどの売れ筋を中心に品揃えを行っている。フェイス数は3～4を基本に陳列している。直近の5月は，天候もよく気温も高かったため，炭酸飲料も消費者に注目されやすい位置に陳列し，1アイテムあたりフェイス数を3～4ずつにしている。売れ筋であるお茶系飲料の定番価格は500mlサイズでは85円～92円であり，特売価格は同サイズでは65円～75円となっている。

(d) 自社分析

自社の前年度や前年同月との比較や直近3カ月の販売実績を確認する中で，売れ筋や売り筋，見せ筋がうまく構成され販売実績に結びついていたのかなどの整理を行う。

4～6月においては，お茶系飲料とミネラルウォーターでは売れ筋商品，売り筋商品だけでなく，見せ筋商品も好調に推移した。その結果，お茶系飲料とミネラルウォーターは前年実績を超えている。一方，炭酸飲料については，売れ筋商品は前年度並に推移したが，コーラやサイダーの売り筋商品は不振で前年実績を下回っている。また，スポーツ健康ドリンクや乳酸ドリンクなど機能性飲料は，前年実績と同様の結果であった。

(e) 重視すべき商品の整理

上記の(a)から(d)までを整理，分析する中で，ターゲットとなる顧客に支持される売り場の品揃え（商品構成）とは何か，バイヤーとしてどのような商品を重視すべきかを検討する。また，メーカーの新製品の動向についても確認し，新商品導入の準備を行う。

上記の分析により，消費者のトレンドとなっている健康食品に関連した品揃えの拡大を図るべきと考える。まず，健康を意識させる飲料として野菜や果汁飲料の品揃えを充実させる。次に，7月以降は暑くなることが予想されているため，「熱中症対策」をテーマとして掲げ，スポーツ健康飲料等の提案を行う。さらに，炭酸飲料はカロリーオフのものや，炭酸飲料に近い爽快感の得られる無糖の炭酸水の品揃えを充実させる。

(f) バイヤーとしての基本政策

自社のスタンスや店舗の品揃えの方針とともに，ターゲットとなる顧客に支

持される売り場の品揃えや店頭販促策などを計画していく。

企業の方針として，価値訴求を行うことを基本とする。しかし，競合他社の飲料部門は価格訴求が多く，その点も考慮しなければならない。売れ筋商品の売価については，競合店舗の状況を考慮し，同様に安さを訴求する。ただし納品・販売期間（品質）については，自社の定める納品期間に基づき，販売期間も厳守する（ペットボトル飲料は賞味期限より6カ月前，ビン・缶類飲料は賞味期限より10カ月前とする）。また，カテゴリーごとに商品マトリクスを作成し，1つ1つの商品の意味を明確にする（商品マトリクスについては(h)で説明する）。

一方，今後新発売される無糖の炭酸水については，各メーカーとタイアップして定番棚でのフェイス数を4〜5として陳列する。スポーツ健康飲料については，熱中症対策に関するPOP等で訴求していく。

(g) 数値計画

特定の期間を設定し，数値計画を策定しなくてはならない。まず，期間であるが，時系列に考えれば，年次，半期，四半期，月次に計画を立てることが重要になる。その際に，前年実績や過去3カ月程度の実績といったトレンド値などを考慮する。月次については，月の前半や後半，週ごと（週末と平日），1日（午前・午後）というように分解して考えていくことで，計画をより緻密に積み上げることができる。

次に，売上目標や利益目標を設定する場合，まずは値入高や値入率から考えていく。値入高や値入率の計算方法は，以下のとおりである。

値入高＝売価（仕入売価）－原価（仕入原価）
値入率＝売価（仕入売価）－原価（仕入原価）／売価（仕入売価）×100

値入高は，値引きや万引きなどの廃棄ロスが発生しなかった場合に想定できる見込みの利益となる。一方，粗利高や粗利益率は，廃棄ロスや値引き等を考慮した実績としての利益である。値入高や値入率はあくまで見込みであるため，実績となる粗利益額や粗利益率を上回ることはないが，バイヤーが計画を立案

第10章　小売業の仕入れ　187

する上での指標となる。

　続いて，相乗積についてである。相乗積は，各商品部門や商品部門内のクラスごとの利益に対する貢献度合いを知る上で手がかりになるとともに，バイヤー自身の利益ノルマの達成を考える際にも重要な指標となる。以下の計算式より算出できる。

相乗積＝売上構成比×粗利益率

　相乗積を算出することで，どのクラスに力を入れるか，どこで利益を確保すべきかを考えることができる。基本的には，粗利益率が高く売上構成比が高い商品は利益貢献度が高くなる。ただし，粗利益率が高いだけでは利益貢献度が高いとはいえない場合もある。例えば，以下の**図表10－3**を見ると，果実系炭酸飲料とコーヒーの粗利益率は同率だが，売上構成比の違いからコーヒーより果実系炭酸飲料のほうが利益貢献度は高くなっている。また，コーラは売上構成比が20％で相乗積は3.6％であるのに対し，ミネラルウォーターは売上構成比が15％で相乗積は4.8％となっている。したがって，コーラよりもミネラルウォーターに力を入れた方が利益の改善につながりやすいと考えられる。

　このように，売上構成比と粗利益率から全体の利益率を高める方策を検討できる。

| 図表10－3 | あるスーパーの飲料部門における<br>商品別売上構成比・値入率・ロス率・粗利率・相乗積 | | | | |

|  | 売上構成比 | 値入率 | ロス率 | 粗利益率 | 相乗積 |
|---|---|---|---|---|---|
| お茶系飲料 | 23％ | 27％ | 3％ | 24％ | 5.5％ |
| コーラ | 20％ | 20％ | 2％ | 18％ | 3.6％ |
| ミネラルウォーター | 15％ | 35％ | 3％ | 32％ | 4.8％ |
| スポーツ健康ドリンク | 12％ | 29％ | 3％ | 26％ | 3.1％ |
| サイダー | 10％ | 23％ | 3％ | 20％ | 2.0％ |
| 果実系炭酸飲料 | 8％ | 30％ | 2％ | 28％ | 2.2％ |
| 乳酸ドリンク | 7％ | 35％ | 2％ | 33％ | 2.3％ |
| コーヒー | 5％ | 30％ | 2％ | 28％ | 1.4％ |
| 合計 | 100.0％ | 28.6％ | 2.5％ | 26.1％ | 25.0％ |

出所：中堅スーパー・チェーンのバイヤーに取材した情報をもとに作成。

(h)　商品マトリクスの作成

まずそれぞれの分類の中に存在する商品の種類別，ブランド別にアイテムを売れ筋，売り筋，見せ筋などに分類する。そして過去の販売実績や売上構成比，粗利益率や粗利益額，相乗積などの数値を参考にするとともに，店舗に来店する顧客が好む売価や店舗特性などを考慮して商品構成を決定していく。店舗特性によっては，売れ筋を拡大し，その分の見せ筋をカットするなど，それぞれの店舗の状況に応じた品揃えや価格の戦略を考え，商品を構成していく。

## (3)　棚割り計画

バイヤーは，販売計画の後，もしくは同時並行で，品揃えの選定に関する意思決定を行い，さらに棚割りについても計画していく。ここでは棚割りの計画についてみていくこととする。

### ①　棚割りの設定

棚割りは，ある商品を陳列棚のどの場所にどの程度並べるかを決定することである。それはいわば各部門の売り場の設計図に該当する。その目的は，ターゲットとなる顧客を中心として，店頭という限られたスペースにおいて，顧客が求める商品をどれだけ品揃えし，店舗の各売り場を魅力的と感じてもらえるか，そして商品の購入に結び付けられるかが課題となる。

そのために，バイヤーは顧客や店舗特性，競合との競争状況，商品サイズ，販売データなどに基づき，それぞれの商品の売価をいくらに設定するか，何をどこに置くべきかといった最適な陳列位置や陳列量，さらには在庫をどの程度保有すべきかなどを決定しなければならない[9]。

### ②　陳列の原則

棚割りを計画する前提として，見えやすい，取りやすい，戻しやすい，選びやすいという陳列の原則を理解しておかなければならない。まず，商品を顧客に見えやすくするためには，顧客の水平な視線から10度から30度程度下の「自然視野」に相当する高さに陳列することが望ましいといわれている。次に，商品を取り出しやすく，戻しやすくするためには商品陳列の場所（高さ）や並べ

方に注意しなければならない（陳列の高さについては**図表10－4**参照のこと）。そして顧客が同じ商品群の商品を比較購買できるように選びやすい陳列も重要である[10]。

### ③ 棚割り計画手順

棚割りの計画手順は，品揃え，グルーピング，ゾーニング，フェイシングの順に行われる。

#### (a) 品揃え

品揃えでは，ターゲットとなる顧客や店舗の商圏特性，競合，売場形態，季節性，POSデータやid-POSデータなど，顧客の購買動向を考慮して商品の選定を行う（品揃えについては第9章を参照のこと）。

#### (b) グルーピング

顧客に対してわかりやすく，見やすく，使用シーンがイメージできるように品揃えした商品をいくつかの分類（商品群）にまとめることである。仮に消費者の想定外のグルーピングがなされた場合には，わかりにくい売場とか買物しにくい売場と評価されてしまう恐れがある。

#### (c) ゾーニング

グルーピングされた商品群を棚のどこにどのくらいのスペースでどのように配置していくのかを決めていくことである。配置位置を什器上に割当て，商品を配置する。陳列の高さは購買率とも関係があるため，それぞれにふさわしい品揃えを行うことが大切となる。**図表10－4**は，陳列の高さによる特徴の違いを示している。

配置方法の基本としては，縦割り陳列と横割り陳列がある。縦割り陳列の場合，同一商品群や関連する商品を縦に陳列することにより，消費者は視線を上下させることで商品を探すことが可能となる。一方，横割り陳列の場合，同一商品群や関連する商品を横に陳列することにより，消費者は視線を左右にすることで商品の比較ができる。

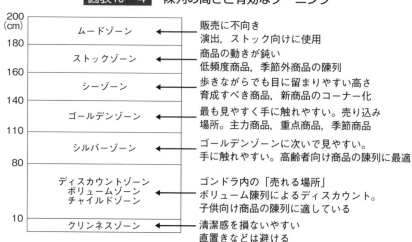

出所：食品商業編集部編『すぐ分かるSMグロサリーの仕事ハンドブック』商業界，2014年，97頁。

(d) フェイシング

　陳列する商品の数を決めることをフェイシングという。フェイス数については，販売実績や販売構成比を基本とするものの，商品マトリクスの中で，売れ筋，売り筋，見せ筋など，どんなアイテムを重視すべきか，そしてバイヤーの売上や利益ノルマ等からも考慮しなければならない。基本となるのは，売上に応じてフェイス数を割り当てる売れ数比例式である。

　**図表10－5**のように，割り当てられたフェイス数に応じて販売実績と販売構成比からフェイス数を決定していく。

　フェイス数が増えれば，消費者にとって商品がわかりやすく，見やすくなる。その結果，売上の増加につながる。ただし，フェイスを拡大する効果は，商品特性によって異なる。一般的には，高回転率商品は低回転率商品よりも効果が高く，低価格商品は高価格商品よりも効果が高いといわれている。また，衝動買いが発生しやすい商品は，衝動買いが発生しにくい商品よりも効果が高いといわれている。さらに，陳列棚の両サイドにある商品は，陳列棚の中央にある

第10章　小売業の仕入れ　191

### 図表10-5　売れ数比例式

| アイテム | A社緑茶 | B社緑茶 | C社緑茶 | D社緑茶 | 合計 |
|---|---|---|---|---|---|
| 販売実績（個数） | 40 | 16 | 12 | 12 | 80 |
| 販売構成比 | 50% | 20% | 15% | 15% | 100% |
| フェイス数 | 10 | 4 | 3 | 3 | 20 |

出所：全国商店街支援センター『リテールサポート研修』全国商店街支援センター，2009年，
　　　100頁をもとに作成。

商品よりも効果が高いといわれている[11]。

## (4) バイヤーの定番採用基準と店舗に発注してもらう工夫[12]

### ① バイヤーの定番採用基準

　小売業によって，あるいは商品部長によって品揃えの基本方針はあるものの，バイヤー自身が売上に対するノルマや利益ノルマを持っているケースは多い。そのノルマが達成されることでバイヤーは評価される。

　このような状況において，バイヤーが定番を採用する基準として重視する3つの項目を見てみよう。

　まず，「商品コンセプトが明確な商品」である。ここでいう商品コンセプトとは「誰を対象にした商品か，そのターゲットがどんな場面で消費する（食べるあるいは使う）ものなのか，そして，既存商品とはどこが違うのか」が明確になっていることを意味する。現実にはヒット商品の類似品など商品コンセプト自体が不明確な新商品は多く，コンセプトが明確な商品はそれだけアピールもしやすく，バイヤーに支持されていると考えられる。

　次に「自社の顧客ターゲットにあった商品」である。日本では，購入したい商品によって業態を使い分けて買物をする人が多いといわれている。そんな中でも各社にあった客層やターゲットと関連のある，もしくは自社のターゲットを知った上で提案される商品が支持されやすい。

　最後に「広告・プロモーション規模の大きい商品」である。メーカーがプロモーションをしっかりと行うことで，消費者の認知度も高くなるため，手にとってもらいやすくなり，よく売れる可能性も高いことが仕入れにつながって

いると考えられる。

### ② 店舗に発注してもらうためのバイヤーの工夫

また，どの商品を定番採用するかを決めて，棚割りを決定した後，バイヤーは定番採用した商品を店舗に仕入れてもらう工夫を行っている。それは，店舗の裁量権の範囲が拡大しているため，店舗がバイヤーの棚割り表通りに商品を発注してくれるとは限らないからである。そのため，バイヤーが実施している工夫としては，店舗に対して商品の差別性や予想売上高，予想利益額などの情報を伝えている。また，商品導入時に販促ツールを店舗に送ることや，店頭プロモーション用のツール（各種POPやボードなど）の作成をメーカーに依頼し，メーカーに用意してもらうことで，店舗が仕入れてくれる可能性は高くなる。さらには，店頭を巡回し，発注を促すなどの方法も行われている。

## (5) 商品マスタの維持・管理

バイヤーにとって，商品育成や新商品の導入と同様に重要な仕事の一つとして，商品の維持や管理がある。チェーン小売業の店舗においては，POSレジが導入されており，個々の商品の買上点数を容易に把握することができる。そのため，例えば食品スーパーにおいては，半期ごとに棚卸しを行い，販売実績や，品揃えしておくべき商品かどうかを評価する中で，定番商品として継続すべきかどうかについて見直しを行っている。品揃えの観点から取り扱わなくても良い商品であれば，定番商品としての取り扱いを中止する。そうすることで，新商品を導入し，消費者にとって買い物しやすい商品構成を維持していく。

こうした棚卸しと共に行わなければならないのが，商品マスタの維持・管理である。商品マスタには，商品番号や商品名，標準売価など商品についての詳細な情報が登録されている。そのため，POSや受発注，棚割りなど様々な情報の根幹となるシステムである。

バイヤーは，例えば新製品を導入して仕入れを行う際に，まずは商品マスタを登録しなければならない。また，ただ登録するだけでなく，上述したように，ある一定期間において棚卸しなどを実施し，死に筋としてカットされるべき商品

や廃盤となった商品については，マスタから品番を削除しなければならない[13]。

## ❸　チェーン小売業の仕入れと商品調達に関する動向

　ここではチェーン小売業の仕入れや商品調達に関する動向として，地域性と商品調達に焦点を当て，その動向をみていくこととする。

### (1)　地域性の重視

　多くのチェーン小売業においては，地域に対応した特色を持つ品揃えの強化が重要視されている。例えばイオン北海道では，北海道道南地区担当となる地域専任のバイヤーを設置している[14]。またイオンのグループ企業であるマルナカは，地元の農家や漁業協同組合との強力なパイプを築くことで，鮮度の高い生鮮品をどこよりも安く仕入れてきた実績があり，目玉商品となる野菜を目当てに地元の青果店が仕入れに訪れるほどであった。しかし，2011年にイオングループの傘下となり，イオン本部の商品調達の割合が増加した結果，競争力を失っていく。マルナカの強みであった鮮度の高い生鮮食品の品揃えに変化が生じ，地場で築いてきた強力な仕入先に対する影響力も低下していった。

　このように，本部に集中してきた仕入れ活動の意思決定における裁量権を地域や店舗に与えることでその地域のニーズにあった品揃えを実現していくことは，競合他社に対する競争力の観点からも重要とされている[15]。

　アクシアルリテイリングの中核企業である原信の新潟県長岡市内の店舗では，惣菜コーナーに長岡の郷土料理であるしょう油味の赤飯を品揃えしている。これは，一般の赤味がかった赤飯とは異なり，もち米をしょう油で味付けして炊いたものであるため，茶色がかった色合いとなっている。しかし，長岡で「赤飯」といえばこのしょう油味が一般的である。こうした地域密着の品揃えを行うことで消費者からの支持を得ている。

　さらに，マルエツ，カスミ，マックスバリュ関東が経営統合したユナイテッド・スーパーマーケット・ホールディングスの小濱裕正会長は規模のメリット

の追求以上に地域に焦点を当てることを指摘し，「納豆文化社会の茨城ではその地域にしかない納豆がある。酒もコメも同じで，店に置いておく必要があります。だから2年前に地域商品部を作り，品ぞろえに織り込んでいます[16]」と地域の重要性を示唆している。

## (2) 商品調達の動向

セブンプレミアムやトップバリュなど小売業にとってPB開発による商品調達の重要性は高まっている。その中でも北海道を地盤とするセイコーマートは，北海道産の食材を用いた商品を開発し，北海道外へと販売している。

同社の子会社である三栄製菓で製造する大福は，道外での販売も可能と判断し，2015年に供給体制を整え北海道以外の地域での販売を行っている。対象市場となる販売エリアに首都圏を選定し，赤尾会長自らが東京に常駐し，市場調査や新規取引先の開拓を行っている。その結果，関東を出店エリアとするイオンやマックスバリュの店頭にセイコーマートの大福が品揃えされている。また，大福以外にも，パスタやサンドイッチはベイシアに，アイスモナカやメロンアイスはスリーエフに供給した経験もある。

赤尾会長は「メーカーは自分の工夫でいくらでも利益を出せる。メーカーへの移行は以前から考えていた[17]」とし，同社のPBを他の小売業者へと販売することで，小売業としてだけでなく食品製造に関しても事業領域を拡張している。このように，同業他社への商品調達を行っている企業も出現している。

注■————————————

1　田島義博『マーチャンダイジングの知識（第2版）』日本経済新聞社，2004年，30-32頁。

2　安土敏『日本スーパーマーケット原論』ぱるす出版，1987年，241-242頁。

3　バイヤーの仕事については結城義晴編・商業経営問題研究会『1秒でわかる！小売業界ハンドブック』東洋経済新報社，2011年，31頁。

4　北海道二十一世紀総合研究所『首都圏の地域密着型スーパーなどでの『売れる定番商品』づくり・販路開拓のための調査事業報告書』，2011年，7頁。

第10章　小売業の仕入れ　195

5　Diamond Chain Store 2016.1.15「バイヤーレビュー−2016」，59-65頁。

6　この調査の結果については，住谷宏『バイヤーが嫌いな営業マン・信頼する営業マン』中央経済社，2004年，19頁に依拠している。

7　この調査の結果に関する指摘は，住谷宏，前掲書，20頁に依拠している。

8　なお，販売計画策定の手順については，筆者のバイヤーに対してのヒアリング調査や最近の飲料市場のデータを参考にした架空の事例である。

9　三宅達三『図解　よくわかるこれからのバイヤー』同文舘出版，2008年，22-23頁。

10　商店街サポート支援情報サイト参照。http://www.syoutengai-shien.com

11　フェイス拡大効果については，食品商業編集部編『すぐ分かるSMグロサリーの仕事ハンドブック』商業界，2014年，97-98頁に依拠している。

12　本節は住谷宏，前掲書，26-29頁に依拠している。

13　三宅達三『図解　よくわかるこれからのバイヤー』同文舘出版，2008年，94-95頁。

14　日本経済新聞　地方経済面（北海道）2016年1月27日。

15　日経ビジネス「“イオン化”の挫折「解体」で出直し」2015年4月27日，日経BP，26-33頁。

16　日経MJ　2016年6月6日。

17　日経ビジネス「セイコーマート　製造業へ華麗な転身」日経BP社，60-67頁。

## Working

1　あなたがよく買物に行くお店の特定の売場の商品陳列の状況について具体的に書きなさい。

2　あなたがよく買物にいくお店の中でも特定のお店にしかない商品の特徴について具体的に書きなさい。

## Discussion

1　あなたがバイヤーの立場であれば，店舗に対してどのように仕入れを促すか考えなさい。

2　店舗の裁量権や地域性の重視がチェーンストアに与える影響について考えなさい。

# 第11章
# 小売業の調達物流

## 本章のねらい

　日本の小売企業は狭い国土面積のなかで多数の小売業者と競争している。その競争のなかで勝ち残っていくには，商品の販売だけでなく商品を仕入れる段階において小売企業独自の調達物流システムを構築する必要がある。本章では総合スーパーのイトーヨーカ堂とイオン，そしてコンビニエンスストアのセブン‐イレブンの調達物流の特徴について考察する。

**Keyword**　窓口問屋方式　ミルクラン方式　共同配送
共同配送センター　直接取引
サードパーティロジスティクス　商流と物流の分離
温度帯別共同配送

本章は小売企業の調達物流について取り上げる。小売業者は一般的にメーカーや卸売業者から商品を仕入れて販売している。小売業者独自の商品であるPB（第4章参照）を除くNBは，メーカーや卸売業者から商品を仕入れることはどの小売業者も同じである。すなわち，どの小売業者も同じような条件でしかNBを仕入れることができない。もちろん，仕入数量が多ければ他社よりも少し安い価格で仕入れることができたり，配送についても有利な面があるかもしれない。しかしながらそれ以外の違いを得ることはできない。さらに多数の店舗を展開するチェーンストアでは，自社の都合にあわせた配送を希望しても，メーカーや卸売業者が自社のみと取引していることはほとんどないことから自社にあわせた物流システムをつくってくれることは難しい。そこでチェーンストアは自社に都合のよい物流システムの構築を目指すのである。

1節では総合スーパー，そして2節ではコンビニエンスストアの調達物流を取り上げる。

1節で取り上げるイトーヨーカ堂とイオン，そして2節で取り上げるセブン-イレブン・ジャパン（以下，セブン-イレブン），3社の調達物流の共通点は，生産から販売までのサプライチェーン全体を効率化することによって無駄を排除することにある。さらに外部企業を活用するアウトソーシングという点も共通している。しかしながらイトーヨーカ堂とセブン-イレブンが既存卸売業を活用するのに対し，イオンはサードパーティロジスティクス（3PL）を活用している点が大きく異なる[1]。

## ❶ 総合スーパーの調達物流

チェーンストアのなかでも，食品・衣料品・日用品を取り扱う総合スーパーは取扱商品アイテム数が多い[2]ことから，特約店制度を基礎とした商流と物流により多くの不都合が生じた。そこでチェーンストアが考えたのが，自社に都合のよい調達物流システムを構築することであった。

## (1) 窓口問屋方式

　窓口問屋方式は，卸売業者がある特定の卸売業者の倉庫・物流センターに商品を持ち込み，そこで店舗ごとに仕分けして複数の卸売業者の商品をまとめて各店舗に配送する仕組みである（**図表11－1**）。すなわち，ある特定の卸売業者が他の卸売業者の商品もまとめて各店舗まで配送するかたちである。小売企業が自社専用の物流センターをもつことに対しては大きな反発は少ないが，競合関係にある他卸売業者の商品をまとめて配送したり，他の卸売業者に商品の配送を委託したり，その倉庫まで商品を配送しなければならない卸売業者の反発は大きかった。またこれにより，イトーヨーカ堂の各店舗まで配送できない卸売業者は，イトーヨーカ堂と直接に取引できないのと同じような状態になった。今は商流面だけ取引できても，いずれ物流面だけでなく商流面まで取引がなくなってしまうという不安は大きなものであった。これについて，導入当初は多くの卸売業者からの反発があったが，既にセブン-イレブンが1976年から共同配送を実施していた実績をもとに推進していった。

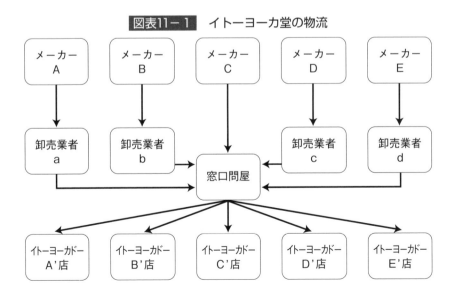

**図表11－1　イトーヨーカ堂の物流**

また窓口問屋から外された卸売業者がイトーヨーカ堂との取引がなくなる懸念をもつことがないよう，たとえばA地区でa卸売業者が窓口問屋となった場合，B地区では同じ分野の商品を取り扱うb卸売業者を窓口問屋にするように配慮した。

　そして加工食品の毎日発注・毎日納品より，加工食品の納品量は平準化がはかられた。これにより配送トラック台数が毎日同じくらいとなり，同トラック台数は82台から38台へと大きく削減された。また配送トラックの運転手が各店舗の荷受場所周辺で納品を順番待ちする割合も減少する効果があった。

　イトーヨーカ堂はこの方式を1999年から2001年にかけて改善した。首都圏を４つの地区に分けて，各地区で窓口問屋となる卸売業者にイトーヨーカ堂専用の共同配送センターを設置させて，店舗までの物流を委託するかたちに変えた。共同配送センターを別に設置することで，窓口問屋が他卸売業者の商品を預かるスペース的な余裕がなかったり，各店舗別に仕分けするスペースがないことにも対応できるようになった。この４地区の共同配送センターの商品は窓口問屋となる卸売業者が預託在庫として共同保管するものであった。４地区の共同配送センターは，埼玉県川口市は菱食（現在の三菱食品），千葉県八千代市は三友小網（同，三井食品），東京都西多摩郡は西野商事（同，日本アクセス），そして神奈川県相模原市は伊藤忠食品がそれぞれ運営・管理している。これにより首都圏では物流センター数が22カ所から４カ所に削減された。

　首都圏では店舗数が多いため在庫機能をもつDC（Distribution Center：在庫型センター）を４カ所設置したが，首都圏以外では店舗数が少ないため小型のTC（Transfer Center：通過型センター）を複数配置している。

　共同配送センター方式以前は，加工食品の窓口問屋が分野ごとにいくつかに分かれていたため窓口問屋ごとに配送しており，店舗側が納品されるたびに荷受作業を行う必要があった。同方式採用後には加工食品のカテゴリー一括納品，売場通路別仕分け納品，定番・特売別納品，各卸売業者から窓口問屋へは総量納品にした。

　加工食品のカテゴリー一括納品は，加工食品を15のカテゴリーに分けて納品

するものである。売場通路別納品は，店舗の通路を納品区分とするものである。しかしながら店舗ごとに通路の長さが異なることから売場通路別仕分け納品は簡単にできるものではなかった。そこでイトーヨーカ堂は，店舗ごとに商品と棚番号を結びつける作業を行いコンピュータに登録することで，売場通路別仕分け納品ができる体制をつくった。この売場通路別仕分け納品により，店舗側では同じ通路に陳列する商品は同じオリコン（折り畳み式のプラスチック製コンテナ箱）に入っていることから，陳列作業が大幅に改善された。また，定番・特売別納品は，定番商品は各店舗に早朝に配送し，特売商品は昼間の営業時間内に配送するように分けたことにより，定番商品は開店時間前までに売場に陳列できるようになった。

イトーヨーカ堂の調達物流のメリットは第1に店舗側の荷受け作業の回数が減少した点にある。なおこの点は後述するイオンとセブン-イレブンの調達物流にも共通している。第2に既存の卸売事業者を活用することによる範囲の経済性にある。デメリットには，共同配送センターという段階が増えたことにより物流コストが増加する可能性がある点である。このデメリットもイオンとセブン-イレブンの場合にも共通している。

## (2) ミルクラン方式

イトーヨーカ堂の窓口問屋方式に対し，メーカーから卸売業者までの配送についても効率化しようとしたのがイオンのミルクラン方式である（**図表11-2**）。イオンは取引規模の多いメーカーの工場に，運送会社に集荷を依頼し，運送会社は複数メーカーの商品を積み込んでイオンの物流センターまで運ぶ方式である[3]。メーカーの工場まで商品を引き取りに行くため，イオンはメーカーに対し工場出荷価格での取引を要請している[4]。イオンがミルクラン方式を採用するのは仕入原価を下げるためである。その背景には，1990年代後半以降に外資系の日用雑貨メーカーが，仕入数量がまとまれば小売業と直接取引するという方針を打ち出したことにある。しかし日本では建値制度を採用しており，この価格は納品先への配送費を含んだものであることから，特約店制度や

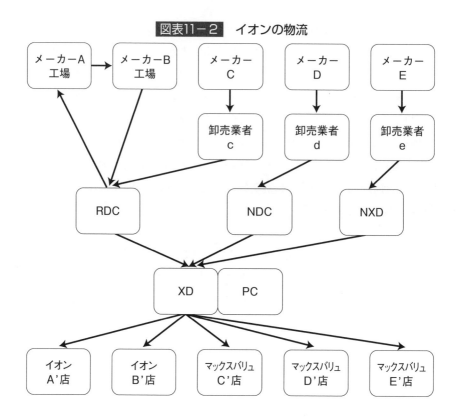

図表11-2　イオンの物流

建値制度を揺るがすものであった。

　ミルクラン方式は牛乳メーカーが各牧場を巡回して原料となる生乳を集荷したことから名づけられた。日産自動車が部品メーカーからの集荷にこの方式を利用している。

　イオンは，生鮮食品を除いた加工商品は基本的にRDC（Regional Distribution Center）で在庫をもち，XD（Cross Docking）[5]で店別の仕分けを行っている。すなわちミルクラン方式で調達した商品や卸売業者からの商品は，ひとまずRDCで保管され，XDでそれ以外の商品とあわせて店別に仕分けして各店舗に配送している。XDには生鮮食品の製造・加工と，インストア商品の原材料を提供するPC（Process Center）が併設されている。すなわちXDは一般的に

TCと呼ばれる物流センターと同様の役割を果たしている。

　ただ季節商品と商品回転率の低い商品は，NDC（National Distribution Center）を大阪に1カ所だけ設置して集中的に在庫している。そして衣料品はメーカーや卸売業者から集めた商品をNXD（National Cross Docking）を経由して各地のXDに流している。

　そしてイオンの物流センターは3PL事業者が運営・管理していることから，イオンや納品事業者は3PL事業者に対して商品保管料や物流センターフィーを支払っている。同センターを運営・管理している3PL事業者は，センコー，日立物流，福山通運などである。

　イオンの調達物流のメリットは，メーカーとの直接取引を進めることにより仕入原価を下げることができる点にある。しかしながらこのメリットを追求するがゆえに，既存の卸売事業者に物流を任せられない点がデメリットである。さらに**図表11-2**の図でわかるようにイオンの物流センター段階が2段階となることにより物流コストが増加する可能性がある。

## 2　コンビニエンスストアの調達物流

　調達物流の構築に取り組んだのは取扱商品アイテムが多い総合スーパーのみでなく，食品を中心とした食品スーパーも同様である。また130㎡程度の売場で3,000アイテム程度を取り扱うコンビニエンスストアも調達物流の構築に取り組んでいる[6]。

　コンビニエンスストアは売場だけでなく，納品された商品を一時的に保管する場所としてのバックヤードのスペースが小さい。極端な話だが，仮に3,000アイテムの商品が1ケースずつ納品されても，すぐに売場に陳列するスペースがない場合，3,000ケースの商品全てはバックヤードに一時的に保管しなければならない。しかしながらコンビニエンスストアのバックヤードは3,000ケースの商品を保管するだけのスペースはない。食品でいえば缶詰，そして日用雑貨が1ケース単位で納品されると，それを売場に全部陳列することはできず，

さらに売り切るまでに時間がかかる。陳列できない分はバックヤードに一時的に保管しなければならないが，バックヤードは小さいという問題を抱えていた。そこでコンビニエンスストアでは，後述するように，商品を１ケース単位でなく，小分けにしたかたちで納品するシステムを採用している。

また特約店制度により，同じカテゴリーの商品でも異なる卸売業者から仕入れなければならないという問題も抱えていた。コンビニエンスストアの駐車場台数は総合スーパーや食品スーパーより少なく，納品業者専用の駐車スペースを別に確保していない。特約店制度を基にした商流・物流でコンビニエンスストアへの納品が行われれば，コンビニエンスストアの駐車場は１台分がほぼ１日中配送トラックのスペースとして使われ，その結果として買物客の駐車スペースが少なくなる。この問題の克服に取り組んだのが，セブン‐イレブンである。セブン‐イレブンが１号店を出店した1974年当時の１店舗当たりの配送トラック台数は１日平均70台であった。

## (1) 温度帯別共同配送システム

現在のセブン‐イレブンの調達物流システムは**図表11－3**である。同システムへの変更が図られたのは，1990年代末からである。

セブン‐イレブンでは，1999年に東京都新宿区の一部店舗から夏の期間のソフトドリンクの納品を週３回から６回に変更してほしいという要望があがっていた。それとともに2003年に酒類の販売自由化[7]が実施されることに対応するため，常温商品である加工食品と酒類そして菓子と日用雑貨を一括配送する計画を立てた。

加工食品・酒類・菓子・日用雑貨には次のような特徴があった。酒類と加工食品のなかのソフトドリンクは容積の割に重量が大きい（重い），菓子は重量の割に容積が大きい，ソフトドリンク以外の加工食品と日用雑貨は酒類と菓子の中間くらいであるという特徴である。すなわち加工食品だけを積むとトラックの中は商品がしっかり積まれているが積載重量は重くない。他方，酒類やソフトドリンクだけを積むと重くなり，積載重量を超えないようにしようとする

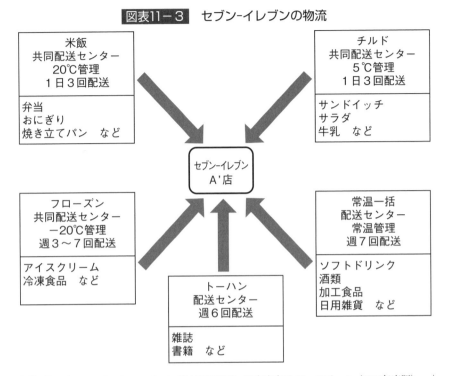

**図表11-3** セブン-イレブンの物流

出所:「セブン&アイ・ホールディングス事業概要──投資家向けデータブック(2014年度版)──」。

と容積率が下がってしまう。そこでこの特徴を踏まえて4つのカテゴリーの商品を一括配送することで積載重量と容積率のバランスを取ろうという仕組みである。これにより1店舗当たりの配送車両台数も削減できた。

(2) 現在の調達物流システムが完成するまでの取り組み

次に,セブン-イレブンが現在の調達物流システムを構築するまでの大きな取り組みについてみていく。

① バラ配送への取り組み

セブン-イレブンが最初に取り組んだのは1ケース単位[8]の納品でなく,小分け,すなわちバラにした状態での納品の要請であった。各カテゴリー内の取

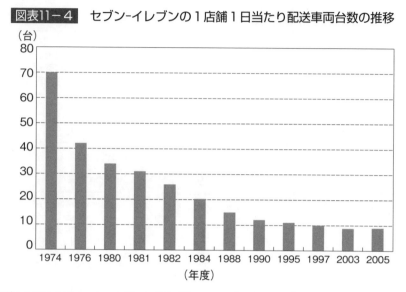

図表11-4　セブン-イレブンの1店舗1日当たり配送車両台数の推移

出所：セブン＆アイ・ホールディングス「Corporate Outline 2006」。

扱アイテムが少ないコンビニエンスストアでも，缶詰を1アイテムのみ取り扱っていることはほとんどない。なぜなら缶詰が1アイテムだけでは買物客から商品選択の機会を奪ってしまうからである。

　この1ケース単位での納品はコンビニエンスストアに限らず，いわゆるパパママストアと呼ばれる小さな小売店においても，卸売業者からの納品単位は同じであった。しかしながらコンビニエンスストアはパパママストアと呼ばれる小売店の何倍もの商品を品揃えしているにもかかわらず，バックヤードが小さいという問題を抱えていた。そこで同社は1号店の開店からまもなくこの問題に取り組んだ。

　② 商品の配送・製造の年中無休の取り組み

　セブン-イレブンにかぎらずコンビニエンスストアの店舗のほとんどは24時間年中無休営業である。年中無休で営業するためには，それにあわせて商品を配送してもらう必要がある。前述のとおり，コンビニエンスストアはバック

ヤードが小さいため，年末年始分の商品をまとめて保管することができない。そのため年末年始も配送してもらう必要があるが，卸売業者のほとんどが年末年始は休日であることから，店舗に商品が配送されないという問題があった。この問題にも1号店開店からまもなく取り組んだ。

お弁当やおにぎり，そしてパンの場合には，配送するだけでなく製造もしなければならないから，その難しさは加工食品の卸売業者より大きなものがあった。同社は山崎製パンに対し年末年始もパンの製造を要望したが，それが受け入れられたのは1976年であった。

### ③ 欠品問題への取り組み

品切れとは，ある商品が売り切れて売場に陳列されていない状態をいう。そして，その商品を卸売業者に発注しても納品されない状態を欠品という。品切れした商品が欠品状態であれば，品切れは解消しない。品切れと欠品は販売機会ロスを招くものである[9]。今のようなコンピュータを使った発注でなかった時代には，欠品は発注した店舗側にあるか，納品する卸売業者側にあるかを正確に把握することができなかった。そうしたなかでセブン-イレブン本部はサウスランド社では「欠品率1％であると売上げも1％減少する」というデータを持っていた。そこで同社は欠品した場合，粗利補償を卸売業者に請求するようにし，欠品問題が発生しない仕組みを導入していった。粗利補償とは，発注した商品が欠品で納品されない場合に，商品の販売価格と納入価格との差額を卸売業者がペナルティとして支払うものである[10]。

### ④ 商流と物流の分離への取り組み

セブン-イレブンが1号店を出店した1974年度には東京都，神奈川県，福島県，そして埼玉県に出店した。翌1975年度は長野市と千葉県にも出店エリアを拡大した。1976年度は長野県松本市，1978年度には北海道にも出店エリアを拡大した。

これに伴いベンダー[11]との商談も，首都圏，福島県，長野県の2つのエリア，そして北海道で行われた。特約店制度のもとでは，それぞれのエリアのベンダーと価格交渉等を行わなければならず，本部の負担が大きくなっていた。さ

らにエリアごとにベンダーが異なることで，加盟店が仕入れる商品の価格も違うという事態が発生していた。そこでベンダーがメーカーから商品を仕入れている場合には，本部が直接メーカーと価格等を商談する仕組みを1978年から始めた。本部がメーカーと直接商談する仕組みは，特約店制度や建値制度のもとでは簡単に実現できるものではなく，実現するまでに7～8年の年月を要した。セブン-イレブンでは商取引は本部がメーカーと直接行うが，物流はベンダーすなわち卸売業者を通じたものであり，商流と物流を分離した状態である。物流はベンダーを通じたものであるため，代金支払いはベンダーに対して行われる。

### ⑤ 共同配送への取り組み

セブン-イレブンにおける共同配送は，1976年のチルド商品[12]から開始された。共同配送を実現するまでに最も苦労したのが牛乳であった。1979年当時のセブン-イレブンでは牛乳の配送は雪印乳業・明治乳業・森永乳業・全農などの各メーカーの特約店が各店舗に配送していた[13]。セブン-イレブンはそれを非効率だと考え，同社のPB牛乳を製造していた全農に，他社の牛乳も共同で配送してもらう提案をしたが，他の乳業メーカーからの反発が強くすぐには実現しなかった。これが実現したのは1980年であった[14]。

### ⑥ 温度帯別共同配送の取り組み

セブン-イレブンでは，同じカテゴリーの商品を共同配送する仕組みを構築していったが，それをさらに進めたのが温度帯別配送である。例えばチルド商品と牛乳は同じ5℃で管理し配送されているが，別のトラックで配送していた。それを同じ温度帯のため同じ配送トラックに積載して共同配送するというものである。

お弁当やおにぎりなどは1976年当時，各ベンダーが各店舗に個別で1日1便（回）配送していた。それを1979年に各ベンダーが各店舗に個別で1日2便配送するシステムに変更した。そして1981年に福岡地区で1日2便の共同配送が開始された。1985年に1日2便制プラス特別便，すなわち実質的な1日3便の共同配送体制が開始された。全国でお弁当などの1日3便の共同配送が確立さ

第11章　小売業の調達物流　209

れたのは1988年であった。

　セブン-イレブンの調達物流の革新性は，ケース配送をバラ配送にしたり，年中無休での商品の製造と配送を実現したり，同じ温度帯の商品はまとめて配送したりしたことにある。またコンビニエンスストアという小さな店舗に多頻度で商品を配送する際に配送トラック台数が多くならないよう，上記のような取り組みを進めた点にもある。

　セブン-イレブンの物流センターの拠点数は，2015年2月時点で5℃管理が11拠点，20℃管理が12拠点，5℃管理と20℃管理の共同が57拠点，−20℃管理が18拠点，そして常温管理が42拠点の合計140拠点がある。

## 注

1　林薫「物流・情報システム　窓口問屋の集約化 vs メーカー直取引促進」『販売革新』2002年1月号，商業界，112頁。

2　1983年頃のイトーヨーカ堂の1店舗平均取扱アイテム数は約20万アイテムであった。イトーヨーカ堂編『変化対応—あくなき創造への挑戦　1920−2006』イトーヨーカ堂，2007年，254-255頁。

3　複数メーカーの工場に商品を受け取りに行くトラックは基本的にイオンの各店舗までの配送を終えたトラックや他企業が利用したトラックの帰り便を利用することで輸送コストを削減している。

4　古いデータであるが，2009年度時点でイオンが直接取引していたメーカー数は81社であった。「日経MJ」2010年4月14日号。

　　当時，いわれていたのは，例えばイオンがアサヒビールと直接取引した場合，その対象となる商品はアサヒスーパードライだけであり，それ以外のビールやビール系飲料は卸売業者から仕入れるかたちであった。

5　XDの後にC，またはCross Dockingの後ろにCenterがついていると考えるとわかりやすい。

6　セブン-イレブンの調達物流については，次の文献を参考にした。セブン-イレブン・ジャパン編『セブン-イレブン・ジャパン　終りなきイノベーション1973-1991』セブン-イレブン・ジャパン，1991年。セブン-イレブン・ジャパン編『セブン-イレブン・ジャパン　終りなきイノベーション　1991−2003』セブン-イ

レブン・ジャパン，2003年。

7　酒類販売の自由化は，2001年に酒販店間の距離基準，そして2003年に人口基準
　　が廃止されることにより実質的に自由化され，現在はほとんどのコンビニエンス
　　ストア店舗で酒類が販売できるようになった。

8　例えば，ソフトドリンクの500mlペットボトルは24本で1ケース，1.5Lペットボ
　　トルは8本で1ケース，2Lペットボトルは6本で1ケースである。カップ麺の多
　　くは12個で1ケース，ポテトチップスも12袋で1ケースである。缶詰の多くは24
　　缶で1ケースである。

9　総合スーパーや食品スーパーのように，あるカテゴリーの商品をいくつも品揃
　　えしているのであれば，品切れ・欠品していても他社の同じような商品を我慢し
　　て買ってもらうことができるかもしれないが，コンビニエンスストアのような同
　　じカテゴリーの商品の品揃えが限られている小売業態では品切れや欠品の影響は
　　大きい。

10　生産量が少ない商品や受注が多いとそれに応じきれない商品については，数量
　　契約をしたうえで粗利補償制度を導入した。

11　ベンダーは，配送機能も果たしているメーカーや卸売業者をいい，お弁当など
　　を製造する業者も含まれる。

12　練り物，漬物，サラダ，刺し身，塩干物，精肉等である。これらの業者は中小
　　企業が多く，独自にコンビニエンスストアの各店舗まで配送することが困難であっ
　　た。特に次々と新しい店舗を開店していくコンビニエンスストアからの発注に応
　　えることさえ大変なのに，個別に配送することは容易なことではなかった。

13　配送は各乳業メーカーの特約店である卸売業者が行う場合もあれば，街の牛乳
　　販売店が行うこともあった。

14　この共同配送により，牛乳の配送コストは3分の1になった。

## Working

1　衣料品専門店（ユニクロ，しまむら等）の調達物流について調べなさい。

## Discussion

1　窓口問屋方式とミルクラン方式では，どちらが効率的かを議論しなさい。

2　総合スーパーやコンビニエンスストアの調達物流は，他の小売業態にも適
　　用可能かを議論しなさい。

# 第12章
# 小売業の情報システム

## 本章のねらい

　小売業はもちろん流通業は現在，変化の激しい消費者ニーズに的確に応えることが求められている。小売店に買い物に行った消費者が，そのお店で欠品していることがわかると別のお店に出向いたり，手元のスマホでネット通販を利用したりして入手することはおおいにありうる。店頭で欠品を起こさないようにするには，あらゆる商品を陳列できるように売り場面積を広げ，いざという場合に備えてたくさん在庫を抱えておけばよい。しかし，実際には，経営コストがかかるため，売り場面積にも保有できる在庫量にも上限がある。

　そのため，現在では小売業が自社の販売情報（売上げ動向）を分析して品揃えに役立てたり，販売情報を核として商流と物流を連動させたり，異なる流通段階の企業と情報共有によって連携したりすることが積極的に行われている。

　そこで本章では，流通取引に伴って生じる情報が，小売業の経営や流通全体のあり方をどのように進化させてきたかを見ていくことにしよう。

**Keyword** | 流通情報　POS　ID-POS　EOS　EDI　SCM VMI　QR　ECR　CPFR　流通BMS

# **１** 流通情報と小売業

## (1) 流通情報とは何か

　流通における小売業の業務内容は，仕入れ先であるメーカーや卸売業者から仕入れを行い，在庫を管理し，消費者に対して販売を行うことである。商品の流れを川にたとえ，情報の面から，小売業の役割を川下の消費者に対する役割と川上のメーカーや卸売業に対する役割の２つに分けて考えてみたい。

### ① 小売業と消費者の間で生じる流通情報

　小売業は消費者に対して，適切な商品を適切な価格で適切な店舗やサービス水準で販売し，消費者ニーズを充足させ消費者の生活を豊かにする役割がある。また，メーカーや卸売業に対しては，取引を通してどのような商品がどのタイミングでどれぐらいの数量が必要か，またその価格がいくらであることが望ましいかを伝達する役割がある。小売業はこうした役割を果たすことによって，適切に在庫を管理し，欠品がないように店頭の商品補充を行い，消費者ニーズを充足させるための品揃えを実現する。小売業は，販売したい生産者と買いたいと思う消費者とマッチングさせ，豊かな消費社会の創造に寄与しているのである。

　流通における需給調整にかかわる情報は，流通情報と呼ばれる。小売企業と消費者の間の流通情報には，ⓐ販売促進に関する情報とⓑ消費者に関する情報がある。

　ⓐ販売促進に関する情報とは，販売する商品や自店に関する情報であり，その伝達により消費者の購入意欲を高め，自店での購買拡大や来店動機の向上につなげることを目的とする。陳列した商品，販売員の接客，チラシなどによるプロモーションなどの手段で情報伝達が行われる。最近では小売企業がインターネットのSNS（Social Networking Service）を使って消費者のスマートフォンに対して直接メッセージを送信し，購買喚起を促すような取り組みもよ

くあるが，これにあたる。

　ⓑ小売企業が収集する消費者に関する情報とは，店頭に陳列された商品に対する消費者のニーズ情報を意味する。この部分で主役となる流通情報システムが，POS（販売時点情報管理）システムである。POSデータを収集し，それを商品管理や仕入れ管理に活用することによって，小売業はより合理的で効率的な経営が可能になる。

　これに加え，最近ではPOSデータをめぐって，ⓐ販売促進に関する情報とⓑ消費者に関する情報を連動させる仕組みも導入されている。買い物客がレジで提示する小売企業などが発行するポイントシステムでは，多くの場合，ID番号と氏名・住所・性別・年齢がわかるようになっている。最近では，これら買い物客の属性とPOSデータを紐づける試みも進められている。こうしたデータのことをID-POSデータと呼ぶ。先進的なチェーン小売企業では購買頻度や購買金額に応じて顧客をランク分けし，購入履歴のある商品分野のクーポンやポイントを配布するといった販売促進手法を用いて優良顧客を囲い込んでいくFSP（Frequent Shoppers Program）などを導入し，顧客ロイヤルティを高めるように努めている。

### ②　小売業と仕入れ先の間で生じる流通情報

　小売企業と仕入れ先の間で生じる流通情報には，ⓒ仕入れ商品についての情報とⓓ販売動向に関する情報がある。

　ⓒ仕入れ商品についての情報とは，仕入れ先からもたらされる新製品情報や商品特性情報，納品や請求など取引に関する情報も含まれる。ここでのⓓ販売動向に関する情報とは，小売企業が収集した消費者から得た購買データ（前述ⓑにあたる）や店頭での消費行動情報のほか，これらの情報に基づいて意思決定された発注情報などが含まれる。

　小売企業は売れ筋や人気商品が常に店頭に並んでいる店ほど消費者から支持を得られる。このため，新製品の発売情報や人気商品情報をいち早く入手し，それを商圏内の消費者のニーズや購買データとすり合わせながら，仕入れ活動や品揃え活動に反映させていくことが必要となる。

近年，業界や業態を超えて流通情報システムの革新が断続的に起こっている。それは，ⓒ仕入れ商品についての情報とⓓ販売動向に関する情報の領域をめぐって起きている。後述するEOS，EDI，流通BMSといった流通情報システムはすべて，ⓒとⓓを迅速に結びつけさせ，いかに無駄のない仕入れ・在庫・納入を実現させるかというところに取り組みの焦点がある。

　第１章でみたように，流通の機能は商流に関する機能，物流に関する機能，情報流に関する機能の３つに大別できる。これらはいずれも重要な機能であるが，近年の流通においてはとくに情報流の占める比重が高くなっている。大規模な小売企業であればあるほど，小売企業—消費者，仕入れ先—小売企業の間で双方向性をもってやりとりされる情報を核にして，それと商流（取引）や物流を連動させ，需給をより正確により迅速にマッチングさせようとする傾向にある。コンビニエンスストアはその典型的な小売企業である。

## ⑵　流通情報システム導入のメリット

　流通業界では，早期から情報化やその前提となる電子化に取り組んできた。流通業には情報化による効率化のメリットを享受しやすい条件が揃っている。

　この点について，消費財の流通取引の特性と併せて確認したい。たとえば１店当たりの商品アイテム数では，コンビニエンスストアが最寄品（生鮮食料，加工食品，日用雑貨など）2,500〜3,000品目，食品スーパーが１万品目ほどであるとされる。さらに売り場面積の広い店舗をもつ百貨店や総合スーパーでは，数万品目もの品揃えとなる。しかも弁当や惣菜に代表されるように，品質管理の制約から各店舗に日配しなければならない商品も非常に多い。ここからわかるように，流通取引には，取り扱うアイテム数が多い，取引先数も膨大になる，鮮度などの観点から商品によっては取引頻度が高くなるうえ短納期になる，メーカー・卸売業・小売業にはいずれも中小企業が多い，という特性がある。

　こうした特性のため，小売店の取引１回ずつでみると，１商品あたりの取引数量は少なくなりがちであり，より多くの仕入れ先（卸・メーカー）から仕入れることになりやすい。つまり，消費者が買い物するうえで利便性が高い品揃

え豊富な小売店であればあるほど，その流通取引は煩雑となり，バックヤードでは契約書・発注書・請求書の作成や契約通りに納入されたかどうかの検品など，手間（時間コスト，労働コスト）がかかる。それは小売店と取引する仕入れ先にとっても同じである。そのため，消費財メーカーや流通企業はこうしたコストを節約できる情報化や電子化に対して潜在的に高いニーズをもっている。

### (3) 流通情報データの特性

　小売業はそもそも伝票の作成・処理や売上高や在庫の計算を手作業で行っていた。現在でも中小零細店では同様の取り扱いである。それに対し1960年代以降，大規模小売企業ではその成長にともない，以下でみるように流通情報の処理に情報通信技術を導入し，流通情報システムを深化させてきた。

　電子化以前と比べて，電子化された流通情報には**図表12－1**に掲げる7つの特徴がある[1]。

　流通情報の電子化は，電子化される以前と比べると，次のような取引業務の改善効果や新たな可能性をもたらす。小売企業が即時に売上高を把握することができ，直近の発注に役立てることができたり，従来よりも集計レベルの細かいデータを分析し，陳列や店頭での販売促進に活かしたり，無駄な在庫を省いたりできる。より迅速かつ効率的に仕入れ先との間で受発注データがやりとりできるので，商品の仕入れが短納期になる。店頭での販売データや在庫データなどを仕入れ先と共有し，的確な販売計画の立案や欠品を防ぐような継続的な商品補充が可能になる。メーカー横断的に得られる販売データの分析から消費

**図表12－1　電子化された流通情報の特徴**

1）即時伝達性：必要な情報を瞬時に取り出して相手に伝えることができる
2）高速演算能力：データの集計，分類，保存，分析が瞬時にできる
3）正確性：データの伝達，演算，複写などの処理にほとんど誤りがない
4）連結：データ転送において複数システムの連結が可能となる
5）複写可能性：情報が簡単に，安く，正確にコピーできる
6）経済性：データ処理およびデータ利用が低費用でできる
7）共同利用可能性：客観的かつ大量のデータを共有し，共同利用できる

者ニーズを読み解き，新製品開発や提供サービス水準の向上に活用する，など
である。

## ❷　小売業とPOSシステム

　チェーン小売企業を中心に多くの小売業で，消費者の購買情報を売り場で収
集し，商品管理を行うための流通情報システムとしてPOSシステムが導入され
ている。流通システム開発センターが2013年に3,079社の組織小売業を対象に
行った『流通情報システム化実態調査』によれば，POSレジは回答企業の
81.8％にあたる257社が導入済みである。業態別に導入率をみると，総合スー
パー・ミニスーパー・コンビニエンスストアは100％，食品スーパーが94.8％，
百貨店・ホームセンターが88.9％，ドラッグストアが87.5％となっている[2]。

### (1)　POSシステムとJANコード

　通産省（現経済産業省）の定義によると，POSシステムとは「光学式自動読
取方式のレジスタにより，単品別に収集した販売情報や仕入れ，配送などの段
階で発生する各種の情報をコンピューターに送り，各部門がそれぞれの目的に
応じて有効活用できるような情報に処理・加工し伝送するシステム」を指す。
販売時点での売上げ情報（POSデータ）を単品（消費者の購入する単位）ごと
に把握し，それを仕入れや在庫管理と結びつけることによって，統合的に管理
を行うためのシステムである。

　単品ごとに情報を把握するための手段として活用されているのが JAN
（Japanese Article Number）シンボルと呼ばれるバーコードと，JANコード
と呼ばれる13桁の数字である（小さな商品では8桁の短縮版を利用）。この
JANコードは単品ごとに付され，事業者，商品識別などの情報が埋め込まれて
いる。これを読み取ることで小売店頭での清算作業を行ったり，受発注・棚
卸・在庫管理などを行ったりすることができる。POSシステム普及拡大には，
このJANコードの整備が必要であった。その確立に努めたのが当時の通産省の

第12章　小売業の情報システム　217

委託機関である財団法人流通システム開発センター（現一般財団法人流通システム開発センター）であり，現在でも同センターが事業者コードの付与を行っている。

　食品や日用品など多くの消費財のパッケージにバーコードが付いている。食品や衣料品については小売企業が独自のコード体系化を行って商品管理しているとされるが，ナショナルブランドの日用品は全国共通のJANコードが提供されているため，統一的なデータ比較がマーケティング機会の創出につながる可能性が指摘されている。

　なお，最近のスマートフォンのアプリには，JANコードやQRコードの読み取りや作成ができるものがある。これによってJANシンボルを読み取り，ネット上で商品検索をして，ネットショッピングを行うといったケースも見られる。情報端末の進化により，最終消費者もJANコードを容易に扱うことができる時代がやってきている[3]。

## (2)　POSデータの活用

　POSデータで把握できるのは，一般に以下の事柄である[4]。販売日時，レシート番号，レジ番号，レジ担当者，商品番号，商品名，商品分類，単価，割引金額，合計金額である。小売企業はこうしたデータから，どの商品がいくつ売れたのか，いつ売れたのか，全体の売上げはいくらになるのかを単品ごとに把握することができる。従来小売業では部門別に利益計算をしていたが，POSシステムの導入により単品ごとの利益管理ができるようになったのである。いわゆる単品管理である。

　これに伴い，店頭の商品をランク分けできるようになった。その手法として知られるのがABC分析である[5]。ABC分析では，カテゴリー内の商品を分析期間中の売上金額構成比によってA（重点的に販売する），B（継続して取り扱いを検討），C（死に筋商品候補とする）の3ランクに分ける。売上金額構成比の算出式は以下である。

売上金額構成比（％）＝商品の売上金額（円）÷カテゴリー全体の売上金額×100

　この売上金額構成比に基づき，カテゴリー内の商品を降順に並べる。次に，累積売上金額構成比を計算し，通常80％を超えた最初の商品までをAランク，累積で95％を超えた最初の商品までをBランク，それ以外の商品をCランクとする。

　ただし，ABC分析にあたっては，以下3点に注意しなければならない。第一に，何％までをAランクとするかは，業態や商品カテゴリーによって検討が必要である。Aランクに入る商品それぞれの上位集中度が低い場合，Aランクにカテゴライズされる商品数が増え，重点販売する商品数が多すぎる事態も発生するからである。

　第二に，ABC分析に使用するPOSデータの期間である。ABC分析は一般に3～6カ月のデータで行われることが多いが，それは短期間のデータで判断すると特売の影響が強く出てしまうことがあるためである。また，POSデータの期間が長くなると，導入されたばかりの新商品の売上げが過小評価される可能性がある。この時点で判断すると，将来的に売れ筋商品に成長するかもしれない商品を死に筋と判断する危険性にもつながるため，注意が必要である。

　第三に，売上金額構成比では単価が安い商品や小容量商品がCランクになりやすい。これらの商品は必ずしもニーズに対応していないとは限らない。そのため，死に筋商品として店頭から撤去する前に気を付けなければならない。

## ⑶　POSシステムのメリット

　POSシステムには，以下のようにハードメリット（機器導入により得られる長所）とソフトメリット（POSデータを使いこなせば武器になる長所）がある（**図表12−2**）[6]。

　近年では，蓄積された種々のPOSデータ同士を結び付けることにより，新たな知見が得られている。アメリカでは，大手小売企業が買い物客のPOSデータ（レシート）分析を行った結果，一見すると関連購買の対象にはなりそうもな

第12章　小売業の情報システム　219

### 図表12-2 POSシステムのハードメリットとソフトメリット

【ハードメリット】
1）清算サービスの生産性向上
2）価格登録ミスの防止
3）商品名入りレシート発行による顧客サービスの向上
4）店舗における事務作業の簡素化（レジと現金の照合，売上記帳など）
5）レジ教育訓練費用の削減
6）親POSに一括価格登録できるため，単品値付け作業費用の削減
7）従業員による不正会計の防止

【ソフトメリット】
1）死に筋商品の把握による在庫削減効果
2）売れ筋商品把握による欠品防止効果
3）利益ミックスによる粗利益増効果（例：売れ筋商品の隣に粗利益率の高い商品を品
　　揃えする）
4）実験店に導入して，顧客の反応を見るなど，新商品評価への利用可能性
5）販促効果の測定（陳列場所の変化による売上げ数の変化など）
6）POSデータに基づき，売上げ数と発注・納品のサイクルから理想的な棚割を割り出
　　し，棚生産性を向上させる効果

い「おむつとビール」が一緒に購入されている割合が高いことに気付き，売り場を近くにする工夫をして成功したとされる。小さい子供のいる家庭の母親が父親に頼み，おむつを買いに来た父親はついでに缶ビールを購入していたためである。これは，データマイニングの一手法であるバスケット分析の例として知られる。このように膨大なデータの分析から，これまで一度も指摘されたことのない関係性を探し出すためにも，POSデータは有効である。

　データ分析の精度だけでなく，POSシステム自体の機能も高度化している。導入当初は清算情報を把握するだけだったPOSレジは，現在では在庫照会などの双方向性を持つようになった。レシートへのクーポンやQRコードの印刷も可能になり，販促機能も有するようになった。現在POSシステムは，その他の流通情報システムと組み合わせて，シームレスな流通を実現するためのもっとも基本的な要素となっている。

⑷　小売企業によるPOSデータの開示と売り場提案

　POSデータは従来，小売企業内部でのみ使用され，非公開が原則であった。
ところが近年では，チェーン企業のPOSデータをメーカーや卸と共有する試み
が進められている。現在，POSデータを開示している小売企業はスーパーを中
心に100社以上あるとされる。以下では，POSデータを取引先であるメーカー
や卸と共有し，品揃えの最適化や販売促進に活用し，取引先の力を借りて売り
場を活性化させる小売企業の取り組みについて見ていく。

　生活協同組合コープさっぽろは，他社に先駆けてPOSデータを取引先に公開
した[7]。同社は2003年から，ウェブサイト上で取引先のメーカーや卸に対して
全店全商品のPOSデータを公開している。公開されるデータは，店舗別，SKU
単位の商品別，日付別の販売動向，ID-POSデータであり，メーカーにとって
競合他社の販売データも含んでいる。

　取引先であるメーカーや卸は，このデータを自社の出荷データや調査会社の
POSデータ分析結果などと併せて，コープさっぽろの経営幹部や商品部，店長
らに対してマーチャンダイジング改善提案を行っている。これは「MD研究会」
と呼ばれている（MDはマーチャンダイジングの略）。ここでメーカーは「○
○○については，特売をしてもしなくても売上高が変わらないから，特売をす
れば粗利を落とすだけ」といった提案をする。コープさっぽろにとっては，自
社の仕入れ担当者による販売促進企画を取引先から補ってもらえるうえ，課題
を指摘してもらえるメリットがある。

　小売業のマーチャンダイジング提案をするのであるから，ときにメーカーに
は自社製品以外の製品も含めて提案することが求められる。クロスマーチャン
ダイジングが実行される場合も多い。クロスマーチャンダイジングとは，本来
の商品分野からすると異なる属性をもつが，消費者のライフスタイルや消費
シーンから想起すると関連性の高い商品を同一の売り場に陳列することを指す。
消費者に対して店頭での購買刺激を促すものである。

　コープさっぽろがメーカーと共同で取り組んだクロスマーチャンダイジング

の成功例には以下がある[8]。ID-POSデータから，ネスレ日本の「マギー化学調味料無添加コンソメ」と自社PBのウインナーを同時に購入する顧客が増えていることがわかった。そのため，売り場でクロスマーチャンダイジングを実施し，同時に店内の割引クーポン券売機のモニターに両製品を表示したところ，両製品の売上高は対前年比26％増だったという。

　従来のような小売企業の担当バイヤーとメーカーの営業担当者との交渉では，担当バイヤーの部門の売上げ向上と自社製品の店頭シェア拡大が最優先となり，納入価格交渉に陥りやすい。しかし，小売企業がPOSデータを開示し，取引先と一緒に分析することで，相互の連携を強め，より精度の高いマーチャンダイジングが可能になる。

## 3 小売業と受発注システム

### (1) EOSの導入とオンライン受発注

　POSシステムの導入の結果，小売企業の側では，売れ筋商品を中心に効率的な品揃えを行い，できるだけ在庫を圧縮しながらも欠品なく商品補充したいというニーズが高まった。それは大型小売企業の受発注のシステム化に対する関心の高まりにもつながった。

　前述したように，品揃えの幅が広い小売業の場合，受発注にかかる手間はとくに煩雑となる。チェーンストア企業が成長するにつれ，仕入れ業務を行うチェーンストア本部と販売業務を行う店舗の間でも，店頭在庫や各店舗の発注に関する情報のやりとりが必要となった。そこでまずは店舗⇔本部間のEOS（Electric Ordering System）が開始された。直訳すると，電子的な補充発注システムである。

　ただし，当初のEOSは店舗と本部間だけを結ぶ企業内EOSにとどまったため，本部と取引先との受発注の煩雑さの問題は残った。だが当時のコンピュータは機種によって通信プロトコルが異なる状況で，本部と社外の多様な取引先

との間で発注情報伝達ができる環境になかった。そのため取引先企業は依然として，チェーンストア企業本部を直接訪問して発注を受けなければならなかった。

　毎日のように本部を訪問することは，取引先にとっても大きな負担となる。オンラインでの受発注情報を伝達する必要性を感じた日本チェーンストア協会は1980年，「取引先データ交換標準通信制御手順」（通称JCA手順，またはＪ手順）を制定し，電話回線をデータ通信に利用するための手順を示した。通商産業省（現経済産業省）は1982年にこれを流通業界の標準手順に制定し，これによって他社とのオンライン・データ交換が可能になった。日本チェーンストア協会はJCA手順に加え，標準データフォーマット，ターンアラウンド用統一伝票の標準化も行い，EOSはチェーンストアを超えて，流通業界全体に広がっていった[9]。

## (2)　EOSからEDIへ：特徴と違い

　1990年代に入り，EOSはEDI（Electric Data Interchange）と呼ばれるようになった。通産省（現経済産業省）の定義によると，EDIは「業種・業態の枠を超えた商取引のデータ交換に関する標準規約に基づく，企業間オンライン・データ交換システムであり，製造から販売に至る企業間商取引の事務・業務の総合的な合理化システム」である。

　EOSとEDIはどちらも企業間電子データ交換という点では共通しているが，EDIの方が幅広い取引関係者とデータ交換できるところに違いがある。EOSはチェーンストア企業本部と取引先（多くは卸）との受発注データ交換であるのに対し，EDIでは画像情報を含めた商品情報（商品カタログ），見積もり情報，受発注情報，納品・受領情報，請求・支払情報，POS売上データ，在庫情報などのメッセージの送受信が可能である。

　このようにEDIには，データの共有による製配販（メーカー（製），卸（配），小売（販））の企業連携を促進し，多様で変化の激しい消費者ニーズへの迅速な対応を可能にする狙いがあった[10]。

## (3) チェーンストアの発注業務とEDI[11]

　チェーンストア企業の発注業務は，多数の店舗の在庫を正確に把握し，それぞれの店舗からの本部発注をまとめ，本部が取引先に発注し，チェーンストア企業の配送センターから各店舗へ短時間で納品することであり，この流れが迅速に行われる必要がある。ここでは，チェーンストア企業によるEDIを使った発注業務について，①店舗内での発注，②店舗発注から納品まで，の2つの段階に分けて見ていく。

### ① 店舗における発注

　図表12－3は，チェーンストア企業の店舗補充発注の流れを示したものである。その手順は以下である。

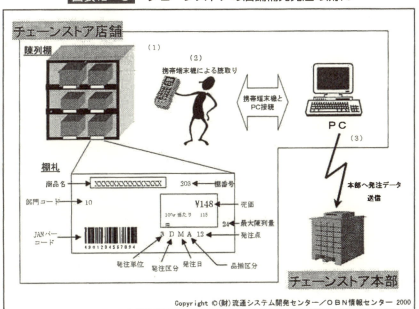

図表12－3　チェーンストアの店舗補充発注の流れ

出所：流通システム開発センター『EDI入門』2000年，14頁。

(a) 店舗発注者は，棚札に貼ってある発注点を切っているかどうかを確認する。

(b) 発注点を切っている商品の棚札のバーコードを携帯端末で読み取り，棚札にある発注数を入力する。

(c) 携帯端末機を店舗事務所にあるパソコンに接続し，本部に発注データをオンライン送信する。

これによって，チェーンストア企業の店舗から本部への発注は完了する。棚札には単品ごとに発注点が示してあり，在庫数量の不足する商品を補充発注すればよい。そのため，店舗には熟練した発注責任者を置く必要がないところに特徴がある。

② **発注作業から納品まで**

次に，店舗からチェーンストア本部への発注→本部から取引先への発注→取引先から配送センターへの出荷→配送センターから店舗への配送，陳列までの流れを見ていく。

(a) 本部では，各店舗から発注された商品を取引先ごとに集計し，卸やメーカーにオンライン発注する。

(b) 受注を受けた卸やメーカーは，納品伝票を作成し，出荷指示を行う。出荷指示に基づいて商品が在庫棚から取り出され，コンテナに商品が入れられ，納品伝票を添付のうえ出荷する。納品伝票は，チェーンストア企業の場合，標準化されたターンアラウンド用統一伝票が使用される。

(c) チェーンストアの配送センターで，検品を行う。コンテナの商品のJANバーコードをバーコードリーダーで読み取り，納品伝票の記載と納品数量が正しいかをチェックする。最近では単品で検品する手間を削減するため，段ボールにITFラベルが貼られることも多い。ITFラベルには，段ボールの中に入っている商品のJANコードの内容と梱包形態（何個入りか）が表示されており，段ボールを開けることなく中身がわかる仕組みになっている。

(d) 検品済み商品を店舗別に仕分けし，配送センターから各店舗に配送する。

第12章 小売業の情報システム　225

(e)　納入された商品を検品せずに陳列棚に陳列する。

　以上の①と②が連続して行われることによって，店舗での発注から店舗の棚への陳列までのプロセスが完了する。

## (4)　標準EDIへの関心の高まりの背景—SCMの影響

　1990年代に入り，製配販の幅広い取引業務全般でのメッセージ標準（トータルEDI）の必要性が指摘されるようになった。これはQR（Quick Response）やECR（Efficient Consumer Response；効果的な消費者対応）と呼ばれるビジネスプロセス・リエンジニアリングやSCM（Supply Chain Management）に関連する取り組みが広く紹介された影響を受けている。QRはアパレル業界で，ECRは食品日用雑貨品業界で行われた取り組みであるが，これらの取り組みにおいては，企業の壁を越えて標準化したデータ交換ができることが前提とされていた。ここでは，それぞれについて簡単に確認する。

### ①　QRシステム

　QRは1984年，アメリカのアパレル業界で生まれた取り組みである。SCMの概念確立に大きな影響を与えたとされる。当時，アメリカにはアジア諸国からの安価な輸入品が大量に流れ込み，国内のアパレル業界には危機感が募っていた。価格競争では勝てなくても，小売店からの発注に「素早く反応」することによって低価格品に対抗しようと，アパレル業界を挙げて取り組んだのがQRの発端である。

　QRシステムは以下のようなものである。小売店頭の毎日の売上高は店別・デザイン別・色別・サイズ別に管理され，そのデータは取引先に送られる。取引先（メーカー）では，各小売企業の店舗ごとの適正在庫水準が事前に決定してある。その在庫量を下回った時点で，自動的に各店舗へ配送が行われる。この自動補充発注の仕組みをVMI（Vender Managed Inventory）と呼ぶ。

　納入の箱にはバーコードが貼られ，箱を開けなくても中身がわかるため，検品作業の手間も大幅に削減される。このため，発注から納品までのリードタイ

ムは短縮し，小売店頭の動きに対して素早い対応が可能になる。こうしたデータ交換をスムーズに行うため，アパレル業界ではUPSコード（小売業とメーカーの共通商品コード，日本でいうJAN），EDI，POSの標準化が進められた。

QRは，アパレル商品を扱うためのマーケティング上の武器となった。QRによって，⑴必需品や売れ筋商品をいち早く見つけて品揃えし，店頭で品切れを起こさず，高い消費者サービス水準が可能になった，⑵商品回転率が上昇し，メーカーや小売企業の在庫水準が低下した，⑶低コストで大量生産して，長期的に販売するというビジネスモデルから，生産から販売までの商品のライフサイクルを早め，短期間で売り切るビジネスモデルへの転換が生じた，のである。

QR導入以前は糸の生産から納品まで１年かかったとされるが，導入後は３分の１程度に圧縮されていたという。QRは小売起点のアパレル生産・流通の仕組みであり，短いリードタイムで売れ筋商品を中心に継続的に店頭に提供し，店頭の鮮度を維持する取り組みとして脚光を浴びたのである。

日本では通産省（現経済産業省）がQRを推進し，1990年代前半から導入が進められてきた。百貨店と一部のアパレルメーカーとのQRや，素材メーカーから織り，染色加工までの大手繊維メーカーの系列内QRなどがある。

② ECR

ECRはQRよりもやや遅れた1993年，アメリカの食品や日用雑貨業界で提唱された。ECRの手法は，ECR独自のシステムがあるわけではなく，POSやEDIといった従来の考え方や技術を１つにまとめて体系化したものである。

ECRは，当時のアメリカにおけるメーカー間競争，パワー・リテイラーとメーカーとの対立の激しさからくる硬直性を打破するために導入された。従来の対立的な取引関係とは異なる新しい垂直的な企業間関係として，ECRでは共生の発想を持ち込んだ。製販の協業重視の下，ECRでは４つの戦略の導入が挙げられている。効率的店頭品揃え，効率的補充，効率的プロモーション，効率的商品導入である。それぞれには有効なマーケティングと物流に関する技術も提示された[12]。

効率的な店頭品揃え実現のために有効とされたのが，カテゴリーマネジメン

トである。これは，小売企業と取引先が組んで，特定カテゴリーの収益を最大化していこうとするものである。POSデータを活用して，棚のレイアウトと陳列と売上げの関係の分析を行うことによって実現可能とされた。効率的補充には標準化EDIとクロスドッキング（配送センターに納入された商品を一時保管することなく小売店頭へと配送する仕組み），前述したVMIが有効とされている。効率的プロモーションにはPOSデータと顧客分析が必要とされた。効率的商品導入にはチーム型組織や，メーカー・卸売業・小売業が協力してwin-winの組織を形成することが必要とされた。

　ところで，ECRは現在，別の仕組みへと進化している。それが，1990年代後半にアメリカで登場したCPFR（Collaborative Planning, Forecasting and Replenishment；需要予測と在庫補充のための共同作業）である。小売企業とメーカーが在庫状況，販売実績，販促計画，需要予測まで共有し，最適な発注量と在庫量を決め，これに従って，タイミングよく小売店頭に製品を供給することで，在庫を最適化し，欠品を防止し，双方のコスト削減に結びつける取り組みである。情報共有に活用されるツールはインターネットである。

　CPFRを真っ先に導入した小売企業には世界最大の小売業ウォルマート，大手のKマート，ターゲットなどがある。ウォルマートとプロクター・アンド・ギャンブル（P&G）とのシステムが有名な成功例である。

### ③　標準EDIの必要性

　QRとECRはともに，店頭情報を起点として，メーカー，卸売業，小売業が協業し，企業間をシームレスにつなぎながら競争力の向上を目指していくものである。これらは日本の流通業界に紹介されると大きな衝撃を与えた。

　流通情報システムの面では，QRとECRではどちらも標準化されたデータ交換による企業間連携が必要である。QRやECRが紹介された当時，日本でもすでにPOSやEDIの普及により小売業と取引先企業（メーカー，卸）の企業間連携は進んでいたが，大手小売企業のEDIに取引先が合わせるタイプが多く，取引先は個別対応が求められるため，本来のメリットが得られていなかった。

　現在では経済のグローバル化を背景に，欧州とアメリカを中心に標準メッ

セージが順次開発され，これらの国々ではグローバル標準による小売EDIが稼働している。日本の大型小売企業にはグローバルに取引や出店を行う企業も多い。このような中，業務を効率に推し進め，かつ企業間連携を促進するためには，日本の小売業のEDIもグローバル標準にしていく必要がある。

④　流通BMSの普及へ

2000年以降，EDIはインターネットを利用して行われるようになっている。インターネットEDIはすでに国際標準となっているが，日本の小売業では従来型のEOS，EDIがすでに浸透しているため，インターネット手順のEDIへの移行がなかなか進まなかった。

このため，経済産業省が中心となり，2007年に策定したのが，インターネット技術を利用した次世代標準EDIである流通BMS（Business Message Standards）である。メッセージとは電子取引文書のことを指す。流通BMSでは，業種・業態を問わず，あらゆる流通関係者が標準化されたインターネット上で統一的フォーマットによりデータ交換できるようになる。従来のEDIとの相違点は，インターネット利用，業種・業態を問わずに参加できる標準フォーマットであることの2点である。

流通BMSでEDIの対象となるのは，「発注」「出荷」「受領」「返品」「請求」「支払」の6業務である。さらに「出荷」に関しては「伝票」「梱包紐付けあり」「梱包紐付けなし」の3メッセージに細分化し，6業務8メッセージを標準化した。

流通BMSは,当初スーパーチェーン企業だけの標準であった。しかしドラッグストアやホームセンター，グローサリー，アパレル，医薬品，生鮮食料品も参加し，2009年には基本版Ver.1.2と生鮮Ver.1.2を統合して，最新の基本形Ver.1.3が公開された。また同時に，百貨店には買取取引や消化取引など特別な取引形態があることから，百貨店業界の取引に必要な標準メッセージを考慮し，流通BMSの「百貨店バージョン」も公開された。

⑤　流通BMS導入のメリット[13]

流通BMSが製配販全体にもたらすメリットは，以下のように整理できる。

(1)個別プログラムの削減（個別対応ゼロ），(2)通信時間の削減（全体スループットで94％削減），(3)伝票レス，(4)取引先追加時の負担軽減，(5)物流業務の効率化（出荷業務に早期取り掛かりが可能），である。

小売企業が流通BMSを導入するメリットは，(1)より進んだ受発注システムが利用できる，(2)通信時間が短縮できるため，発注時間を後ろ倒しすることができ，店頭の需要動向や天候状況に合わせた柔軟な発注が可能になる，(3)荷受や伝票処理業務の削減，(4)仕入伝票が大幅に減少し，請求書と仕入れデータの突合業務がなくなるため，経理業務の効率化が図れる，ことである。

2011年には経済産業省の支援により「製・配・販連携協議会」が発足し，個別企業の部分最適でなく，流通全体としての全体最適を実現し，流通構造改革を目指す取り組みが始まった。流通BMSはその１つの手段として積極導入されることとなった。すでにEDIが普及していたこともあり，理念の重要さは理解されつつも，実際にはなかなか普及が進まなかった流通BMSであるが，これを契機にこのところ急速に浸透してきた。

流通BMS協議会によると，2016年５月現在の流通BMSの導入状況は，小売業では合計171社（うちスーパー25社，百貨店９社，ドラッグストア24社，ホームセンター４社など）である。流通BMS導入を公開している卸売業とメーカーは合計202社である（導入を公開していない企業も含めると，2015年12月時点で8,850社が導入しているとされる）。

流通BMSは流通業界における情報システムの切り替えを意味する。製配販３層の無駄を省き，取引の透明化を図り，人口減少と少子高齢化社会が進む下で豊かな価値を創造する小売業へと転換していくためには，流通BMSのような流通業界全体にまたがる流通情報システムの標準化が果たす役割は大きい。

---

注■———————————

1　小川孔輔「マーケティング情報システムの構造と革新」矢作敏行・小川孔輔・吉田健二『生・販統合マーケティング・システム』白桃書房，1993年，29-30頁。

2　流通システム開発センター『2015～2016 流通情報システム化の動向』一般社団法人流通システム開発センター，2015年，231頁。

3　前掲書，9-11頁。

4　小木しのぶ「ID-POSデータ分析の活用と効用」流通経済研究所『流通情報』2015年，No.515，16頁。

5　ABC分析についての記述は，以下を参考にした。公益財団法人流通経済研究所『店頭マーケティングのためのPOS・ID-POSデータ分析』日本経済新聞出版社，2016年，40-47頁。

6　荒川圭基『POSシステムの知識 新版』日本経済新聞社，1995年，75-86頁。

7　坂川裕司・小宮一高『コープさっぽろの協働型マーチャンダイジング・システム』，Discussion Paper, Series B，No.2013-109，2013年4月。日経MJ（流通新聞），2008年7月18日付。

8　日経MJ（流通新聞），2012年2月1日付。

9　標準データフォーマットとは，統一伝票の記載内容を置き換えたデータを指す。また，ターンアラウンド用の統一伝票とは，小売企業が設定した発注伝票番号と発注内容が複写式の統一伝票に打ち出され，取引先の納品時に添付される仕入伝票として小売企業に戻ってくる伝票のことである。流通システム開発センター『2015～2016 流通情報システム化の動向』102頁。

10　通商産業省「流通業における電子化取引標準化調査研究報告書」

11　この部分の記述は，（財）流通システム開発センター『EDI入門』，2000年，13-15頁による。

12　村越稔弘『ECRサプライチェイン革命』税務経理協会，1995年，169-178頁。

13　流通システム開発センター『概説流通BMS』2011年，24-25，31，38頁。


## Working

1　流通取引でやりとりされる情報にはどのようなものがあるか，調べなさい。

2　コンビニエンスストアの店頭品揃えにおけるPOSシステムの役割についてまとめなさい。


## Discussion

1　日本のアパレル企業におけるQRシステムの導入状況について調べなさい。

2　流通BMSが浸透すると，メーカーや卸売業，小売業の業務内容がどのように変化していくか，あるいは変化しないか，理由を挙げて考えなさい。

# 第13章
# これからの小売経営

## 本章のねらい

人口減少時代が到来している。また少子高齢化はますます進展している。胃袋の数は年々少なくなって，小さな胃袋が増える。洗濯する人も自動車を運転する人も年々少なくなっていく可能性が高い。つまり，自然にまかせれば，市場は縮小する時代である。

そのような市場の中で，多様な小売業態が展開されており，それぞれの業態の主な企業はチェーン小売企業である。そして，業態ごとに寡占化傾向が明確である。ファミリーマートとユニーHDの経営統合のように，経営統合，合併，買収が激しく行われているのが現在の小売業である。

このような市場縮小時代の小売経営の方向について，この章では，事例を交えながら検討するとともに小売経営の新しい動きについても考察する。

**Keyword**　バイイングパワー　優越的地位の濫用
ローコスト経営　EDLP　付加価値提供型経営
SPA　自立型分散経営

# **1** 人口減少時代の小売経営

　小売企業としては，常に新しい業態やビジネスを開発し，実験を行って新しい成長の機会をつかもうとする。同時に，成長が難しい既存業態については，利益志向の経営をすることが多い。利益志向で小売経営をするのなら，不採算店の閉鎖，コストダウン，売場生産性の低い売場の縮小・高い売場の拡張，商品改廃のスピードアップ，PB比率の向上，バイイングパワーの発揮などが考えられる。2015年だけで，ヤマダ電機37店閉鎖，ワールド400〜500店閉店，ユニーが最大で50店，イトーヨーカ堂が40店閉鎖すると発表しているが，これも利益志向の経営なら当然考えられることである。

　そのため，次の３つの小売経営の方向性が考えられよう。

## (1)　規模拡大

　第一の方向性が企業規模の拡大である。合言葉は「1兆円」である。1兆円以上の売上高規模があれば厳しい競争の中で生き残れるというのである。それだけの規模があれば，他の小売企業よりも商品の仕入れが有利になり，バイイングパワー（購買上の優位性をテコとして，他の購買者が入手しうるよりも有利な諸条件を売手から獲得する能力[1]）も発揮できる。また，それだけの売上高規模があれば，PBの開発も十分に可能である。

　そのために，例えば，2015年だけで，①ファミマ・ユニーの経営統合発表，②ツルハ，レディ薬局にTOB，③Jフロント，千趣会に出資，筆頭株主に，④ファミリーマートがココストアを買収，④USMH発足（ユナイテッド・スーパーマーケット・ホールディングス（USMH）。傘下には，マックスバリュ関東，カスミ，マルエツ。総店舗数481，⑤セブン＆アイ，万代（まんだい）に出資，といったことが生じている。

　なお，企業規模の大きい小売企業がバイイングパワーを発揮するのは当然であるが，「不当返品」「派遣店員の強要」「協賛金の強要」などが問題になるこ

第13章　これからの小売経営　233

とがある。これらの行為が売手側に不当に不利益を与えると，「優越的地位の濫用」として不公正な取引方法の一つに該当し，独占禁止法に抵触する場合がある。

　小売企業が，規模を拡大してバイイングパワーを発揮していくのも一つの経営の方向だと思うが，法律に抵触しないように十分に気をつけなければいけない。

## (2)　ローコスト経営

　売上高販売管理費比率が他の小売企業よりも低ければ，同じ価格で商品を仕入れても，他の企業と同じ価格で小売販売できれば他の企業よりも多くの利益が出せるし，他の企業と同じマージン率で販売するとすれば，他の企業よりも安い価格で販売できるので，いずれにせよ有利である。

　低価格を求める消費者は多いので，売上高販売管理費比率を徹底的に低くするのも市場縮小時代に合った経営方針の一つである。

### ［事例：ベイシア］[2]

　「営業利益率は，総合スーパー大手10社平均が2.7％に対して，ベイシアは4.8％を記録しています。『安く売っても利益を確保する仕組み』これがベイシアの成長の原動力です」と会社紹介されているように，総合スーパーのベイシアの営業利益率は高い。総合スーパー大手10社とベイシアのマージン率が同じであるとすれば，ベイシアの売上高販売管理費比率は2.1％低いと言える。ベイシアは，正にローコスト経営を徹底している小売企業といえる。

　このベイシアグループの売上高は2016年2月期には約9,000億円，総店舗数2,003店舗になる予定で，総合スーパー（ベイシア：2,800億円：売上高の数字は2015年決算のものである。以下同じ。），ホームセンター（カインズ：3,871億円），作業服専門店（ワークマン：692億円），コンビニエンスストア（セーブオン：642億円），カー用品専門店（オートアールズ：121億円），などによって構成されている。

「安く売って倒産した会社はない」という創業者の基本的な考え方は，小売経営の隅々まで浸透している。

ベイシアの立地選定・出店の際の基準は明確である。

・投資額に対して初年度売上高が2.5倍を超えること

・粗利益額に占める不動産経費の割合が25％未満であること

・出店投資が5年以内に回収できること


このように出店基準が決まっているので，基本的にルーラル（田舎）出店であったが，出店ノウハウが蓄積したのでサバーブ（郊外）にも進出できるようになったようである。しかし，アーバン（都市部）に出店する考えはないそうである。

店舗も建設コストを低くするために平屋建てにこだわっている。

その上，社内に「ローコスト研究部会」があって常にコスト削減ができないかを検討している。2008年に開店する3つの新店では合計約80の店舗コスト削減が実施される。その合計は1店舗当たり4,185万円に達する。たとえば，店舗前通路のタイルを撤去すると60万円の節約になる。ラーメン売場の柱の写真を撤去することによって30万円の節約，陳列棚のPOPを撤去して12万円の節約，駐車場の駐車位置を区切るためのラインをU字型からI字型に変えるとペンキの量が減って，1㎡当たり200円の節約になる。車を誘導する矢印を1つ減らすと3,000円の節約になる。このような積み重ねを常に検討している。

PB開発でも，豆腐の価格を値上げしないように木綿と絹で分かれていたパッケージを統一したり，素材や厚さ，デザインを常に見直ししている。

取引先との接待や贈答品のやり取りは禁止である。

決済は全品すべて現金取引である。

「在庫は氷水」（在庫はいずれ氷が解けて水になるように価値が劣化するという意味：在庫の極小化を目指すスローガン）であるから，販売効率改善部という部署があって，約1万㎡の店舗のレイアウトや商品の陳列方法を1週間ごとに見直し，細かく変化させている。そのため，ベイシアの商品回転率は高く

14.7回だが，イオン（単体）の商品回転率は10.8回であった。

「商業の工業化を目指す」と主張しているベイシアグループの創立者は「小売は，売るアイテム数も，買うアイテム数も10万点を超える。どうしても非効率な部分が生まれます。これを効率よく，在庫を極力持たずに制御できる仕組みを構築できたものが生き残れるでしょうね」と述べている。

このような考え方から生まれた各種基準と方法を応用すれば，どのような小売業態でもチェーン化できるように思われる。そのため，業態も多様なものを展開できていると思う。

## [事例：オーケーストア][3]

東京都と神奈川県を中心に食品スーパーを展開しているオーケー（株）の店舗名がオーケーストアである。1958年に1号店が東武東上線の上板橋にできてから，58年の月日がたった。2015年3月期で売上高2,820億円，総店舗数83店，経常利益率5.26％，経常総経費率15.80％，にまで成長してきている。

オーケー（株）は，経常総経費率15％，経常利益率5％の達成が目標の一部である。この目標を達成した上で，経営目標は「借入無しで年率30％成長達成」である。そのために，熱烈なオーケーファンを毎年10％増やして，既存店の客数を10％増加させ，それに新規出店の売上高をプラスして30％成長を達成しようとしている。

オーケークラブの会員は，食料品を3％相当の割引で購入することができる。この会員は，2006年に発足した時は約80万人であったが，2007年度末には約120万人，2011年度末には約263万人と順調に増えている。

このオーケーストアの最大の特徴は，EDLP（Everyday Low Price）を実践していることである。オーケー（株）は「高品質・Everyday Low Price」の実現を目標としている。そのため，期間限定の特売とか特売日はない。毎日，安い値段で売るというのがEDLPである。その上，NBについては「地域一番の安値保証」を実施している。そのため，チラシをチェックして，他店の特売価格が自社の価格を下回っている場合には「競合店に対抗して値下げしまし

た」というPOP広告を出している。ただし，その実現のために思い切った品揃えの絞込みをしている。

毎週月曜日には商品情報を発行して，新商品，値下げ商品を来店客に知らせている。そして，「万一，他店よりも高い商品がございましたら，お知らせください。値下げします」と書かれたポスターが掲示されており，店内でも同じ内容のアナウンスが流されている。

また，「オネスト（正直）カード」と呼ばれるカードを陳列棚につけて，できるだけ正確で正直な商品情報を来店客に知らせるように心がけている。

マージン率は18〜20％といわれており，相対的に従業員数も少ないといわれている[4]。飾りの少ない売場，ビニール袋もいち早く有料（6円）にしていて，確かにコスト意識は高い。また，自動化努力も堅実に行っており，2002年から日配品の自動発注の導入，2004年からグローサリー全体の自動発注の導入をしている。また，2007年から自動棚割の仕組みも導入している。そして，2012年には，日経新聞の顧客満足度調査で，スーパー部門で第1位を獲得している。

「積善の家には必ず余慶あり」という飯田家の教えを小売業で実践し，余慶を得ているように思われる。

### (3) 付加価値提供型経営

ローコスト経営は，他社よりもコストが低いことを武器に価格訴求する小売経営であるが，非価格訴求の小売経営が付加価値提供型経営である。

割引販売をしない高級ブランドを専門に販売する小売店がその典型例となる。あるいは，ファッションやアートのセンスで消費者を引き付ける小売店も存在するだろうし，顧客の各種相談に十分に乗ってくれる小売店や顧客に有意義な情報を提供できる小売店も顧客に愛されるかもしれない。また，最近増えている高級スーパーも品揃えの魅力で消費者を引き付けている。さらには特別なニーズに対応する小売店も考えられる。忙しくて店舗まで行けない人のために，自宅や勤務先に何種類かの商品を持って行って，その場で買い物をしてもらうという方法もあるだろうし，顧客に代わってなんらかの選択や加工をして消費

第13章　これからの小売経営　237

者に届けるという代行業務と小売を一緒に行うという方法も考えられる。このような付加価値提供型経営も市場縮小時代に高いマージン率を確保できる経営方法である。

## [事例：成城石井（店名：スーパーマーケット成城石井）]

　1927年，成城石井は文化の薫る街・成城で，果物・缶詰・菓子などを扱う食料品店として創業した。1976年にスーパーマーケットとして生まれ変わり，お客様からの声一つひとつに耳を傾けていくうちに，ワインや輸入チーズ，惣菜，グローサリーなど，特徴のある品揃えが充実していった。2014年9月，ローソンに買収される。

　2014年12月期の連結売上高は前年比10％増の630億8,000万円，営業利益は45億9,000万円（営業利益率7.3％）。店舗数は，110店（FCは15店）。その他に，レストラン2店（麻布十番と横浜）。

　成城石井の特徴といえば，その品揃えにある。その品揃えの中で，お客様からかつて「同じラベルのワインでもフランスと日本では味が違う」と言われたそうである。そのため，フランスに行って，実際に飲んでみると確かに味が違うことがわかった。調べてみると，当時は輸入商社からワインを仕入れていたが，ヨーロッパから樽で2カ月もかけて船便で輸入していた。そのため，冬でも赤道直下のあたりは気温30度になるそうだ。そのように温度管理がされていなければ，ワインの味も落ちてしまう。成城石井は，社員（バイヤー）をヨーロッパに常駐させ，ワインを買い付けさせ，95％以上を自社輸入している。特筆すべきはリーファーコンテナによる定温輸送で，成城石井のワインは現地のワイナリーから店舗まで外気の影響を受けることなく運ばれる。つまり，「醸造知識を持った専門家スタッフによる現地での仕入れ，30度以上になる赤道付近を通過する全てのワインをリーファー定温コンテナで輸送，完全定温・定湿管理の倉庫を建造し，ワインを保管，店舗から注文のあった日に，オーダー分だけを店舗に輸送」ということをしている。だから成城石井のワインは評価が高いのである。

ワインの評価が高くなると，ワインとの相性のいいチーズや生ハムの美味しい物を仕入れて欲しいという顧客の声が聞こえてくる。そのため，成城石井はチーズや生ハムも現地で仕入れ，自社で輸入している。このように顧客の声を聞いて，それに応えているうちに成城石井は海外の個性的で良質な商品を品揃えするようになったのである。

また，自社製の惣菜などの評価も高い。これを作っているのは元レストランのシェフのようにプロの調理人である。プロの調理人がメニューを考え，基本的に手作りなのである。

その上，オリジナル商品は保存料・合成着色料・合成甘味料を使用していない。

このように品揃えする商品にこだわっているので，「世の低価格化路線とは一線を画しています」と宣言している。正に付加価値経営なのである。そのこだわりが，消費者に受け入れられている。

## ❷　新しい小売経営の動向

### (1)　広がるSPA

SPAは，自社開発したブランド衣料品を製造販売する専門店の意味で，アパレル業界の中の新しい小売業を意味していた。しかし，近年では「製造小売業」と訳されることが多く，「ユニクロ」，「ハニーズ」，「ZARA」などの衣料品専門店だけでなく，「無印良品」や「ニトリ」，「IKEA」などもSPAといわれている。

製造から卸売り，小売りまでの「サプライチェーン」をネットワーク化し，小売企業が1社で一貫して管理することで生産リードタイムや在庫の圧縮を図っているのがSPA である。工場や物流などすべてを自社で所有する必要はないが，強力にコントロールできることが必須条件である。

このSPAのメリットは，生産から販売までを自社で行うことから，①製造過

程や流通過程における中間マージンを圧縮できること，②細かい需要予測と生産計画を立てることで在庫の圧縮を実現できること，③生産コストを低減し，低価格販売を実現することができること，が指摘されよう。このメリットを最大限実現するために，人件費が比較的安価な中国などで生産することが多い。

このSPAのメリットを考えると必ずしもアパレルだけに限定されるものではなく，広く非食品に適応するのではないだろうか。

そのために，衣料品，家具に留まらず，今後，さらに広く非食品の小売チェーン企業に適応されてくる可能性が高い。

## (2) 新しいチェーンの可能性

独特の経営を続けるヴィレッジヴァンガードコーポレーションが注目される。

2015年5月末決算で，売上高約460億円，経常利益約8億円，店舗数550店舗（直営538店舗，FC12店舗）である。

品揃えは，書籍17%，雑貨（SPICE[5]と呼んでいる）70%，CD12%である。「POSなし，値引き販売なしで成長を続ける企業」としても注目されている。

20代を中心に，10代後半から30代の若者をターゲットにして，「遊べる本屋」というコンセプトで始めたそうであるが，書籍・CD・各種雑貨・菓子・時計など幅広い品揃えで，売上げの大部分は既述のように雑貨（SPICE）である。書籍も新刊，雑誌，実用書はほとんど取り扱っていない。雑然とした品揃え・陳列のようにみえるが，トレジャーハンティング的楽しみがあるともいえる。比較的狭い店内には何種類もの音楽がかかっており，騒然としている。そのため，ターゲット外の人は長く店内にいるのは辛いかもしれない。

チェーンストアなのに，「自立型分散経営」だという。商品の仕入れは，本部の指示によるものではなく，店舗ごとに自由に卸売業者と交渉し，取扱商品を決めている。店長の自主性を非常に重視しているともいえるが，これは従来のチェーンストアの概念とは異なる。小売マーケティングでいえば「人材」が鍵になる。

「独自性はヴィレッジヴァンガードとしての切り口，演出」だという。ヴィ

レッジヴァンガードらしさは，POPにある。商品一つひとつにつけられている。黄色い紙に緑色の縁取りがされた専用の紙に手書きで書かれている。POP作りのマニュアルもないそうで各店の従業員が自由に書いている。その独自の口調でユーモラスに書かれたPOPを見るために来店する消費者もいるほど人気があるという。

　つまり店長しだいという経営なのだが，その従業員教育については有価証券報告書に次のように記載されている。「店舗に対しては，組織を細分化し，マネージャーが積極的に店舗視察を行い，現場での直接的な指導・教育を実施しました。また，エリア間でのマネージャーおよび従業員による会議の場を増やし，他店舗との仕入・販売技術や店舗運営の情報交換を行うことにより収益拡大を目指しました。一方では，コールセンターを設けCS活動を推進するとともに，他店舗への研修制度を継続的に行い，より多くの経験と知識を身に付けることによる，従業員の再教育を行いました」このように記載されているものの，「対処すべき課題」の第一は「人材育成システム」にあると述べており，「当社グループは，現場が顧客ニーズを最も正確に把握していると考えているため，仕入や商品構成など店舗運営に関わる重要な権限の大部分を店長に委譲しております。このことにより，当社はチェーンストアでありながら店舗ごとに個性を持つことが可能となっております。その反面，店長には書籍やSPICEなどの多種多様な商品知識や店舗運営者としての高い判断能力が必要であり，その人材育成システムは常に重要な課題であります」と記載されている。

　実際の店舗で働いたアルバイト社員が，正社員，店長へと昇格していく社員育成方法を採用している。賃金は非常に安いといわれているが，アルバイトの時点からかなり自由に店舗を作れることや，経験を積めば学歴年齢は不問であることから人気はあるようである。

　本部と店舗の役割分担が，従来のチェーンストアの概念と異なるし，大量仕入れのメリットもない。POSも導入されていないのに成長している。これは「人材」の新しいマネジメントであって，新しいチェーンの姿を生み出そうとしているのか，それとも単なる異端児なのか？　ここでこの企業を取り上げた

のは，たとえば，外食産業でも１店ごとに業態を変えるというダイヤモンドダイニングという企業が成長しているからである。その一方で，イオンリテールは総合スーパーの業績改善のために「脱・総合」を目指して，総合スーパーを「イオンスタイル」に転換しようとしている。また，ユニクロは吉祥寺や札幌に「地域密着型店舗」を作っている。どちらもチェーンストア経営を否定するような動きである。

　このような従来のチェーンストアの概念とは異なる法人チェーンが今後も生み出されるのかどうか注目されるところである。誕生しそうなのである。この点に注目していかなくてはいけない。

---

注■

1　鈴木安昭・白石善章編『最新商業辞典［改訂版］』同文舘出版，2002年，254-255頁。

2　この事例は「ベイシアの諦めない経営」『日経ビジネス』08年７月14日号，30-47頁に依拠している。

3　この事例は，『ウィキペディア』の「オーケー」および「リクナビ」のオーケー株式会社情報。http://rikunabi2009.yahoo.co.jp/に依拠している。

4　長時間労働，低賃金といわれており，労働基準監督署から２度，労働是正勧告を受けている。「ウィキペディア」より。

5　SPICEというのは，次の５つの用語の頭文字を組み合わせた造語である。SELECT（えり抜きの），POP（ポピュラーな），INTELLIGENCE（知性的な），CULTURE（文化的な），ENTERTAINMENT（楽しみ）

## Working

1 ローコスト経営の小売企業の事例（ベイシア，オーケーを除く）を1つまとめなさい（A4で3〜5枚，40字×30行）。

2 付加価値提供型経営をしている小売企業の事例を1つまとめなさい（A4で3〜5枚，40字×30行）。

## Discussion

1 SPAは，アパレルと家具以外では，どんな業種で応用できるか考えなさい。

2 ヴィレッジヴァンガードコーポレーションは，小売企業としてどこまで成長できるかについて，考えなさい。

# 索 引

## ■欧文・数字

ABC分析 ……………… 159, 217
Aランク商品 ……………… 159
BtoB-EC ……………………67
BtoC-EC ……………………67
Bランク商品 ……………… 159
CPFR ………………… 227
Cランク商品 ……………… 159
Distribution Center（在庫型センター）
……………………… 200
ECR ……………………… 225
EDI ……………… 22, 222
EDLP ……………… 160, 235
EOS ……………… 22, 221
High and Low Pricing…… 160
ID-POSデータ ……………… 213
JANコード ……………… 216
NB ……………………………42
NDC（National Distribution Center）
……………………… 203
PB ……………………………44
PB商品 ……………… 120
PC（Process Center）……… 202
POP広告 ……………… 162
POS（point-of-sales）システム
………………… 20, 213, 216
QR ……………………… 225
RDC（Regional Distribution Center）
……………………… 202
SC ……………………… 131
SCM ……………………… 225
SNS（ソーシャル・ネットワーキング・
サービス）………………71

SPA ……………… 127, 238
Transfer Center（通過型センター）
……………………… 200
VMI ……………………… 225
XD（Cross Docking）……… 202

## ■あ行

アウトソーシング……………… 198
アウトレットモール……………… 142
アフターサービス……………… 151
粗利額……………………………43
粗利率……………………………44
アローワンス……………………42
異形態間競争……………………19
インターネットの特性……………70
インフォメディアリ……………74
売り筋……………… 188
売り筋商品……………… 159
売れ筋……………… 188
売れ筋商品……………… 159
営業の中央統制……………………41
エコノミー型PB ……………………44
越後屋……………………………96
エンパワーメント（権限委譲）…… 170
オープンアカウント制……………60
屋外広告……………… 162
オムニチャネル……………………79
オリコン……………… 201
卸売商主催VC ……………………50
卸売商主催任意連鎖店……………50
温度帯別配送……………… 208

## ■か行

改正都市計画法………………… 15, 139

244

買物コスト……………………… 9
価格訴求……………………… 172
価格訴求型PB ………………44
仮想商店街型（バーチャル・モール型）
………………………75
価値訴求型PB ………………44
カテゴリーマネジメント…………… 226
加盟者………………………56
慣習価格政策……………… 161
企業間電子商取引………………67
危険負担機能……………… 4
業種小売業……………… 6
業態……………… 7
共同広告………………53
共同仕入れ………………53
共同配送………………… 53, 199
共同保管………………53
キング・カレン………………99
金融機能……………… 4
近隣型商店街……………… 133
現金割引………………42
広域型商店街……………… 133
広告アローワンス………………43
小売アコーディオン仮説………95
小売業態ライフサイクル論…………94
小売商協同任意連鎖店………………50
小売商主催VC ………………50
小売の輪仮説………………90
小売ミックス………………… 7, 154
コーポレイト・チェーン………… 7, 40
コミュニティSC ………………… 144
コンパクトシティ……………… 139
コンビニエンスストア……………… 112

**■さ行**

サードパーティロジスティクス（3PL）
………………………… 198

サービス……………… 151
最小分化の原理……………… 130
最低受注単位………………42
サプライチェーン……………… 198
仕入れ……………… 178
市街化区域……………… 139
市街化調整区域……………… 139
時間的懸隔……………… 2
市場環境………………16
システム間競争………………19
シックスポケット現象……………… 156
品揃え（product） ……………… 155
品揃えコンセプト……………… 157
集積の経済……………… 130
集中仕入れ………………51
主催者………………56
商業者商標………………44
商業集積……………… 130
商店街……………… 131
消費者向け電子商取引………………67
消費の4極化……………… 156
商品マトリクス……………… 188
商品ライン……………… 158
情報伝達機能……………… 4
情報の懸隔……………… 3
情報流……………… 3
消滅性……………… 153
商流……………… 3
ショッピングセンター……………… 141
所有権移転機能……………… 4
自立型分散経営……………… 239
真空地帯論………………92
新製品の普及過程……………… 17
人的懸隔……………… 2
心理的価格政策……………… 161
垂直的競争………………19
水平的競争………………19

索 引 245

スーパーリージョナルSC ………… 143
数量割引……………………………42
スクランブルド・
マーチャンダイジング…………… 106
スプロール的開発………………… 140
製造業者商標………………………42
総合小売業……………………… 6
総合スーパー…………………… 104
相乗積…………………………… 187
ゾーニング……………………… 189
ソフトメリット………………… 218

■た行

大規模小売業告示…………………46
大規模小売店舗法…………………15
大規模小売店舗立地法……… 15, 140
棚割り…………………………… 188
単一店舗経営…………………… 7
地域型商店街…………………… 133
地域間競争…………………………19
地域本部制…………………………48
チェーン経営…………………… 7
チェーンストア……………………40
中小小売商業振興法…………… 136
中心市街地活性化法………… 15, 137
超広域型商店街………………… 133
調達物流………………………… 198
チラシ広告……………………… 162
陳列アローワンス…………………43
陳列の原則……………………… 188
デベロッパー…………………… 131
電子商取引（EC）…………………66
電子マネー…………………………23
店頭欠品………………………… 164
独占禁止法…………………………46
ドラッグストア………………… 121

■な行

ネイバーフッドSC ……………… 144
値入高…………………………… 186
値入率…………………………… 186
ネット通販…………………………66

■は行

ハードメリット………………… 218
バイイングパワー（購買力）… 45, 232
バイヤー…………………… 45, 180
場所的懸隔…………………… 2
端数価格政策…………………… 161
発展段階仮説………………………88
ハフモデル……………………… 164
販売規制の緩和……………………15
非価格訴求……………………… 172
ビフォアーサービス…………… 151
百貨店業告示………………………46
品種的懸隔…………………… 2
フェイシング…………………… 190
フェイス数……………………… 190
フォード効果………………………86
付加価値提供型経営…………… 236
不可分性………………………… 153
複数個販売価格政策…………… 160
複数店舗経営…………………… 7
物流…………………………… 3
物流センター…………………… 199
フランチャイザー…………………57
フランチャイジー…………………57
フランチャイズ・チェーン……… 7, 40
プレミアム型PB …………………44
フロア・レイアウト…………… 168
変動性…………………………… 153
ホームセンター………………… 124
保管機能…………………………… 4

ボランタリー・チェーン………… 7, 40
本・支店経営………………………… 8
ボン・マルシェ……………………98

### ■ま行

マーケティング・ミックス………… 154
マージン……………………………43
マージン・ミックス……………… 158
マージン率…………………………44
マクロ環境…………………………12
マスコミ広告……………………… 162
まちづくり３法……………… 15, 136
街づくり機関……………………… 137
窓口問屋方式……………………… 199
見せ筋……………………………… 188
見せ筋商品………………………… 159
ミニマムオーダー…………………42
ミルクラン方式…………………… 201
無形性……………………………… 152
名声価格政策……………………… 161

### ■や行

優越的地位の濫用……………… 46, 233

輸送機能…………………………… 4
ユビキタス社会………………… 156

### ■ら行

ライフスタイルセンター………… 141
リージョナルSC ………………… 143
リベート……………………………42
流通機関…………………………… 5
流通機能…………………………… 3
流通情報…………………………… 212
流通BMS ………………………… 228
量的懸隔…………………………… 3
レギュラー・チェーン………… 7, 40
ロイヤルティ………………………51
ローコスト経営…………………… 233
ロングテール……………… 25, 72

### ■わ行

割引…………………………………42
割戻金………………………………43
ワン・プライス・ショップ………… 126

## ■編著者紹介

**懸田　豊**（かけだ　ゆたか）　　　　　　　　　　第1, 2, 3, 6, 7章

青山学院大学総合文化政策学部教授

1948年大阪府生まれ。慶應義塾大学法学部政治学科卒業，同大学大学院経営管理研究科博士課程修了。㈳流通問題研究協会主任研究員，千葉商科大学教授，青山学院大学大学院国際マネジメント研究科教授を経て，2008年より現職。博士（経営学）。

### 主要業績

「小売流通の変革とPB戦略」『商学論究』関西学院大学商学研究会，60巻4号，2013年。
「中小企業と市場・流通」『日本の中小企業研究』中小企業総合研究機構，2013年。
「21世紀日本社会の流通業」『21世紀の日本社会』八千代出版，2006年。
「チャネル戦略の変革」『マーケティング・リボルーション』有斐閣，2004年。
「医薬品流通と営業政策」『医薬品流通論』東京大学出版会，2003年。
『現代マーケティング論』（共著）有斐閣，1999年。

**住谷　宏**（すみや　ひろし）　　　　　　　　　　第4, 8, 9, 13章

東洋大学経営学部教授

1953年秋田県生まれ。横浜国立大学経営学部を卒業後，横浜国立大学大学院，日本大学大学院を経て，千葉商科大学専任講師に就任。同大学助教授，教授を経て，1993年より現職。博士（経営学）。

### 主要業績

『流通論の基礎（第2版）』（編著）中央経済社，2013年。
『地域金融機関のサービス・マーケティング』（編著）近代セールス社，2006年。
『商学通論（九訂版）』（共著）同文舘出版，2016年。
『バイヤーが嫌いな営業マン・信頼する営業マン』中央経済社，2004年。
『企業ブランドと製品戦略』（共編著）中央経済社，2003年。
『利益重視のマーケティング・チャネル戦略』同文舘出版，2000年。

## ■執筆者紹介

### 中川　正悦郎（なかがわ　しょうえつろう）　　　第5章

亜細亜大学経営学部専任講師
1983年福井県生まれ。早稲田大学法学部卒業，慶應義塾大学大学院経営管理研究科
後期博士課程単位取得退学。2015年4月より現職。博士（経営学）。

**主要業績**
「情報源としてのインターネットと消費者情報源選好」『マーケティングジャーナル』
第33巻第2号，2013年。


### 大崎　恒次（おおさき　こうじ）　　　第10章

専修大学商学部准教授
1980年新潟県生まれ。東洋大学経営学部卒業，青山学院大学大学院経営学研究科経
営学専攻博士後期課程修了。専修大学商学部講師を経て，2016年より現職。博士（経
営学）。

**主要業績**
「酒類卸売業の構造変化と再編成過程」『流通問題』流通問題研究協会，50巻2号，
2014年。


### 河田　賢一（かわだ　けんいち）　　　第11章

常葉大学経営学部准教授
1967年岐阜県生まれ。神奈川大学経済学部卒業。大塚製薬㈱退職後，中央大学大学院，
神奈川大学大学院を経て，沖縄国際大学専任講師に就任。同大学准教授を経て，
2015年より現職。修士（商学）。

**主要業績**
『基礎から学ぶ流通の理論と政策（新版）』（共著）八千代出版，2016年。


### 伊藤　匡美（いとう　まさみ）　　　第12章

東京国際大学商学部教授
1973年東京都生まれ。青山学院大学経営学部卒業，同大学大学院経営学研究科経営
学専攻博士後期課程満期退学。千葉経済大学専任講師，同大学助教授，准教授，東
京国際大学准教授を経て，2014年より現職。修士（経営学）。

**主要業績**
「フードサービスと流通」『現代フードサービス論』創成社，2015年。

## 現代の小売流通（第2版）

2009年4月1日　第1版第1刷発行
2015年8月20日　第1版第5刷発行
2016年10月10日　第2版第1刷発行

編著者　懸　田　　　豊
　　　　住　谷　　　宏

発行者　山　本　　　継

発行所　㈱中央経済社

発売元　㈱中央経済グループ
　　　　パブリッシング

〒101-0051　東京都千代田区神田神保町1-31-2
電話　03 (3293) 3371（編集代表）
　　　03 (3293) 3381（営業代表）
http://www.chuokeizai.co.jp/
印刷／三英印刷㈱
製本／㈱関川製本所

©2016
Printed in Japan

＊頁の「欠落」や「順序違い」などがありましたらお取り替えいた
しますので発売元までご送付ください。（送料小社負担）
ISBN978-4-502-20551-4　C3034

JCOPY〈出版者著作権管理機構委託出版物〉本書を無断で複写複製（コピー）することは，
著作権法上の例外を除き，禁じられています。本書をコピーされる場合は事前に出版者著
作権管理機構（JCOPY）の許諾を受けてください。
　JCOPY〈http://www.jcopy.or.jp　eメール：info@jcopy.or.jp　電話：03-3513-6969〉